ABFAHRT IN DEN TOD

Marc Girardelli, Jahrgang 1963, ist einer der erfolgreichsten alpinen Skirennläufer aller Zeiten. Er gewann u. a. fünfmal den Gesamtweltcup. Seit seinem Rücktritt vom Spitzensport ist er als Unternehmer und Kolumnist für verschiedene Zeitungen tätig. Marc Girardelli lebt mit seiner Familie in der Schweiz.

Michaela Grünig, geboren in Köln, engagierte sich lange Jahre in der Entwicklungshilfe. Seit 2010 arbeitet sie hauptberuflich als Autorin in der Schweiz, wo sie zusammen mit ihrer Familie lebt. Außer Krimis schreibt sie noch heitere, bisweilen tiefgründige Unterhaltungsromane.

Dieses Buch ist ein Roman. Handlungen und Personen sind frei erfunden. Ähnlichkeiten mit lebenden oder toten Personen sind nicht gewollt und rein zufällig.

Marc Girardelli und Michaela Grünig

ABFAHRT
IN DEN TOD

KRIMINALROMAN

emons:

Bibliografische Information der Deutschen Nationalbibliothek
Die Deutsche Nationalbibliothek verzeichnet diese Publikation
in der Deutschen Nationalbibliografie; detaillierte bibliografische
Daten sind im Internet über http://dnb.d-nb.de abrufbar.

© Emons Verlag GmbH
Alle Rechte vorbehalten
Umschlagmotiv: Jan Greune/Lookphotos
Umschlaggestaltung: Nina Schäfer
Gestaltung Innenteil: César Satz & Grafik GmbH, Köln
Lektorat: Carlos Westerkamp
Druck und Bindung: CPI – Clausen & Bosse, Leck
Printed in Germany 2017
ISBN 978-3-7408-0051-2
Originalausgabe

Unser Newsletter informiert Sie
regelmäßig über Neues von emons:
Kostenlos bestellen unter
www.emons-verlag.de

Dieser Roman wurde vermittelt durch die Medien- und
Literaturagentur Gerald Drews, Augsburg.

Für unsere beiden geliebten Familien

Grußwort von Hansi Hinterseer

Als mein langjähriger Freund Marc mir mitgeteilt hat, dass er zusammen mit seiner Co-Autorin einen Ski-Krimi geschrieben hat, der im Profi-Milieu spielt, bin ich als ehemaliger alpiner Skirennläufer natürlich sehr neugierig gewesen. Würde es das Buch tatsächlich schaffen, die einzigartige, atemberaubende Atmosphäre der großen Rennen einzufangen? Wie wirklichkeitsnah kann man eine fiktive Krimihandlung in die realen Abläufe des Ski-Weltcups einbauen?

Aber der Krimi hat meine Erwartungen noch weit übertroffen, so authentisch wird der Adrenalinrausch des Rennläufers geschildert, der hoch konzentriert am Start steht und sich kurz darauf der gefährlichen Piste stellt. So realistisch werden die vielen Details des Profi-Skisports wie zum Beispiel die Startnummernvergabe und die Anwendung des FIS-Reglements in Szene gesetzt, was das Buch bestimmt für Profis und Laien gleichermaßen interessant macht.

Richtig überrascht war ich allerdings darüber, wie sehr mich die Handlung gefesselt hat: Ein Rennläufer in tödlicher Gefahr soll ausgerechnet von seiner Ex-Freundin gerettet werden – da fliegen die Seiten nur so dahin. Spannung pur. Und last but not least hat es mich natürlich sehr gefreut, dass ein Teil des Buchs in meiner wunderschönen Heimat Kitzbühel spielt, inklusive der Schilderung des Hahnenkamm-Rennens und der berühmten »Weißwurstparty« im Stanglwirt.

Hut ab, Marc. »Abfahrt in den Tod« ist ein wirklich gelungenes Werk, das ich gern weiterempfehle.

EINS

Eine Hundertstelsekunde konnte das Rennen entscheiden. Ein Wimpernschlag. Und das bei einer Abfahrt von fast viereinhalb Kilometern Länge und tausendeinhundert Metern Höhenunterschied. Es war der blanke Wahnsinn. Warum tat er sich das nach seiner endlos langen Verletzungspause nur an? Wäre es nicht klüger, aufzugeben und etwas anderes mit seinem Leben anzufangen? Die ersten vier Rennen lagen ihm wie Blei in den Knochen ... aber seine geflickten Knie hatten gehalten. Er stand auf Rang zwei des Gesamtweltcups. Damit hatte er den Jungspunden gezeigt, wo der Hammer hing, hatte bewiesen, dass man einen Marc Gassmann auch mit zweiunddreißig Jahren nicht abschreiben oder unterschätzen sollte. Und genau deshalb wollte er es noch einmal wissen: Er war noch immer hungrig. Verdammt hungrig auf Erfolg.

Marc federte ein paarmal tief in die Rennhocke, um sich aufzuwärmen. Er hatte bei der Verlosung Glück gehabt und eine Startnummer ziemlich weit vorn ergattert. Es waren nur wenige Läufer vor ihm, und die Piste sollte noch in einem relativ guten Zustand sein, wenn der Starter ihn gleich zu sich rufen würde.

Es herrschte Königswetter: blauer Himmel und herrlichster Sonnenschein. Die aktuelle Temperatur und die Luftfeuchtigkeit waren gerade per Funk von einem Betreuer des Schweizer Teams durchgegeben worden, und Marc hatte noch einmal auf die für diese Schneeverhältnisse präparierten Skier gewechselt. Jedoch nicht, bevor er sich davon überzeugt hatte, dass auch bei diesem Paar die Kanten absolut perfekt geschliffen waren. Das war sein Ritual. Der einzige abergläubische Akt, den er sich vor jedem Rennen gönnte. Er fuhr dazu mit der Kuppe seines rechten Daumens über die rasiermesserscharfen Kanten. Ganz langsam. So lange, bis seine Haut aufgeritzt war und ein winziger

Blutstropfen sichtbar wurde. Dann zog er seine Handschuhe an und setzte sich den Helm auf. Es war seine Art, einen Schwur abzulegen. Sich selbst zu versprechen, sein absolut Bestes zu geben.

Die Zuschauer schrien seinen Namen, und er verzog den Mund zu einem kurzen abwehrenden Lächeln. Offenbar glaubten die Fans, die gedrängt wie die Ölsardinen das Startareal belagerten, dass er tatsächlich ausgerechnet jetzt Zeit für ein Selfie oder ein bisschen Small Talk hatte. Jetzt … nach dem monatelangen quälenden Training und der punktgenauen Vorbereitung. Nein. Ganz sicher nicht.

Anscheinend sah Peter Winkler, sein österreichischer Erzrivale, das anders. Großkotzig wie immer gab er Autogramme und legte den Arm um jede dralle Blondine, die sich digital mit ihm verewigen wollte. Schulterzuckend wandte Marc sich ab. Das war nicht sein Problem. Wenn Peter den Start verpasste, konnte es ihm nur recht sein. Schließlich lag der bullige Möchtegern-Charmebolzen – zumindest momentan noch – mit ein paar Weltcup-Punkten in Führung. Aber Peter hatte auch nicht, wie er letztes Jahr, mit einem doppelten Bänderriss im Krankenhaus gelegen und sich dann, nach einer schier endlosen Rehazeit, zurück an die Weltspitze gekämpft.

Er spürte die respektvollen Blicke der restlichen Konkurrenten auf sich ruhen – für die teilweise zehn Jahre jüngeren Rennläufer war er noch immer ein Idol. Doch er versuchte, dieses Interesse an seiner Person nach besten Kräften zu ignorieren.

Gleich würde er sich der berühmt-berüchtigten Lauberhorn-Abfahrt stellen. Mann gegen Piste. Das war immer eine Sache auf Leben und Tod – obwohl er aus Wengen stammte und es praktisch ein Heimspiel für ihn war. Viele Läufer hatten sich hier schon brutal verletzt. Einige waren als Verlierer aus dem Duell hervorgegangen und hatten ihr Leben dabei gelassen. Man musste ein Idiot sein, um vor so einem grausamen Gegner keine Angst zu haben. Aber die Angst war schon immer Marcs

Freund gewesen, machte ihn gleichzeitig wachsam und aggressiv. Schon bei der Besichtigung der Piste, die seit fast fünfzig Jahren den Rekord der längsten Strecke des Weltcups hielt, pulsierte wütend brodelndes Adrenalin durch seine Adern. Er hatte Respekt vor den gefährlichen Sprüngen, engen Brückenpassagen, dem Hanegg-Schuss und dem, im wahrsten Sinne des Wortes, tödlichen Ziel-S.

Heute Nacht hatte er kaum ein Auge zugemacht. Immer wieder war er im Halbschlaf die Ideallinie gefahren, hatte sich die Sprünge und Kanten vorgestellt. Und jetzt war es fast so weit. Nur noch wenige Minuten, dann würde er an der Reihe sein.

***

Die Trauer verbrennt mich, all meine Gedanken gehen nur in eine Richtung: Rache!

***

Der Tag des Rennens hatte immer eine besondere Atmosphäre. Die Leute zogen schon frühmorgens in Scharen zum Zielauslauf hoch, beladen mit Fahnen, Kuhglocken und »Hopp Schwiiz«-Transparenten. Auch österreichische, italienische und deutsche Fanclubs reisten an. Der Alkohol floss in Strömen.

Manchmal war sich Marc nicht sicher, was die Leute lieber sahen: den Sieg ihres Favoriten oder die Niederlage aller anderen. Und natürlich gab es auch einige wenige Zuschauer, die sensationslüstern auf möglichst spektakuläre Unfälle hofften. Auch auf solche, die zu dem fürchterlichen Tod von Gernot Reinstadler geführt hatten, den es 1991 kurz vor dem Ziel-S buchstäblich zerrissen hatte: Er hatte so unglücklich verkantet, dass beim Sturz einer seiner Ski im Netz hängen geblieben war. Marc schüttelte sich. Daran durfte er jetzt nicht denken. Aber es war wohl wahr, was eine Journalistin mal geschrieben hatte: Abfahrtsläufer waren moderne Gladiatoren. Wie im alten Rom ergötzten sich die Massen vor Ort und an den Bildschirmen an ihrem Wagemut und Können.

***

Gestern habe ich den Teufel am Pistenrand beobachtet. Er hat gelächelt. So als ob er kein Wässerchen trüben könnte. Seine Unbeschwertheit hat das kaum bezähmbare Verlangen in mir ausgelöst, mich auf ihn zu stürzen. Ihn mit bloßen Händen zu erwürgen. Doch er hat einen qualvolleren Tod verdient.

***

Das kratzende Geräusch von Stahlkanten auf Eis riss Marc aus seinen morbiden Gedanken. Peter war gerade gestartet, und es hörte sich so an, als ob er gut weggekommen wäre. Doch Marc würde den Lauf seiner Rivalen nicht auf dem Monitor verfolgen. Das wäre kontraproduktiv, würde ihn nur verunsichern. Stattdessen ging er noch einmal jeden Meter der Strecke im Kopf durch. Jeden Buckel, jeden Sprung, jede Kurve. Er brauchte zur absoluten Konzentration keine Musik auf den Ohren, so wie die jüngeren Läufer, die sich gern per Kopfhörer mit Foo Fighters oder Muse zudröhnten. Er hatte es nicht nötig, sich zusätzlich aufzuputschen. Er spürte, dass er die Piste im Griff hatte. Er war bereit.

Kurze Zeit später ging ein Aufschrei durch die Zuschauer. Entweder war Peter gerade Bestzeit gefahren, oder er war gestürzt. Aber Marc hatte keine Zeit, um rauszufinden, welche Alternative zutraf. Seine Startnummer kam immer näher. Nur noch zwei Läufer lagen vor ihm. Auf einmal fühlte er, wie sich sein Herzschlag beschleunigte, wie das Blut durch seine Ohren rauschte. Rund um ihn herum nahm er kaum noch etwas wahr. Tunnelblick, starr geradeaus. Er konzentrierte sich auf eine möglichst gleichmäßige Atmung und überprüfte noch einmal den Sitz seiner Kniebandage.

Dann lief ein Schauer durch seinen Körper. Der Startrichter hatte ihm das Zeichen gegeben, ins Starthaus zu kommen. Er war der übernächste Läufer. Gleich nach Franz Koffert.

Schließlich war es so weit, athletisch glitt er zur Schranke. Seine Muskeln spannten sich an, als er die Startposition einnahm. Er fühlte sich wie ein Vollblüter kurz vor dem Rennen. Nervös. Begierig. Der Startrichter legte ihm die Hand auf die Schulter und zählte ihn an. Zehn Sekunden. Der Zeiger tickte laut. Doch Marc hörte nur seinen eigenen Herzschlag. Jetzt gab es kein Zurück mehr. Hoffentlich hielt das verdammte Knie!

»Fünf, vier, drei, zwei, eins!«

Mit voller Wucht katapultierte er sich aus dem Starthaus. Drei kräftige Stockstöße, und schnell beschleunigte er auf hundertdreißig Kilometer pro Stunde. Im Training war er versucht gewesen, einen kurzen Blick auf die vor ihm liegende unglaubliche Kulisse der Eiger-Nordwand zu werfen, doch daran verschwendete er jetzt keinen Gedanken.

Tief in der Rennhocke raste er am ersten Tor vorbei.

In seinem Helm rauschte es so laut, als würde er den Kopf bei voller Fahrt aus einem Zugfenster strecken. Nur dass nicht alle Züge so schnell unterwegs waren wie er gerade. Jede Unkonzentriertheit musste bei solchen Geschwindigkeiten unweigerlich zu einer Katastrophe führen. Er verbannte den

Gedanken an einen möglichen Sturz schnellstmöglich und visierte das nächste Tor an. Geschafft und weiter.

***

»Man soll im Hier und Jetzt leben«, empfehlen viele Lebensratgeber. Aber für solch dumme Sprüche habe ich nur ein müdes Lächeln übrig. Was soll das heißen, »im Hier und Jetzt«? Als ob man da eine Wahl hätte. Ich habe keine. Ich bin ein Gefangener der Gegenwart, angekettet an die traurige Gewissheit, dass mir eine nur noch düsterere Zukunft bevorsteht. Nein, wenn ich diesem Gefängnis auf irgendeine Weise entfliehen könnte, würde ich, ohne jeden Zweifel, in der Vergangenheit leben wollen.

***

Die erste richtige Herausforderung erschien nach der vierten Kurve in seinem Gesichtsfeld. Tief unten in der Hocke, erkannte Marc die Kuppe, die schon viele prominente Opfer gefordert hatte. Er hatte die Videobilder studiert. Läufer, die den Russi-Sprung unterschätzten, flogen mehr als einhundert Meter weit und landeten im Flachen. Der Aufprall war so gigantisch, dass man sich dabei Knie und Knöchel brechen konnte. Oder das Genick.

Marc sprang optimal vor, flog siebzig Meter durch die Luft und landete schon wieder in der windschlüpfrigen Hocke. Es war dieser Moment, der ihm die einmalige Gewissheit brachte: Heute würde er unbesiegbar sein. Ja, so fühlte sich eine Siegesfahrt an.

Knapp vierzig Sekunden waren vorbei, und auf den Fernsehern würde die erste Zwischenzeit angezeigt werden. Direkt vor dem berüchtigten Hundschopf. Zwei haarnadelähnliche Kurven, um das Tempo zu drosseln, bevor man ins Nichts sprang. Marcs Herz schlug einen Trommelwirbel. Die Strecke endete hier an der Kante, und dahinter sah man bereits den Hang mit der voll besetzten Zuschauertribüne. Sprang er zu weit rechts, würde er unweigerlich in der Stahlstange landen, die das Sicherheitsnetz trug. Zu weit links bedeutete einen nicht aufholbaren Zeitverlust. Marc ging volles Risiko, hob ab und …

Uff! Ideal erwischt, nur einen Meter neben der Stange, und runter in den Abgrund! Der harte Aufprall drückte ihm den Kopf zwischen die Knie, und nur zwei Sekunden später kam ein neuerlicher Sprung über die berüchtigte Minschkante in die Schrägfahrt, die schließlich ganz flach und schmal in den bewaldeten Güterweg mündete.

***

Mein Augenstern wird nie wieder lächeln. Weil der Teufel und seine Vollstrecker dieses wunderschöne Lächeln ausgelöscht haben. Für immer. Doch der Teufel wird seiner gerechten Strafe nicht entgehen. Niemals! Nicht, solange ich lebe.

***

Marc atmete tief ein, um seine brennenden Muskeln mit dem dringend benötigten Sauerstoff zu versorgen. Die Erholungsphase war kurz, viel zu kurz. Aber er fühlte sich stark. Immer noch unschlagbar. Weiter vorn konnte er schon die Neunzig-Grad-Kurve nach rechts ausmachen, das Kernen-S. Der Name

14

stammte noch von dem früheren Weltmeister und Lauberhorn-Sieger Bruno Kernen, der einige Fahrten an dieser Stelle unfreiwillig im Netz beendet hatte. Ungebremst donnerte Marc darauf zu. Zwei Riesenslalom-Schwünge bei Tempo neunzig auf purem Eis verlangten ihm vollen Krafteinsatz ab, und gleich darauf folgte der Sprung in den Tunnel, unter der Wengernalpbahn hindurch. Es kam ihm vor, als ob er aus dem dritten Stock eines Hauses gesprungen wäre, so intensiv war der Aufprall. Aber auch diese Hürde brachte er erfolgreich hinter sich.

Langsam brannten seine Schenkel wie Feuer, und es wurde immer härter, in der geduckten Position zu verharren. Tief in der Hocke fiel ihm das Atmen schwer. Es waren erst neunzig Sekunden vergangen – und noch fast eine ganze Minute bis ins Ziel. Am liebsten hätte er kurz die Ellbogen auf die Knie aufgestützt, aber das kam natürlich nicht in Frage. Er würde nicht kapitulieren.

Arme nach vorn! Hocke, Hocke!, feuerte er sich in Gedanken selbst an. Heute war sein Tag. Das spürte er ganz deutlich.

∗∗∗

Natürlich muss Ivana gerade jetzt anrufen! Immer stört sie meine Konzentration, die anstrengende Fokussierung auf das Wesentliche, das mir von Zeit zu Zeit zu entgleiten droht. Ich verstehe nicht, warum uns die Trauer nicht verbindet. Aber das Gegenteil ist der Fall: Es scheint, als ob uns dieser Schicksalsschlag ... nein ... dieser willkürliche Todesfall auseinandertreibt.

∗∗∗

Zwei weitere schwere Passagen verlangten Marc alles ab. Keuchend näherte er sich dem Hanegg-Schuss, dem schnellsten Pistenstück des ganzen Ski-Weltcups.

Mit hundertzwanzig Kilometern pro Stunde stach er in das steile, schattige Waldstück ein und fühlte, wie er unerbittlich auf hundertsechzig Kilometer pro Stunde beschleunigte. Die Sonne blendete ihn, sodass er die Kompression vom Steilen ins Flache nur erahnen konnte.

Wenn er jetzt auch nur ein einziges Mal den Kopf heben würde, hätte er seine Chance auf den Sieg vertan. Jeder zusätzliche Luftwiderstand kostete wertvolle Zeit.

Unten bleiben, es sind nur noch zwanzig Sekunden!, schoss es ihm durch den Kopf. Zumindest seine mentale Müdigkeit war plötzlich wie weggeblasen, und er stemmte sich mit aller Kraft gegen den Druck, der auf ihm lastete. Wie eine Kanonenkugel – geballte neunzig Kilogramm Lebendgewicht – flog er nun zum Österreicher-Loch vor.

Es war eine eher leichte Passage, die aber so genannt wurde, weil sie vor Jahrzehnten dem österreichischen Team einen Blutzoll abverlangt hatte: Damals war die halbe Mannschaft mit Toni Sailer, Karl Schranz und Anderl Molterer genau hier gestürzt.

Nach über zwei Minuten auf der Rennstrecke hatte er kaum noch Kraftreserven übrig. Seine Knie und sein ganzer Körper schmerzten von den brutalen Landungen und Stößen auf der vereisten, unebenen Piste. Zeitweilig vibrierte es dermaßen, dass er glaubte, seine Bindungen müssten sich jeden Moment lösen. Aber das taten sie natürlich nicht.

Alles, was er jetzt brauchte, wäre eine kurze Erholungsphase. Ein wenig harmloses Gleiten. Aber das gab es auf dieser Piste nicht mehr, und nur die Gewissheit, dass er hier und heute siegen würde, hielt ihn noch auf den Beinen.

Weiter unten, vor Anspannung und Entkräftung halb im Delirium, konnte er bereits den Schlauch ins Ziel-S ausmachen. Völlig verschwommen näherte sich das orangefarbene Sicherheitsnetz. Am liebsten hätte er sich einfach fallen gelassen, um vom Netz aufgefangen zu werden. Seine Knie waren wie aus Gummi und die Skier kaum noch kontrollierbar. Stattdessen folgten erst eine prekäre Linkskurve und dann nochmals zwei knallharte Kraftakte, um das Ziel-S zu meistern. Hier hatten schon viele Läufer das Rennen noch in den letzten fünf Sekunden in den Sand gesetzt. Aber das würde ihm nicht passieren! Er biss die Zähne zusammen. Dieser Sieg trug schon jetzt seinen Namen. Nur noch wenige Sekunden, und dann würden ihm die Menschenmassen zujubeln. Von nichts und niemandem würde er sich diesen Erfolg entreißen lassen.

***

Ich stecke das Telefon wieder in die Jackentasche. Dabei berühren meine Finger das andere Objekt, das dort lagert. Meine Hand umschließt es zärtlich, während gleichzeitig der Schmerz über Igors unwiederbringlichen Verlust in meinem Herzen wütet. Warum hetzen wir durch unser Leben, obwohl wir wissen, dass es endlich ist? Das ist krank. Ich kann mir zwar die Fotografien aus der Zeit vor seinem Tod ansehen, aber es ist nicht dasselbe. Es ist niemals dasselbe. Gott, lass dem Teufel diese Sünde nicht ungestraft durchgehen! Gib ihm, was er verdient!

***

Es passierte, als er in die letzte Kurve vor dem Ziel einbog. Ein dumpfer Knall, wie eine Explosion − direkt über ihm!

Irgendetwas prasselte mit voller Wucht gegen seinen Helm, Hals und Rücken.

Instinktiv zog er den Kopf zwischen seine Schultern und duckte sich nach rechts, um der Gefahr von oben zu entrinnen. Doch die abrupte Bewegung beeinträchtigte auf dramatische Weise sein Gleichgewicht. Er schlingerte und wäre um ein Haar gestürzt. Mit aller Macht kämpfte er gegen die Schwerkraft an – das plötzlich flacher werdende Gelände schien es einfacher zu machen –, und durch eine fast schon akrobatische Einlage schaffte er es, sich wieder zu stabilisieren.

Selbst durch den Rückenprotektor hindurch konnte Marc fühlen, dass etwas Scharfkantiges seinen Rennanzug aufgeschlitzt hatte und in dem schützenden Material stecken geblieben war. Verdammt! Was, in drei Teufels Namen, war das?

Seine eiserne Konzentration hatte Risse bekommen, aber er hielt sich … irgendwie … auf den Beinen. Das Rennen ging weiter. Ein letzter Sprung mit nach vorn gereckten Armen. Eine letzte Landung.

Dann passierte er die Ziellinie.

Vollkommen entkräftet bremste Marc ab und drehte sich reflexartig zur Anzeigetafel um. Die Zahlen verschwammen vor seinen tränenden Augen, und er presste verzweifelt die Lider zusammen, um besser sehen zu können. Dann erkannte er das Ergebnis: + 0,03. Und dahinter leuchtete eine Zwei auf. Der undankbare zweite Platz! Hinter seinem Erzrivalen Peter! Verdammt!

Vor Wut und Enttäuschung schlug er mit seinem Stock so hart auf den Boden, dass der nasse Schnee nur so spritzte. Er war so nah dran gewesen, hatte den Sieg doch schon in der Tasche gehabt! Und …

»Mein Gott, Marc! Du lebst!«, schrie eine Stimme. Sein Trainer, Hans Bischoff, stürzte auf ihn zu. Er war kalkweiß im Gesicht, klang vollkommen hysterisch. Marc war so erschöpft, dass er kaum aus den Skiern steigen konnte. Das Geschehen um ihn herum nahm er beinahe wie in Zeitlupe wahr. Er war doch die Abfahrt eindeutig heil heruntergekommen. Was machte Hans also für einen Aufstand?

»Marc!« Völlig untypisch für seinen sonst so stoischen Trainer, fiel ihm Hans fast um den Hals. Erst im letzten Moment konnte Marc dieser peinlichen Geste noch durch eine Halbdrehung entgehen.

»Eh! Was ist denn mit dir los?«, fragte er ärgerlich. Auf einmal spürte Marc einen scharfen Schmerz im Nacken und ertastete die Stelle mit seiner Hand. Unwillkürlich zuckte er zusammen. Trotz der klirrenden Kälte fühlte er etwas Feuchtes. Überrascht blickte er auf seine rot verschmierten Finger. Wo kam jetzt das verdammte Blut her?

»Du bist ...«, keuchte sein völlig aufgelöster Trainer. Er trat hinter Marc und zog einen plastikartigen, gezackten Splitter aus seinem Rückenprotektor. »Du bist um ein Haar erschlagen worden!«

Marc blickte ihn fassungslos an. Er hatte den Knall über sich und die auf Rücken, Hals und Helm herunterprasselnden Trümmer total verdrängt. Es war ihm in diesem Moment nur darum gegangen, möglichst schnell seine Konzentration wiederzuerlangen.

»Wie ... erschlagen?«, stammelte er. »Von was?«

»Wenn du nur eine Millisekunde langsamer gefahren wärst, würdest du jetzt nicht mehr unter den Lebenden weilen ...« Hans wischte sich den Angstschweiß von der hohen Stirn. »Weil ... weil genau hinter dir eine beschissene Fernsehdrohne auf die Piste gestürzt ist!«

ZWEI

»Hast du gestern das Rennen verfolgt?«, fragte Urs Berger schlecht gelaunt. Doch Andrea wusste, dass sein unleidlicher Ton nicht ihr galt. Er steckte vielmehr mitten in seiner morgendlichen Kaffeezubereitungszeremonie und hatte gerade die leere Milchtüte im Gemeinschaftskühlschrank entdeckt. Mit einem grimmigen Gesichtsausdruck schmiss er die nutzlose Verpackung in den Abfalleimer und öffnete den Vorratsschrank, der allerdings nur eine einsame Tüte Zucker enthielt. »Was zum Teufel!«, schimpfte Urs. »Welcher Idiot nimmt die letzte Milch, ohne neue einzu–«

Andrea zog eine Schublade auf und reichte ihrem Kollegen bei der Kantonspolizei Zürich-West ungefragt eine Packung mit bunten Kondensmilch-Döschen. »Ja, habe ich.«

»Was? Ach, das Rennen. Was für ein Skandal! Man hätte den Lauf wiederholen müssen. Gassmann hatte den Sieg schon in der Tasche, und dann so was. Klar, dass dieser Ösi Winkler sich über Gebühr gefreut hat! So gewinnt man leicht zusätzliche Weltcup-Punkte, wenn der Konkurrenz Plastikteile auf Buckel und Kopf fliegen! Aber den Gassmann schreib ich nicht ab. Der ist ein Kämpfer! Noch ist nicht aller Tage Abend.«

Bevor er die Kondensmilch öffnete, brachte Urs vorsichtshalber seine Uniformkrawatte in Sicherheit und schwang sie routiniert über die rechte Schulter. Dann zog er an der widerspenstigen Aluminiumlasche, die ihm den Weg zu einem anständigen Milchkaffee versperrte. Doch seine Finger übten offenbar zu viel Druck aus.

»Scheiße!«, schrie er, als die weiße Flüssigkeit über seine Finger und auf sein hellblaues Diensthemd spritzte. »Wer erfindet denn so einen Dreck? Immer explodieren diese verdammten Dinger!«

Andrea unterdrückte ein Grinsen und reichte ihm ein Küchenhandtuch. Sie hätte den Behälter gern für ihn aufgemacht. Ihre geschickten Hände hatten keinerlei Probleme mit diffizilen Öffnungsmechanismen. Aber aus Erfahrung wusste sie, dass ihre männlichen Kollegen nur widerwillig Hilfe vom »schwachen Geschlecht« annahmen. Selbst schuld. Auf der anderen Seite war das Milch-Malheur eine willkommene Unterbrechung des Gesprächs. Sie redete nun mal nicht gern in der Öffentlichkeit über Marc, auch wenn sie sich – nach wie vor – alle seine Rennen am Fernseher anschaute.

»Alles okay?«, fragte sie, bereits auf dem Sprung.

»Geht schon. Aber Regula wird sich wieder beschweren, dass ich kein Hemd zweimal anziehen kann«, knurrte Urs und rieb mit dem Küchenhandtuch über das besudelte Kleidungsstück.

»Na dann, bis später!« Andrea lächelte. Irgendwie unlogisch, dass die »starken« Männer ausgerechnet vor der eigenen Ehefrau einen Heidenrespekt hatten.

Sie schnappte sich ihren frisch aufgegossenen Tee und ging mit schnellen Schritten in ihr Büro zurück. Normalerweise teilte sie sich den winzigen, mit Linoleum ausgelegten Raum mit einer Kollegin, aber da diese gerade im Urlaub weilte, herrschte eine wohltuende Ruhe an ihrem Arbeitsplatz.

Mit einem Seufzer setzte sie sich vor den Bildschirm und starrte minutenlang auf die Excel-Tabelle, an der sie gerade werkelte. Wer hätte gedacht, dass ihre MS-Office-Programmkenntnisse bei der Polizeiarbeit einmal wichtiger sein würden als ihre Schießkünste und ihre körperliche Fitness? Erst letzten Monat hatte sie sich erneut auf eine freie Stelle bei der Kriminalpolizei beworben, aber noch immer keine Antwort erhalten. Hier bei der Sicherheitspolizei fiel ihr jedenfalls die Decke auf den Kopf. Dabei war sie erst vor Kurzem der Polizeiruf-Einsatzzentrale entflohen. Dort war sie bei den insgesamt hundertsechsundsechzigtausend eingehenden Notrufen pro

Jahr eine besser bezahlte Telefonistin gewesen. Jemand, der lediglich die Kollegen zu interessanten Fällen schickte, anstatt selbst tätig zu werden.

Doch die »Informationsbeschaffung zur inneren Sicherheit«, an der sie momentan im Auftrag ihres Chefs Max Ebert arbeitete, war leider auch nicht besonders ruhmreich: Sie hatten den Auftrag, die Akten aller Suizidfälle der letzten Jahre durchzugehen und zu einer Statistik zusammenzufassen. Offenbar benötigte der Bund diese Angaben, um eine geeignete Präventionspolitik zu formulieren. Das war natürlich löblich und in Anbetracht der Größe des Problems sicherlich auch eine wichtige Sache: Immerhin begingen jedes Jahr rund zweihundertfünfzig Personen im Kanton Zürich Selbstmord. So viele Tote gab es noch nicht einmal bei Verkehrsunfällen, und auf die Einwohnerzahl gerechnet, war das die vierthöchste Suizidrate der Schweiz. Trotzdem. Es gab Interessanteres, als Akten zu wälzen, und aus eigener Erfahrung wusste sie, dass die Selbstmord-Prävention ein heikles Thema war.

Andrea schrieb gerade über die soziodemografischen Merkmale der Selbstmörder – offenbar nahmen sich ledige ältere Männer besonders häufig das Leben –, als das Telefon auf ihrem Schreibtisch klingelte. Abwesend griff sie nach dem Hörer.

»Wachtmeister Andrea Brunner«, meldete sie sich.

»Ebert. Können Sie bitte in mein Büro kommen?«, sagte ihr Vorgesetzter am anderen Ende der Leitung.

»Jetzt?«

»Ja«, bestätigte Hauptmann Max Ebert und legte auf. Er war eher ruhig veranlagt und kommunizierte recht wortkarg.

Andrea sicherte ihr Dokument und schnappte sich ihre Dienstjacke. Hm. Was hatte das nun wieder zu bedeuten? Wollte Ebert sie vielleicht persönlich darüber informieren, dass man sie endlich bei der Kriminalpolizei angenommen hatte? Sie fühlte, wie sich bei dem Gedanken ihr Puls freudig beschleunigte.

Doch als sie wenige Minuten später Eberts Büro betrat, war ihr schnauzbärtiger Chef nicht allein. Ein groß gewachsener Mann Mitte fünfzig saß ihm gegenüber und drehte sich zu ihr um, als sie das Zimmer betrat. Die von Lachfältchen umgebenen Augen von Eberts Besucher musterten sie eher kritisch als neugierig. Merkwürdigerweise wirkten seine braun gebrannten Züge vertraut. So als hätte sie das hagere Gesicht mit der hervorstechenden Adlernase schon einmal gesehen. Aber sie konnte sich nicht erinnern, in welchem Zusammenhang das gewesen sein sollte.

Ihr Vorgesetzter räusperte sich. »Das ist Herr Rominger. Er ist der Manager von einem unserer berühmtesten Skiläufer. Der Name Marc Gassmann dürfte Ihnen ja ein Begriff sein. Oder?«

Andrea fühlte, wie sie errötete. Verdammt, das war ihr schon länger nicht mehr passiert. Aber der Name Marc Gassmann *war* ihr bekannt. Und nicht nur sein Name. Leider. Plötzlich fiel ihr auch ein, woher sie Romingers Gesicht kannte. Sie hatte ihn im Fernsehen gesehen – bei einer Pressekonferenz, neben Marc.

»Frau Brunner?«

Erst jetzt wurde ihr bewusst, dass sie Eberts Frage nicht beantwortet hatte. »Ja, natürlich habe ich schon von ihm gehört«, versicherte sie eilig, bemüht, ihrer Stimme einen möglichst neutralen Klang zu geben.

Ihr Chef zeigte knapp auf einen freien Stuhl vor seinem Schreibtisch, und Andrea setzte sich. »Bitte, Herr Rominger, schildern Sie Frau Brunner Ihre Befürchtungen.«

Marcs Manager musterte sie mit hochgezogenen Augenbrauen, als würde er den Sinn und Zweck eines Gesprächs mit ihr anzweifeln. Andrea war an solche Reaktionen gewöhnt. Obwohl die Schweiz in vielerlei Hinsicht ein sehr fortschrittliches Land war, gab es noch immer so manche Einwohner, die sich lieber männlichen Polizisten anvertrauten. Frauen sah man in diesem Beruf eher als Strafzettelverteilerinnen. Doch sie ließ sich nicht durch solche Vorurteile provozieren. Sie wartete einfach ab. Früher oder später wollten die Leute ihre Probleme loswerden. Und auch Herrn Romingers Worte ließen nicht allzu lange auf sich warten.

»Haben Sie das gestrige Rennen gesehen?«, wurde sie zum zweiten Mal an diesem Tage gefragt.

»Ja. Es hat dort einen bedauerlichen Unfall gegeben, richtig?«

Rominger wirkte auf einen Schlag sehr ernst. »Nein. Nicht wirklich.«

Überrascht blickte Andrea ihn an. Er konnte den Vorfall doch nicht abstreiten. Sie hatte das Unglück schließlich mit eigenen Augen am Fernseher verfolgt, und der Sprecher hatte die Zuschauer darüber aufgeklärt, dass eine der Drohnen, die das Rennen aus der Luft filmten, abgestürzt war.

»Wie meinen Sie das?«, erkundigte sie sich verwundert.

Doch Rominger wollte sie offensichtlich auf die Folter spannen. »Vielleicht fange ich besser ganz von vorn an«, meinte er und umfasste mit beiden Händen die Armlehnen des Bürostuhls, auf dem er saß.

Andrea ließ sich ihre Wissbegierde nicht anmerken und wartete, äußerlich gelassen, seine weiteren Worte ab.

»Durch seine vier Weltcup-Siege ist Marc für viele Schweizer ein Idol. Ein umschwärmter Nationalheld«, setzte Rominger an.

Das brauchte man ihr nicht zu sagen. Selbst wenn man, wie sie selbst, Marcs Ebenbild aus dem Weg gehen wollte, schaffte man das in Zürich keine Viertelstunde. Überall hing sein Konterfei. Überlebensgroß warb er für günstige Handy-Tarife, Rasierwasser, Ski-Hersteller und sogar halb nackt mit Sixpack für eine Jeansmarke.

»Doch natürlich gibt es bei so viel Licht auch Schatten. Nämlich eine ganze Menge Leute, die ihm den Erfolg neiden.«

Sie nickte. Neider gab es leider überall. Aber in Marcs Fall konnten diese missgünstigen Leute doch eigentlich nichts ausrichten. Schließlich ging es bei ihm allein um die erzielten Zeiten. Dummes Geschwätz machte ihn nicht langsamer. Im Gegenteil. So wie sie ihn kannte, hatten ihn unberechtigte Kritik und sonstiger Gegenwind eher schneller werden lassen.

»Deshalb haben wir diese Briefe auch lange Zeit nicht ernst genommen.«

»Briefe?«, erkundigte sich Andrea überrascht. Sie hatte eigentlich an Reporter gedacht, die Marc in ihren Artikeln als »alten, kaputten Mann« abstempelten, oder an vormalige Kollegen, die in Interviews eifersüchtig über ihn herzogen.

»Ja. Seit einiger Zeit erhält Marc anonyme Schmähbriefe. Darin wird er aufgefordert, seine Karriere umgehend zu beenden, sonst …« Herr Rominger blickte sie unschlüssig an. So, als ob er sich nicht sicher wäre, ob sie die ganze Wahrheit vertragen würde.

»Sonst?«, hakte sie nach.

»Sonst drohe ihm Gefahr für Leib und Leben«, vervollständigte Rominger widerwillig seinen Satz und blickte dabei Ebert an, der weiterhin ungerührt hinter seinem Schreibtisch saß.

»Der Briefeschreiber will verhindern, dass Marc Gassmann Rennen fährt?«, fragte Andrea perplex. »Aber wieso?«

Rominger zuckte mit den Schultern. »Keine Ahnung, was er gegen Marc persönlich hat. Wahrscheinlich handelt es sich bei ihm um einen Anhänger der Konkurrenz. Er schreibt jedenfalls von neuen, jungen Talenten, die auch eine Chance auf den Sieg verdient hätten.«

Andrea blickte ihn ungläubig an. »Das ist doch absoluter Quatsch. Wenn die ›neuen‹ Talente so gut wären, würden sie Herrn Gassmann im Rennen besiegen. Außerdem liegt gerade Winkler im Weltcup vorn. Sollte dann nicht eher er diese unliebsame Post erhalten?«

»Was weiß ich. Vielleicht gehen diese Schreiben ja tatsächlich an alle Athleten im alpinen Skisport raus – ich habe mich mit den anderen Teams nicht darüber ausgetauscht. Wir, also Marc und seine Crew, haben uns anfänglich über diese Briefe auch nicht den Kopf zerbrochen, aber seit gestern machen wir uns doch Sorgen. Dieser ›Unfall‹ ist noch einmal eine andere Hausnummer als leere Drohungen in Briefform.«

Rominger hatte das Wort »Unfall« so deutlich betont, da würde sie gleich noch einmal nachhaken müssen. Aber zunächst wollte sie weitere Details erfahren. »Wie viele solche Schreiben hat Herr Gassmann denn bekommen? Haben Sie eins dabei, das ich mir ansehen kann?«

Ihr Gegenüber schüttelte den Kopf und fuhr sich mit einer Hand über das sorgfältig zurückgekämmte dunkelbraune Haar, das an den Schläfen bereits ergraute. »Nein, ich habe sie immer umgehend im Papierkorb entsorgt. So einen Quatsch hebe ich nicht auf. Aber es müssen so um die sechs Stück gewesen sein.«

Andreas Vorgesetzter gab ein missbilligendes Schnalzen von sich, und insgeheim musste sie ihm recht geben: Man warf anonyme Drohschreiben nicht einfach weg. Schließlich handelte es sich dabei um potenziell wichtige Beweismittel.

»Auf welche Weise sind Ihnen diese Briefe zugestellt worden?«

»Sie sind an Marcs Privatadresse in Kilchberg geschickt worden. Einer meiner Mitarbeiter hat sie von dort zusammen mit der restlichen Post abgeholt und geöffnet. Marc selbst ist ja in der Wintersaison kaum zu Hause.«

Ja, daran konnte sie sich noch gut erinnern. Marc war damals, vor so vielen Jahren, auch jeden Winter für fast sechs Monate verschwunden gewesen. Wie vom Erdboden verschluckt. Sie hatte ihn immer sehr vermisst. Aber daran durfte sie jetzt nicht denken. Andrea riss sich zusammen und konzentrierte sich erneut auf das Gespräch.

»Wissen Sie noch, ob die Briefe handgeschrieben waren?
Haben Sie auf den Poststempel geachtet?«

Nachdenklich rieb sich Rominger mit dem Zeigefinger über die schmale Nase. »Ich glaube, dass die Umschläge weder frankiert noch abgestempelt waren.«

»Sie meinen, jemand hat die Briefe höchstpersönlich in Ma… Herrn Gassmanns Briefkasten geworfen?«

Rominger nickte mit einem unglücklichen Gesichtsausdruck. Offenbar war ihm bisher nicht bewusst gewesen, dass der anonyme Briefeschreiber also nicht nur Marcs Privatadresse im noblen Kilchberg kennen, sondern auch selbst vor Ort gewesen sein musste.

Ihr Chef räusperte sich. »Sind auf Herrn Gassmanns Grundstück Security-Kameras installiert?«

»Soweit ich weiß, nicht.«

»Sie haben noch nicht gesagt, ob die Briefe handgeschrieben waren«, erinnerte Andrea Marcs Manager an den ersten Teil ihrer Frage.

»Nein. Das waren sie nicht. Der Verfasser hatte Buchstaben und auch ganze Wörter aus Zeitungen ausgeschnitten und zu Sätzen zusammengeklebt.«

»Ich verstehe«, sagte Andrea. Sie hatte ein ungutes Bauchgefühl.

Diese Vorgehensweise schien auf eine größere kriminelle Energie hinzudeuten. Jemand, der sich nur einen schlechten Scherz erlauben wollte, würde wahrscheinlich nicht so viel Zeit investieren.

Sie sah Rominger direkt ins Gesicht. »Und warum nehmen Sie die Angelegenheit ausgerechnet jetzt ernst? Weil Ihnen der gestrige Unfall gezeigt hat, wie angreifbar Herr Gassmann während des Rennens ist?«

»Nein. Nicht deswegen. Sondern weil der Drohnenabsturz kein Unfall war.«

»Sie meinen, dass einer der Kameraleute die Drohne ab-

sichtlich auf die Piste stürzen ließ?«, erkundigte sich Andrea verblüfft. Das klang mehr als unwahrscheinlich.

»Ich meine … nein … ich weiß inzwischen, dass die Drohne keinem der gestern anwesenden Fernsehteams gehörte. Es war ein gezielter Angriff auf Marcs Leben.«

Andrea spürte, wie ihre Kopfhaut zu prickeln anfing. Ihre Stimme zitterte ein wenig, als sie fragte: »Wie können Sie sich da so sicher sein?«

»Die Pistenwärter haben uns die Überreste der Drohne übergeben, und darunter befand sich keine zerstörte Kamera, wie sie normalerweise unterhalb des Flugmechanismus montiert ist.«

»Hm. Könnte sich die Kamera durch den Aufprall nicht aus der Verankerung gelöst haben? Vielleicht ist sie einfach außerhalb der Piste geschleudert worden.«

Rominger schüttelte den Kopf. »Nein. Es war noch nicht einmal der richtige Drohnentyp. Die von den Fernsehteams verwendeten ›fliegenden Kameras‹ sind weiß und relativ groß. Die silberne Drohne, die Marc den Sieg und beinahe das Leben gekostet hat, war wesentlich kompakter. Zudem konnten die Fernsehdrohnen unversehrt sichergestellt werden.«

»Ist das denn niemandem vor Ort aufgefallen?«, fragte Andrea überrascht.

Rominger lachte verbittert auf. »Die Rennleitung hat nach dem ›Unfall‹ den Wettbewerb ganz normal weiterlaufen lassen. Schließlich wurde das Rennen live übertragen, da wollte man keinen Skandal provozieren. Man hat lediglich die auf der Piste verstreuten Teile aufgesammelt, und schon gab es das Startsignal für den nächsten Läufer. Und hinterher waren alle erleichtert, dass Marc ›nichts Schlimmes‹ passiert war. Ich musste selbst mit den Kameraleuten sprechen, um herauszufinden, wem das verdammte Teil gehört hat. Und dabei ist dann die ganze Wahrheit ans Licht gekommen.«

»Und da haben Sie nicht sofort die Polizei in Wengen oder Lauterbrunnen verständigt?«, erkundigte sich Andrea.

Rominger blickte sie an, als ob sie leicht unterbelichtet wäre. »Nein, Frau Wachtmeister, ich bin lieber direkt zur *richtigen* Polizei gegangen. Immerhin wohnt Marc im Kanton Zürich.«

»Haben Sie die sichergestellten Überreste noch?«, schaltete Ebert sich ein.

»Ja.«

»Dann übergeben Sie sie bitte Wachtmeister Brunner. Sie wird alles Weitere veranlassen. Wir müssen diese Trümmerteile auf Fingerabdrücke und eventuell auf Sprengstoffreste überprüfen.«

Andrea nickte. Sie fühlte sich irgendwie ganz benommen. Jemand trachtete Marc nach dem Leben? Warum? Aus reinem Konkurrenzstreben?

»Ich habe die Tüte im Wagen«, sagte Rominger.

»Gut«, sagte Ebert. »Können Sie sie bitte holen?«

Marcs Manager nickte, stand auf und verließ ohne ein weiteres Wort das Büro des Hauptmanns.

Als die Tür hinter ihm ins Schloss fiel, brummte Ebert: »Was für eine Sauerei. Ich möchte, dass Sie sich um die Sache kümmern.«

Andrea blickte ungläubig auf. Nein, das ging nicht. Jeden anderen Fall würde sie liebend gern übernehmen, aber nicht den. Denn in diesem Zusammenhang würde sie sicherlich auch auf Marc treffen. Himmel, sie würde sogar mit ihm sprechen müssen. Ihm sachlich und ruhig Fragen zu seinen möglichen Feinden stellen. Und das wollte sie nicht. Das konnte sie nicht. Dazu stand einfach zu viel zwischen ihnen.

»Ähm … ich kümmere mich gern um die Trümmer. Aber ansonsten bin ich momentan leider zu beschäftigt mit der Selbstmordstatistik«, antwortete sie eilig.

Ihr Vorgesetzter warf ihr einen langen Blick zu. »Ihre Bewerbung für die Kripo ist erneut abgelehnt worden. Sie verfügen über zu wenig praktische Felderfahrung. Aber dem werden wir Abhilfe schaffen. Geben Sie die verdammte Statistik an Berger ab. Ich will, dass Sie die Umstände dieses ›Unfalls‹ untersuchen, und falls nötig, werden Sie auch für Marc Gassmanns Personenschutz sorgen.«

Andrea wollte protestieren, die Worte lagen ihr bereits auf der Zunge. Aber sie wusste, dass Ebert keine Widerrede dulden würde. Das tat er nie. Besonders wenn sie ihm nicht einmal einen guten Grund nennen konnte, sie von diesem Fall abzuziehen. Nein, sie saß in der Falle und sagte deshalb die einzigen Worte, die der Situation angemessen waren.

»Danke, Hauptmann Ebert.«

DREI

Ich gebe zu, dass ich enttäuscht bin von der Bilanz meiner Reise. Und das ist eine Untertreibung. Aber es ist schwer, meine Gedanken in Worte zu fassen. Zu viel will gleichzeitig aufs Papier. Meine Gedanken behindern sich gegenseitig, blockieren meine Synapsen, drängen rücksichtslos an die Oberfläche meines Bewusstseins. Es macht mich schwindelig. Letztendlich kommt doch nur ein Wort zum Vorschein: Enttäuschung. Es ist unzulänglich. Wie alles in meinem Leben.

Ivana ist ebenfalls enttäuscht. Darüber, dass ich nicht entspannter aus meinem »Kurzurlaub« in Wengen zurückgekehrt bin und das von ihr gekochte Essen kaum anrühre. Ja, vor allem Letzteres macht sie unglücklich. Das lässt sie mich deutlich spüren. Manchmal wundere ich mich, wie wenig sie mich – nach all der Zeit – kennt.

$\star\star\star$

Auf dem Weg nach Hause in ihre heimelige Altbauwohnung in Adliswil gab Andrea die Überreste der zerstörten Drohne beim Forensischen Institut ab, das in unmittelbarer Nähe des Kantonspolizeigebäudes lag. Sie machte sich bezüglich der Ergebnisse der forensischen Analyse keine großen Hoffnungen. Die Plastikteile waren wahrscheinlich schon durch zu viele Hände gewandert, um noch eindeutige Rückschlüsse auf den Täter zuzulassen. Aber vielleicht konnten die Kollegen herausfinden, ob die Drohne explodiert oder durch technische Mittel zum Absturz gebracht worden war.

Nachdem Andrea den typischen Papierkram bei der Abgabe von Beweismitteln hinter sich gebracht hatte, ging sie zu dem Parkplatz, auf dem sie am Morgen ihr Velo abgestellt hatte. Wenn es nicht gerade aus Kübeln goss, fuhr sie jeden Tag die acht Kilometer mit ihrem Rad zur Arbeit. Sie hoffte, auf diese Weise in Form zu bleiben, weil ihr Job – zumindest bisher – eine vorwiegend sitzende Tätigkeit war. Außerdem war es herrlich, an der Seestraße entlangzuradeln, selbst wenn, wie heute, der im Winter so typische Hochnebel die Stadt kalt und grau erschienen ließ. Dafür kämpfte sie sich auch gern zweimal täglich über die steile Anhöhe, die Adliswil von dem am See liegenden Kilchberg trennte.

Zürich war wirklich traumhaft schön. Es gab aufregende Restaurants, und das Freizeitangebot konnte sich sehen lassen. Alles wirkte so gediegen und gepflegt. Trotzdem überlegten Daniel und sie schon seit geraumer Zeit, ob sie von hier fortziehen sollten. Und das lag größtenteils an den Menschen, die hier lebten.

Während sie sich in den Verkehr einfädelte, überlegte Andrea zum gefühlt hundertsten Mal, warum sie sich mit den Zürchern so schwertat. Weil sie sie arrogant fand? Kalt? Zu schickimicki, zu demonstrativ reich? Aber es stimmte: Auch nach fast vierzehn Jahren waren Daniel und sie hier immer noch nicht heimisch geworden, hatten kaum Freunde.

Sie fühlte sich in Zürich einfach nicht wohl. Wie ein Fisch auf dem Trockenen, fehl am Platz. Oder lag die Unfähigkeit, sich in das Großstadtleben zu integrieren, vielleicht an ihnen selbst? Waren Daniel und sie zu sehr durch ihre Kindheit in den Bergen geprägt? Durch das Dorfleben, bei dem jeder jeden aufs Intimste kannte und es manchmal hart, aber noch viel öfter herzlich zuging? Sie vermisste diese Geborgenheit. Die Wärme. Daniel war in Wengen aufgewachsen, und sie selbst hatte die prägende Teenagerzeit dort verlebt. Hatte diese Erfahrung sie für das anonymere Großstadtleben verdorben? Andrea wusste es nicht.

Die Gedanken an Wengen führten unwillkürlich zu Marc.

Schließlich war auch er ein wichtiger Teil ihrer Kindheit gewesen. Nein, das stimmte so nicht. Damals war er schlichtweg *alles* für sie gewesen. Ihr ganz persönliches Sonnensystem. Das Leben hatte sich nur um ihn gedreht. Bis zu dem Tag, als er … Energisch verscheuchte sie die Erinnerung aus ihrem Kopf. Nach all den Jahren tat es immer noch weh. Sie wollte nicht an diesen fürchterlichen Vorfall denken, nicht noch einmal die gleichen seelischen Schmerzen durchleiden. Damals hatte sie gelitten wie ein Hund, war monatelang wie ein Zombie durch ihren Alltag gestolpert. Energielos hatte sie gerade noch so »funktioniert«. Und selbst wenn sie heute mit Daniel glücklich war – denn das war sie zu hundert Prozent –, würde sie Marc diesen Vertrauensbruch nie verzeihen. Niemals.

Ob sie Daniel von ihrem ersten »Fall« erzählen sollte? Irgendwann würde er es ja wahrscheinlich sowieso spitzkriegen, dass sie beruflich mit Marc zu tun hatte. Ihr graute vor dieser Enthüllung. Ihr Ehemann hatte ebenfalls jeglichen Kontakt zu seinem Jugendfreund abgebrochen. Er weigerte sich sogar, Marcs Rennen im Fernsehen anzuschauen. Dabei war Daniel ein absoluter Skisport-Fanatiker. Er würde bestimmt von ihr verlangen, diesen Job umgehend abzugeben. Aber das durfte sie nicht, sonst konnte sie ihre weitere Karriere in der Pfeife rauchen. Himmel, war das alles kompliziert. Und Marcs Manager wollte sie auch noch heute Abend anrufen, um ihr mitzuteilen, wann und wo sie morgen früh mit Marcs Trainer sprechen konnte, der ein unmittelbarer Augenzeuge des »Unfalls« gewesen war.

Als sie endlich zu Hause ankam, schob Andrea ihr Velo in den Fahrradschuppen neben dem Eingang der alten Villa, die man in den siebziger Jahren in vier unterschiedlich große Apartments unterteilt hatte. Dann stieg sie die Stufen bis zum dritten Stock hoch und öffnete die Eingangstür.

»Daniel?«, rief sie und legte ihren Schlüsselbund sorgsam in die Schale auf dem Flurtisch. Ihren Lederrucksack stellte sie daneben ab.

»In der Küche.« Seine Stimme hörte sich irgendwie müde an. Abgekämpft. Das tat sie in letzter Zeit oft. Aber jedes Mal, wenn sie ihn darauf ansprach, antwortete er, dass alles in Ordnung sei.

Als Andrea zur Tür reinkam, blickte ihr Ehemann zu ihr auf. Sein Anblick war ihr seit zwanzig Jahren vertraut. Daniel wirkte immer noch jungenhaft mit seinen dunklen, raspelkurz geschnittenen Haaren. Dabei wurde er im April auch schon dreiunddreißig. Nur die Schatten unter seinen Augen waren in den letzten Jahren hinzugekommen und der etwas harte Zug um seinen Mund. Vielleicht arbeitete er zu viel?

»Hallo, Schatz«, begrüßte Daniel sie. Er saß am Küchentisch mit einer Flasche Bier in der Hand und blätterte in einem Oldtimer-Magazin. Als leidenschaftlicher Kfz-Mechaniker interessierte er sich nicht nur von Berufs wegen für alle Arten von Autos.

»Hallo!« Andrea beugte sich zu Daniel hinunter und gab ihm einen Kuss auf die stoppelige Wange. »Hast du Hunger?«

»Wie ein Bär.«

Sie grinste. »Was willst du denn?«

»Egal. Alles, was du kochst, schmeckt gut.«

Andrea rollte mit den Augen. Daniel war echt genügsam. Aber das musste er auch sein, denn ohne fremde Hilfe konnte er kaum eine Dose Ravioli öffnen. Nachdem sie einen Blick in den Kühlschrank geworfen hatte, sagte sie: »Wie wäre es mit einem Poulet-Curry?«

»Tönt super.«

Mit einem Lächeln nahm Andrea das Hühnergeschnetzelte, eine Zwiebel und die restlichen Zutaten aus dem Kühlschrank. Nachdem sie sich das Schneidebrett und ein längliches Küchenmesser zurechtgelegt hatte, begann sie, die Zwiebeln in kleine Würfel zu schneiden.

»Und wie war's bei dir heute?«, fragte Daniel und blickte interessiert von seinem Magazin auf. Jetzt, genau jetzt wäre der richtige Zeitpunkt, um ihm von Marc und ihrem neuen Fall zu erzählen. Andrea biss sich auf die Unterlippe und suchte nach den richtigen Worten. Doch dann kniff sie. Warum sollte sie den zu erwartenden Kampf ausgerechnet in dieser Minute austragen? Vielleicht würde sie den anonymen Briefeschreiber ja relativ schnell ausfindig machen. Und der Drohnenabsturz konnte genauso gut nur ein dummer Zufall gewesen sein. Dann wäre die ganze Sache in ein paar Tagen ausgestanden, und sie würde Marc gar nicht treffen müssen.

»Alles im grünen Bereich«, log sie mit schlechtem Gewissen. »Nur die dämliche Statistik nervt.«

»Du Arme.« Daniel verzog mitleidig das Gesicht.

»Ach, so schlimm ist es auch wieder nicht.« Andrea überlegte, ob sie die erneute Absage von der Kripo erwähnen sollte. Doch sie unterließ es. Daniel würde unweigerlich nach den Gründen fragen, und diese Unterhaltung könnte dann schon wieder auf direktem Wege zu Marc führen.

»Ich habe übrigens auf dem Rückweg von der Arbeit dein neues Bücherregal abgeholt. Soll ich es schnell aufbauen, während du kochst? Ich brauche auch bestimmt nicht lange dafür«, bot ihr Ehemann großzügig an und klappte seine Zeitschrift zu.

»Hey, wie lieb! Das wäre großartig, danke. Dann können wir so in zwanzig Minuten essen. Ich sag dir Bescheid, wenn es fertig ist«, meinte sie, vielleicht eine Spur zu fröhlich. Normalerweise genoss sie die gemeinsame Zeit mit Daniel nach der Arbeit über alles. Es war ihr Highlight des Tages, gemütlich in der Küche zu werkeln und dabei seinen Geschichten über Autos und Motorräder zu lauschen. Dann fühlte sie sich als Teil einer richtigen Familie, genau so, wie sie es sich immer gewünscht hatte. Aber unter den heutigen Umständen war es eine Erleichterung, nicht mehr über das Für und Wider nachdenken zu müssen, ihm von Marc zu erzählen.

»Super. Dann bis gleich.«

Das Kochen beruhigte sie. Mit wenigen, effizienten Handgriffen führte sie die notwendigen Schritte aus. Sie hatte nach dem Tod ihrer Mutter sehr früh auf eigenen Füßen stehen müssen. Ihre Großmutter, zu der sie kurz darauf gezogen war, war zu dem Zeitpunkt schon recht alt und gebrechlich gewesen. So hatte sie mit knapp zwölf Jahren den ganzen Haushalt übernommen.

Andrea goss noch einen Schuss Kokosmilch in die Pfanne, deren Inhalt bereits verheißungsvoll zu duften anfing. Durch das brummende Geräusch der Dunstabzugshaube hörte sie das Telefon klingeln.

Ihr Herz machte einen Sprung. Konnte das Rominger sein? Dann beruhigte sie sich wieder. In weiser Voraussicht hatte sie Marcs Manager lediglich ihre Natel-Nummer gegeben. Das Klingeln stammte aber eindeutig vom Festnetztelefon. Alles war in bester Ordnung. Sie konnte Daniel unbesorgt abnehmen lassen, wahrscheinlich war es sowieso seine Mutter, die gern zur Essenszeit störte.

Als kurze Zeit später die Küchentür aufgestoßen wurde, richtete Andrea gerade den kochend heißen Reis in einer Schüssel an.

»In einer Minute ist es so weit«, sagte sie, amüsiert, dass der Hunger ihren Ehemann heute schon vor ihrer »Essen fertig«-Ansage in die Küche trieb.

»Danke, aber mir ist der Appetit vergangen.«

Überrascht blickte sie zu Daniel, der mit einem undurchsichtigen Gesichtsausdruck im Türrahmen stand und in einer Hand immer noch den Telefonhörer hielt.

»Ist was passiert?«

Daniels Stimme klang belegt, als er antwortete:»Offenbar eine ganze Menge. Aber anscheinend hältst du es für unter deiner Würde, mir davon zu berichten.« Er reichte ihr den Hörer. »Hier. Für dich.«

»Wer ist das?«

Doch statt einer Antwort zuckte ihr Ehemann nur mit den Schultern, bevor er hinzufügte: »Warte nicht mit dem Essen auf mich. Kann sein, dass es spät wird.«

»Was meinst du damit?«, fragte sie entgeistert.

Doch Daniel drehte sich wortlos um, und wenig später hörte sie die Haustür geräuschvoll ins Schloss fallen.

Traurig drückte sie den Hörer gegen ihr Ohr. »Ja?«

»Rominger hier. Ich bitte um Entschuldigung, wenn ich störe, aber Ihr Natel ist abgeschaltet, und da hat mich die Zentrale mit dieser Nummer verbunden.«

»Das ist kein Problem«, flüsterte Andrea. Die Tränen standen ihr in den Augen. Verdammt! Jetzt war genau das passiert, was sie hatte verhindern wollen.

»Gut. Ich wollte Ihnen nur mitteilen, dass Sie Marc und seinen Trainer morgen früh um neun treffen können. Haben Sie was zu schreiben? Dann gebe ich Ihnen rasch die Adresse durch.«

★★★

Lange Zeit bin ich extrem wütend auf Gott gewesen und hätte ihm um ein Haar abgeschworen. Wie kann er nur so etwas Fürchterliches zulassen? Warum hat er Igor nicht beigestanden, ihn nicht besser beschützt? Ist das nicht seine eigentliche Aufgabe?

Der Priester hat mir versichert, dass mein Groll in dieser Situation nur allzu verständlich sei. Menschlich eben. Doch mit der Zeit würde ich einsehen, dass es nicht Gottes Schuld war. Sondern dass Gott mir vielmehr helfen würde, mit diesem Unglück umzugehen.

Daraufhin habe ich viel nachgedacht und bin zu dem Schluss gekommen, dass Gott damit gar nichts zu tun hat, dass es ganz allein des Teufels Schuld ist. Er hat dieses ungesühnte Unglück zu verantworten, egal, was Polizei oder Versicherung behaupten. Doch heute bin ich ganz ruhig. Bald ist es so weit: Auge um Auge, Zahn um Zahn.

***

Marc wischte sich mit einem Handtuch den Schweiß vom Gesicht. Mit jedem Jahr, das er älter wurde, musste er doppelt so hart trainieren, um sich seine Kraft und Geschmeidigkeit zu erhalten. Trotzdem nahm gerade die Beweglichkeit immer mehr ab. Deshalb waren ältere Rennfahrer, wie er auch, eher Speed-Fahrer statt Slalom-Cracks. Die Regenerationsphase nach den Rennen dauerte länger, die Schmerzen von alten Verletzungen belasteten ihn stärker. Früher hatte er, wie alle anderen, vor allem im Frühjahr und Sommer Konditions- und Krafttraining betrieben und sich im Herbst und Winter auf das Schneetraining konzentriert. Doch heute reichte das nicht mehr aus.

Es war erst kurz vor neun, und trotzdem hatte er schon eine Stunde auf dem Crosstrainer hinter sich. Eigentlich sollte er jetzt die nächste Trainingseinheit im Kraftraum beginnen, aber stattdessen wollte Beat hier gleich mit einer Polizistin auflaufen. So eine Zeitverschwendung. Beats Vermutungen waren lächerlich. Es bestand doch niemals ein Zusammenhang zwischen diesen dämlichen Briefen und der Drohne! Die Überbleibsel des Geräts hatten doch mehr wie Spielzeug ausgesehen, wie so eine Art ferngesteuerter Helikopter. Wahrscheinlich hatte irgendein Teenie die Kontrolle darüber verloren. Klar, dass sich jetzt kein Besitzer mehr auftreiben ließ. Wer hatte schon Lust auf eine Anzeige wegen »Renngefährdung« oder wie immer man das juristisch nannte!

Er verließ den Trainingsraum, den er sich vor zwei Jahren im Keller seines modernen Terrassenhauses eingebaut hatte, stieg die Treppe hoch und durchquerte das Wohnzimmer. Sein Trainer Hans Bischoff hatte es sich mit einem Espresso vor dem Fernseher gemütlich gemacht. Aber was sollte er auch neben dem Crosstrainer stehen und ihm beim Schwitzen zusehen? Da war das Morgenprogramm bestimmt interessanter.

»Ist es schon so weit?«, fragte Hans, ohne den Blick von der Flimmerkiste zu wenden.

»Ja«, brummte Marc und verschwand in seinem Schlafzimmer. Dort zog er sich das nasse T-Shirt vom Leib und nahm ein frisches aus dem Schrank. Ob er sich noch schnell duschen sollte?

Doch genau in dem Moment klingelte es.

»Machst du bitte auf?«, brüllte er durch die geschlossene Tür. Dann eben keine Dusche. War zwischen zwei Trainingseinheiten auch nicht besonders sinnvoll, dachte er grimmig, während er in das saubere T-Shirt schlüpfte. Als er kurz darauf erneut das Wohnzimmer betrat, konnte er bereits ein dezentes Murmeln im Korridor vernehmen.

»Kommen Sie doch bitte hier entlang«, hörte er Hans sagen, und im nächsten Moment fielen ihm fast die Augen aus dem Kopf. Hinter seinem Manager sah er eine schlanke dunkelblonde Frau um die Ecke biegen.

Andrea!

Sie war es wirklich. Auch wenn sie eine Polizeiuniform trug, erkannte er sie sofort. Dabei war seit ihrem letzten Treffen eine halbe Ewigkeit vergangen. Doch Andrea hatte sich kaum verändert. Außer dass sie ihm noch schöner erschien als früher. Die kindliche Rundheit war aus ihrem Gesicht gewichen und ließ sie weniger lieblich erscheinen. Irgendwie tougher. Doch das stand ihr gut, betonte ihre ebenmäßigen Züge und ihre hohen Wangenknochen.

Er wollte gerade einen Schritt nach vorn machen, um sie zu umarmen, als sie ihm die Hand entgegenstreckte.

»Herr Gassmann«, sagte sie kalt.

»Andrea! Wie schön, dich zu sehen!«, erwiderte er und wollte ihr herzlich die Hand schütteln, doch sie entzog sie ihm umgehend.

»Ihr kennt euch?«, fragte sein Manager überrascht.

»Ja, wir —«, setzte Marc an, um Beat darüber aufzuklären, dass Andrea seine erste feste Freundin gewesen war.

»… haben uns schon einmal getroffen«, unterbrach Andrea ihn. Ihre Stimme klang unpersönlich. Abweisend.

»Genau, *wir haben uns schon einmal getroffen*«, wiederholte er sarkastisch, um die Traurigkeit, die er plötzlich empfand, zu überspielen. Sie hatte ihm seinen Fehltritt immer noch nicht verziehen. Selbst dreizehn Jahre und unzählige Entschuldigungen später hatte Andrea ihm nicht vergeben. Dabei hatte ultimativ *sie ihm* das Herz gebrochen.

»Können wir uns für einen Moment hinsetzen? Ich hätte ein paar Fragen an Sie«, sagte Andrea und blickte an ihm vorbei auf seinen Esstisch.

Andrea siezte ihn! Sie war mindestens so attraktiv, aber auch genauso feindselig wie beim letzten Mal, als sich ihre Wege gekreuzt hatten.

»Na klar, bitte. Willst du einen Kaffee?« Es war ihm egal, ob er sie damit zur Weißglut brachte: Er würde sie jedenfalls nicht siezen.

»Nein danke.« Andrea schritt hocherhobenen Hauptes an ihm vorbei und setzte sich auf einen der lederbezogenen Stühle, die rund um den langen Tisch aus Pinienholz standen. Sie stellte ihre Tasche auf dem Nachbarstuhl ab und zog einen Block sowie einen Kugelschreiber hervor, den sie laut klickend schreibbereit machte. Dann beobachtete sie ruhig, wie die drei Männer gegenüber von ihr Platz nahmen.

»Du bist also jetzt bei der Zürcher Kantonspolizei?«, erkundigte sich Marc, obwohl ihn seine Mutter längst darüber informiert hatte. In einem Dorf wie Wengen blieb nichts lange geheim.

»Ja«, antwortete sie, ohne eine Miene zu verziehen. »Können wir bitte mit Ihren Personalien beginnen?«

Doch Marc ignorierte ihre Bitte. »Macht dir das Spaß?« Andreas Blick hätte jedes Mineralwasser problemlos in Eiswürfel verwandeln können. Nach einer bedeutungsschwangeren Pause antwortete sie: »Meistens.«

Sein Trainer räusperte sich verlegen. Offenbar ging ihm die angespannte Atmosphäre gegen den Strich. »Also mein Name ist Hans Bischoff, und ich bin Marcs Trainer. Geboren am 25. April 1961 in Grindelwald.«

Andrea bedachte Hans mit einem dankbaren Lächeln. Dann beugte sie sich über ihren Block und begann mit ihren Notizen. »Und Ihr Wohnort?«

»Fuchshuberstraße 18.«

»In Zürich?«

Hans nickte.

»Wie lange arbeiten Sie schon mit Herrn Gassmann zusammen?«

»Ich war von 2011 bis 2014 schon einmal sein Trainer, aber in dieser Saison arbeiten wir erst seit einem Monat wieder zusammen.«

Andrea sah verwundert von ihrem Schreibblock auf. »Ist das nicht ungewöhnlich, dass Ma… Herr Gassmann mitten in der Saison den Trainer wechselt? Was ist da passiert?«

»Du darfst mich ruhig beim Vornamen nennen, Andrea«, warf Marc lächelnd ein. »Und Hans ist liebenswerterweise eingesprungen, weil ich mit meinem vorherigen Trainer ein paar Meinungsverschiedenheiten hatte und er es vorzog, seiner Wege zu gehen.«

»Na ja, du hast ihn gefeuert«, warf Beat lapidar ein.

Andrea blickte Marc streng an. »Stimmt das?«

»Rein formal ja. Aber ich bin ihm nur zuvorgekommen. Sven hätte so oder so hingeschmissen«, erklärte Marc.

»Also ein im Streit gefeuerter Trainer«, fasste Andrea zusammen, während sie mitschrieb. »Da haben wir ja schon den ersten Tatverdächtigen mit einem überzeugenden Motiv.«

»Quatsch«, widersprach Marc. »Sven ist manchmal ein Idiot, aber er würde mir niemals körperlich schaden wollen. Außerdem glaube ich immer noch, dass die ganze Geschichte mit der bösen Drohne nur in Beats Phantasie existiert.«

Sie hob den Kopf. »Ach ja?«

Marc erklärte ihr seine Vermutung über das abgestürzte Kinderspielzeug.

»Hm«, sagte Andrea. »Heute Abend werden wir mehr wissen. Dann bekomme ich wahrscheinlich schon die Ergebnisse der forensischen Analyse. Aber jetzt machen wir erst mal mit den Personalien weiter.«

Aufmunternd blickte sie Beat an. Verdammt. Selbst dabei sah sie bezaubernd aus. Marc musste sich regelrecht zwingen, sie nicht anzustarren.

Auch Beat gab sein Geburtsdatum und seinen Wohnort an, bevor er erklärend hinzufügte: »Ich bin seit über sechs Jahren Marcs Manager.«

»Und was ist Ihr Aufgabengebiet in dieser Funktion?«, fragte Andrea und lehnte sich interessiert nach vorn.

»Alles, was im entferntesten Sinne mit der Vermarktung der Rechte an Marcs Karriere zu tun hat.«

»Sind Sie so etwas wie ein Anwalt?«

Beat lächelte. Ziemlich arrogant für Marcs Geschmack. »Nicht *so etwas* wie ein Anwalt. Sondern ganz genau das. Ich habe Jura studiert und mich auf das Management von Spitzensportlern spezialisiert. Außer Marc betreue ich noch einige andere Kunden.«

»Auch weitere Skifahrer?«, hakte Andrea nach.

»Ja. Unter anderem.« Marc konnte an Beats Stimme hören, dass ihn diese Frage ärgerte.

»Ergibt das nicht einen Interessenkonflikt?«

»Nein«, antwortete sein Manager. »Die Skifahrer, die ich sonst noch betreue, befinden sich in einem ganz anderen Stadium ihrer Karriere. Marc ist ein Star. Die anderen sind Rookies.«

»Na ja, so unrecht hat Andrea da nicht. Franz Koffert, um den du dich seit Neuestem auch kümmerst, ist schon ein direkter Konkurrent von mir«, warf Marc ein. »Am Lauberhorn ist er nach Peter und mir Dritter geworden.«

Beat verzog missmutig den Mund. »Er hat einen guten Lauf dieses Jahr, aber er ist zehn Jahre jünger als du.«

»Eben.«

»Und mit Peter Winkler hast du auch schon mal zusammengearbeitet. Und der ist Österreicher«, warf Hans Bischoff ein. Es klang vorwurfsvoll.

Marc schmunzelte. Es war kein Geheimnis, dass der Wettkampf zwischen den beiden kleinen Alpenstaaten besonders hart ausgetragen wurde. Da hatte eine gewisse Animosität zwischen den Teams schon Tradition. Er beobachtete, wie Andrea sich den Namen »Peter Winkler« notierte und ein Fragezeichen dahinter malte. Offenbar hegte auch sie Vorurteile gegenüber Österreichern. Oder protokollierte sie schlichtweg die ganze Unterhaltung?

»Wie heißt dein früherer Trainer?«, wandte sie sich wieder an ihn.

»Sven Göransson. Aber glaub mir, er hat mit der ganzen Sache nichts zu tun«, antwortete Marc und freute sich, dass Andrea ihn gerade geduzt hatte. Auch wenn er davon ausging, dass es unabsichtlich geschehen war.

»Das sehen wir dann schon, wie unschuldig er ist«, antwortete sie kühl. »Gibst du mir bitte noch deine Personalien?«

Nein, es war Absicht. Sie duzte ihn. Marc grinste und beschloss, Andrea noch ein wenig mehr zu provozieren. Offenbar fruchtete das am besten. »Ich glaube, du kennst meine *Personalien* schon. Oder?«

Ihr Blick wurde umgehend bitterböse. Doch ihre Wangen röteten sich. Bingo.

»Dein Geburtsdatum, bitte«, sagte sie schneidend.

»Ich bin am 18. Juli im selben Jahr wie du geboren«, antwortete er. »In Wengen. Das ist dort, wo du auch jahrelang bei deiner Großmutter gewohnt hast. Und meine Kilchberger Adresse hast du ja schon.«

Sie senkte den Kopf und schrieb eifrig, doch er spürte deutlich, wie dunkle Wellen der Wut von ihr ausgingen. Das war ihm egal. Alles war besser als diese gespielte Gleichgültigkeit. Als sie ihn erneut ansah, waren ihre Wangen wieder blass.

»Okay, dann haben wir das schon mal erledigt. Von den anonymen Briefen hat uns Herr Rominger bereits berichtet, aber vielleicht willst du uns auch noch deine Meinung dazu schildern?«

Marc zuckte mit den Schultern. »Ich habe diese Briefe nie gesehen. Keine Ahnung. So ein Quatsch interessiert mich nicht.«

Andrea wandte sich etwas perplex an Beat. »Sie haben ihm die Briefe nicht gezeigt?«

»Wozu?«, meinte Beat. »Das hätte doch nur unnötig seine Konzentration gestört.«

»Stimmt«, pflichtete Marc ihm bei. »Außerdem, wenn jemand nicht den Mumm hat, mir seine Drohungen ins Gesicht zu sagen, ist das sowieso ein armer Wicht. Vor solchen Schwächlingen habe ich keine Angst.«

»Und wenn ausgerechnet so ein Schwächling dir letzten Samstag den Sieg versaut und dich fast das Leben gekostet hat?«, fragte Andrea. Es klang spöttisch.

»Das glaube ich erst, wenn ich die entsprechenden Beweise sehe.«

Sie schloss für einen winzigen Moment die Augen, so als müsste sie sich extrem zusammenreißen, um nichts Pampiges auf seine Bemerkung zu erwidern. Stattdessen sagte sie ruhig: »Kannst du mir bitte einmal den Tathergang schildern? Woran erinnerst du dich noch?«

44

Marc legte nachdenklich den Kopf zur Seite. »Da war ein dumpfer Bums direkt über mir, und dann knallten ein paar Trümmerteile gegen meinen Kopf und Rücken. Das ist alles. Keine große Sache.«

Hans, der sich bislang sehr ruhig verhalten hatte, schien auf einmal aufzuwachen. »Nein«, sagte er bestimmt. »Es war schon ein wenig dramatischer. Du hast hinten am Hals geblutet, und ein ziemlich übler Splitter ist sogar in deinem Rückenprotektor stecken geblieben. Man mag sich gar nicht vorstellen, was noch alles hätte passieren können. Ich stand ja fast daneben und hätte beinahe einen Herzinfarkt bekommen.«

»Wo standen Sie genau?«, erkundigte sich Andrea interessiert.

»Neben der Piste, oberhalb des Zieleinlaufs.«

»Und was haben Sie von dort aus bemerkt? Haben Sie zum Beispiel gesehen, wie die Drohne angeflogen kam?«

Hans schnalzte enttäuscht mit der Zunge. »Leider nein, deshalb war es ja so ein großer Schock. Dieses Etwas muss ziemlich weit oben geflogen sein. Außerhalb meines Sichtfelds. Und ich hatte meine Augen auf Marc gerichtet. Und dann – ganz plötzlich – regneten diese Trümmerteile aus dem Himmel auf ihn herab.«

»Haben Sie einen Knall oder so etwas gehört?«

»Ich glaube, ja, aber es ging alles so schnell. Ich kann mich nicht mehr zu hundert Prozent daran erinnern. Meine Hauptsorge galt natürlich Marc, und ich habe mich so schnell wie möglich zum Zieleinlauf bewegt, um sicherzustellen, dass er nicht verletzt ist.«

»Natürlich«, bestätigte Andrea, und für einen kurzen Moment sah sie weicher aus. Fast wie früher. Er sog diesen Anblick in sich auf. Doch einen Augenblick später war ihre professionelle Maske wieder an Ort und Stelle.

»Wenn es, wie Sie sagen, ›Trümmerteile regnete‹«, erkundigte sie sich, »dann wurde das Flugobjekt vermutlich schon in der Luft zerstört und nicht erst beim Aufprall? Das wäre ein weiteres Indiz für eine Explosion.«

Hans nickte. »Vermutlich.«

Andrea wandte sich an Beat. »Und wo waren Sie zu diesem Zeitpunkt?«

»Ich habe das Rennen vom Sponsorenzelt aus auf dem Monitor verfolgt«, antwortete er nach einer kurzen Bedenkzeit.

»Machen Sie das öfter?«

»Ja. Im Umfeld der Rennen schließt man manchmal die besten Verträge ab. Dann sind die Manager der Sponsorenfirmen noch von der tollen Atmosphäre und den Erfolgen ›ihrer‹ Sportler angefixt. Das wirkt sich gut auf die finanziellen Konditionen aus.«

»Und mit welcher Firma haben Sie da verhandelt?«

Sichtlich widerwillig nannte Beat den Namen eines bekannten Schweizer Softdrink-Herstellers.

Verwundert blickte Marc ihn an. »Aber mit denen habe ich doch gar keinen Sponsorenvertrag. Oder?«

»Bei den Verhandlungen ging es auch nicht um dich«, gab Beat zu. »Obwohl ich natürlich deine Interessen auch immer im Auge behalte.«

»Und um wen ging es dann?«, kam Andrea seiner Frage zuvor.

»Um Franz.«

Man sah Beat an, dass ihm dieses Verhör nicht in den Kram passte, aber Andrea hakte trotzdem nach. »Koffert?«

»Genau.«

»Und? Habt ihr einen Vertrag abgeschlossen?«, erkundigte sich Marc.

Falls möglich, schaute Beat noch ein wenig finsterer drein. »Noch nicht. Im letzten Moment hat sich Kofferts Bruder dazugesellt und seinen üblichen Blödsinn verzapft. Der Sponsor hat sich köstlich amüsiert, doch am Ende ist uns die Zeit davongelaufen, und die quasi schon getroffene Entscheidung wurde noch einmal vertagt!«

Marc grinste. Er kannte Kofferts älteren Bruder Jürgen noch von früher, als er ebenfalls Rennen gefahren war. Jürgen war das, was man gemeinhin eine »coole Sau« nannte. Äußerst trinkfest und ein waschechter Alleinunterhalter. Urkomisch, aber leider manchmal auch im falschen Moment.

Energisch klappte Andrea ihren Schreibblock zu. »Ich glaube, das war's fürs Erste. Oder haben Sie mir noch etwas Wichtiges zu sagen?«

»Eigentlich schon.« Marc blickte Andrea eindringlich an. »Aber ich weiß nicht, ob du es hören willst.«

Sie ignorierte seine Worte und stand auf.

Er hatte mit keiner anderen Reaktion gerechnet. Aber es schmerzte trotzdem.

»Okay, dann melde ich mich, wenn ich von der Forensik gehört habe.« Andrea reichte zuerst Hans, dann Beat die Hand zum Abschied. Schließlich war Marc an der Reihe. Ihre Finger fühlten sich kühl an. Er behielt sie etwas länger als nötig in seiner warmen Pranke.

»Es war schön, dich wiederzusehen, Andrea.« Er versuchte, ihr in die Augen zu sehen, aber sie blickte an ihm vorbei.

»Das sagtest du bereits«, erwiderte Andrea und befreite sich. »Bis dann.«

Marc folgte ihr in den Korridor und sah ihr nach, bis sie durch die Haustür entschwand. Dann ging er wieder ins Wohnzimmer zurück, wo Beat und Hans ihn schon mit neugieriger Miene erwarteten.

»Sehr attraktiv, die Kleine. Woher kennt ihr euch?«, fragte sein Trainer.

Doch er hatte keine Lust, ihnen jetzt die ganze Geschichte zu erzählen. Der Kontakt mit Andrea hatte ihn aufgewühlt.

»Aus Wengen«, antwortete er kurz angebunden. »Wir waren früher mal befreundet.«

»Sehr freundschaftlich sah das jetzt aber nicht aus«, meinte Beat süffisant. »Zumindest nicht von ihrer Seite.«

Marc ging nicht auf die provokante Bemerkung ein. »Wenn es sonst nichts gibt, werde ich jetzt mal weitermachen.«

Als Hans und Beat unisono den Kopf schüttelten, machte er sich wieder in den Keller auf. Wenigstens hatte er jetzt die einmalige Chance, sich den ganzen Frust mit Andrea gründlich von der Seele zu trainieren.

VIER

Ich meine, mal gelesen zu haben, dass die menschliche Psyche nur deshalb eine selektive Wahrnehmung hat, weil kein Mensch das Elend dieser Welt »im Kopf« aushalten könne. Man kann. Aber es ist die Hölle. So wie mein jetziges Dasein die Hölle ist. Jeden Morgen entscheiden die ersten Sekunden nach dem Wachwerden, ob der Tag dunkelgrau oder schwarz wird. An dunkelgrauen Tagen gibt es eine kurze Verzögerung, bis mich die Trauer wieder anfällt, mich wie ein alles umfassender Nebel einhüllt. Einen kurzen barmherzigen Aufschub, bis mir bewusst wird, dass das Schrecklichste, was mir jemals hätte zustoßen können, tatsächlich passiert ist und jegliches Licht, jegliche Lebensfreude in mir ausgelöscht hat.

Neulich habe ich bemerkt, dass ich mich nicht mehr richtig an seine Augenfarbe erinnern kann. Natürlich weiß ich noch, dass er blaue Augen hatte, aber diesen einmalig schönen Ton, den seine Iris im Sonnenlicht annahm, ein golden schimmerndes Türkis, das sehe ich nicht mehr. Es macht mich wahnsinnig. Um meiner Erinnerung auf die Sprünge zu helfen, habe ich stundenlang Blau-, Grün- und Goldtöne in unterschiedlichen Anteilen zusammengemischt, aber die Rekonstruktion von Igors Augenfarbe gelingt mir nicht. Das ist der Unterschied zwischen atmender Natur und lebloser Malerei.

$$\star\star\star$$

Als Andrea in das Dienstfahrzeug stieg, mit dem sie nach Kilchberg gefahren war, zitterten ihre Hände. Die Begegnung mit Marc setzte ihren Nerven zu, obwohl sie sich eigentlich mental gewappnet geglaubt hatte. Pustekuchen! Auf dem Rückweg konnte sie an nichts anderes denken. Alles an ihm war ihr so vertraut: seine Stimme. Sein Gang. Sein Lächeln. Dabei sah er definitiv anders aus als damals. Marcs Gesicht wirkte irgendwie erwachsener, und sein Körper war noch kräftiger, als sie ihn in Erinnerung hatte. Eine Sache hatte sich jedoch nicht geändert: seine Art, sie zu provozieren. Marc war der einzige Mensch auf der Welt, der sie in kürzester Zeit von null auf hundert in Rage bringen konnte!

Doch sie war nicht überrascht über die Wut, die sie bei seinem Anblick und seinen unangemessenen Bemerkungen überkam. Damit hatte sie schon gerechnet. Aber woher stammte diese unerklärliche Angst um ihn? Als sein Trainer den Absturz der Drohne schilderte, hätte sie Marc am liebsten in den Arm genommen. Natürlich nur aus purer Erleichterung, dass ihm nichts passiert war! Dabei ging sie das alles eigentlich nur rein dienstlich etwas an. Oder war es ganz normal, wenn man sich für das Wohlergehen von Ex-Freunden interessierte? Sie hatte da keine Erfahrungswerte. Außer mit Marc und Daniel war sie mit keinem anderen Mann zusammen gewesen.

Erst als sie in die Kasernenstraße einbog, konnte sie ihre Gedanken von Marc losreißen. Dabei hatte sie außer ihrem ersten »richtigen« Fall eigentlich genug andere Probleme: Daniel war gestern Abend erst um Mitternacht nach Hause gekommen. Andrea hatte gehört, wie er unbeholfen die Haustür aufschloss und dann mit schweren Schritten ins Bad ging. Als er sich neben sie ins Bett legte, hatte sie ihn liebevoll umarmt. Daniel hatte ihren Versöhnungsversuch wortlos zugelassen, doch seinerseits keine Anstalten gemacht, die Umarmung zu erwidern. Kurz darauf war er eingeschlafen. Sie selbst lag dagegen noch lange wach. Die durchdringende Tabak- und Alkoholfahne, die ihr Ehemann verströmte, war schwer zu ignorieren. Warum vertraute er ihr nicht?

Genau deswegen hatte sie ihm nicht von Marc erzählt. Daniel war so oft grundlos misstrauisch. Eifersüchtig. Nicht nur auf Marc, sondern auf alles und jeden. Obwohl sie ihm noch nie Anlass zur Sorge gegeben hatte, obgleich sie ihm wieder und wieder beteuert hatte, dass sie nur ihn liebte. Manchmal fragte sie sich, ob er in ihrer Ehe wirklich glücklich war. Über die Jahre war Daniel stiller geworden, hatte sich zunehmend in sein Schneckenhaus zurückgezogen. Irgendwie war das »Wir« in den Hintergrund getreten, ihre tiefer gehenden Gespräche und die Zeit, die sie gemeinsam verbrachten, waren weniger geworden. Dabei liebten sie sich doch. Aufrichtig. Er war ihr Fels in der Brandung, auf den sie immer vertrauen konnte. Doch selbst heute Morgen, beim gemeinsamen Frühstück, war er immer noch schlecht gelaunt und mundfaul gewesen.

Auf dem Gang zu ihrem Büro traf sie Urs Berger, der sich offenbar gerade Kaffeenachschub besorgt hatte.

»Hoi, Andrea«, sagte er und winkte sie heran.

»Was gibt's?«, fragte sie, innerlich angespannt. Eigentlich drängte es sie an den Computer, um zu sehen, ob das Schweizer Fernsehen die versprochenen Mitschnitte des Lauberhorn-Rennens schon an sie geschickt hatte.

»Hauptmann Ebert lässt dir ausrichten, dass du in seinem Büro erscheinen sollst, sobald du zurück bist. Und ich soll auch mitkommen.«

Na großartig. Das würde sie noch mehr Zeit kosten. »Okay, dann lass uns das am besten sofort hinter uns bringen.«

Nachdem Urs den Kaffee grummelnd wieder in der Küche abgestellt hatte, klopften sie bei Hauptmann Ebert an, der schon auf sie zu warten schien. »Wie lief das Gespräch mit Gassmann und seinem Team?«, fragte er ohne Umschweife.

Andrea zuckte mit den Schultern. »Keiner hat irgendetwas Außergewöhnliches bemerkt. Gassmann hält alles für eine Art Kinderstreich. Allerdings hat er seinen Trainer vor Kurzem fristlos gefeuert, und ich frage mich, ob da nicht ein Zusammenhang besteht. Als Nächstes wollte ich die Videoaufnahmen des Rennens auswerten.«

»Machen Sie das. Ich habe beschlossen, eine Sonderkommission in dieser Sache einzurichten. Mit Ihnen als Leiterin und Wachtmeister Berger als Unterstützung«, verkündete ihr Vorgesetzter.

Andrea sah ihn mit großen Augen an. »Eine Sonderkommission? Aber es gibt doch bisher nur einen vagen Verdacht, dass Gassmann tatsächlich das Ziel eines geplanten Angriffs war. Bis auf einen Verstoß gegen das Drohnenverbot in unmittelbarer Nähe einer Menschenmenge hat der Täter sich meines Erachtens gar nicht strafbar gemacht. Und selbst wenn wir ihn ermitteln, geht es doch wohl mehr um Gassmanns Schadensersatzanspruch an die Versicherung des Täters.«

Die buschigen Augenbrauen von Ebert senkten sich, was seinem Gesicht einen noch grimmigeren Ausdruck als sonst verlieh.

»Unser Kommandant wird seit gestern von der Presse wegen dieser Sache bestürmt. Zunächst war die Journaille von einem technischen Versagen bei einer Fernsehdrohne ausgegangen. Die Zeitungen schrieben auf Verdacht schon mal über Akkuprobleme. Dafür sprächen schließlich auch die für technische Geräte immer kritischen Minusgrade.« Ebert tippte sich gegen die Stirn, um seine Meinung über schlecht informierte Journalisten noch zu unterstreichen. »Auch die FIS hat sich zu Wort gemeldet und die Fernsehteams verteufelt, da diese sich nicht an den vereinbarten Flugkorridor neben den Zuschauern gehalten hätten. Man versuche Jahr für Jahr, den Skisport sicherer zu machen, um schlimme Stürze auf der Strecke zu verhindern, und dann käme plötzlich die Gefahr von oben. Auf diese Weise könne man die Sicherheit der Sportler jedenfalls nicht gewährleisten. Pipapo. Aber dann haben die Fernsehstationen —«

»Wissen Sie, was der Gassmann über diese Sache getwittert hat?«, wurde er von Urs unterbrochen. Unwillkürlich zog Andrea den Kopf zwischen die Schultern, denn sie wusste aus

Erfahrung, dass der Hauptmann solche Abschweifungen nicht liebte.

Diesmal schien Ebert jedoch ein Auge zuzudrücken. »Nein, das habe ich noch nicht gesehen.«

»Erhöhter Flugverkehr über Wengen«, erwiderte Urs feixend. Beide Männer lachten herzlich.

»Der Gassmann ist schon ein Hund«, brummte Ebert. Es war offensichtlich, dass selbst der Hauptmann ein Fan von Marc war.

»Aber dann haben die Fernsehstationen ...‹?«, wiederholte Andrea ungeduldig. Sie wollte schließlich nicht die erste Vorsitzende dieses spontan eingerichteten Fanclubs werden.

Der Hauptmann wurde umgehend wieder sachlich. »Nun ja, die Fernsehstationen hatten mittlerweile rausgefunden, dass die Drohne nicht von einem ihrer Teams stammte. Da haben sie dann zurückgeschossen, und zwar gegen die Kapo Bern, die offenbar nicht für Sicherheit auf dem Renngelände sorgen könne. Aber inzwischen hatten die Kollegen von der Berner Kantonspolizei von der Anzeige gegen unbekannt durch Marcs Manager bei uns gehört und die Presse dahin gehend informiert. Seitdem sind sie in Bern fein raus, und bei unserem Kommandanten steht das Telefon nicht mehr still.«

»Was wollen die denn von ihm?«, fragte Urs.

»Die wittern eine reißerische Schlagzeile. So etwas in der Art von: ›Wer will Volksheld Gassmann an den Kragen?‹ Und da wollen sie halt vom Kommandanten erfragen, wie wir zukünftig die Sicherheit unseres Lieblingssportlers sicherzustellen gedenken.«

Andrea schnaubte durch die Nase. »Als ob dies der erste Drohnenunfall in der Welt des Sports wäre!«

»Ist es nicht?«, erkundigte sich Ebert.

Sie schüttelte den Kopf. »Nein, Drohnen haben bei Sportveranstaltungen schon oft für Chaos gesorgt. Zum Beispiel ist bei den US Open mal eine in die Zuschauerränge geknallt. Und in Australien erlitt eine Triathletin schwere Kopfverletzungen, ebenfalls von einer herabstürzenden Drohne. Ich habe das gestern recherchiert.«

Doch Urs schien sich nicht für diese Unfälle zu interessieren, stattdessen fragte er:»Und wie sollen wir jetzt die Sicherheit von Gassmann garantieren?«

»Indem wir, wie schon erwähnt, die Sonderkommission einrichten und ihm für die Rennen einen Personenschützer zur Seite stellen«, antwortete Ebert ruhig.

»Einen Personenschützer?«, wiederholte Urs und rutschte vor lauter freiwilliger Dienstbereitschaft unruhig auf seinem Stuhl hin und her.

Wahrscheinlich sah er sich vor seinem geistigen Auge schon selbst hinter Marcs Siegerpodest stehen. Mit einem Knopf Marke »ultrawichtig« im Ohr. Wie ein richtiger Bodyguard. Allerdings ein etwas pummeliger. Andrea musste schmunzeln. Doch im selben Augenblick bemerkte sie, wie Ebert sie mit einem eindringlichen Blick bedachte ... und auf einmal schwante ihr Fürchterliches.

Ebert räusperte sich.»Ihrer kürzlich eingereichten Bewerbung habe ich entnommen, dass Sie eine Ausbildung im Nahkampf haben, Frau Brunner. Ist das korrekt?«

Der Ausdruck auf Urs' Gesicht war zum Schreien komisch. Er wirkte wie ein Fünfjähriger, dem die Eiswaffel zu Boden gefallen war. Untröstlich. Doch Andrea war gerade nicht zum Lachen zumute.

»Das stimmt«, hörte sie sich selbst sagen.

»Dann übernehmen Sie diese Zusatzaufgabe. Ich vertraue Ihnen, Frau Brunner. Sie werden das Kind beziehungsweise Herrn Gassmann schon schaukeln. Aber versauen Sie es nicht. Sonst wird es schwer mit der Kripo.«

Mit diesen Worten wandte sich Ebert wieder den Akten auf seinem Tisch zu. Das war ein eindeutiges Signal zum Aufbruch. Urs und sie wussten beide, dass sie damit entlassen waren.

Auf dem Rückweg zu ihrem Büro war Andrea wie benommen. Sie würde also von nun an Marc auf all seinen Rennen begleiten müssen. Verdammt! Wie sollte sie das nur Daniel beibringen? Er flippte doch schon aus, wenn Marcs Manager bei ihr anrief! Und was war mit ihren eigenen Gefühlen? Sie wollte diesen Job auch nicht. Das Gespräch mit Marc hatte sie völlig aus der Bahn geworfen. Unter diesen Umständen wäre es eine unendliche Quälerei, ganze Wochenenden mit ihm zu verbringen.

»Also, dass ausgerechnet eine Frau unseren besten Sportler beschützen soll … Ich weiß nicht. Nahkampfausbildung hin oder her, so etwas ist doch Männersache. Ebert hätte mir diesen Job geben sollen«, murmelte Urs neben ihr. Die Enttäuschung stand ihm immer noch ins Gesicht geschrieben.

»Glaub mir, das wäre mir auch viel lieber«, sagte Andrea mit einem Seufzer.

Offenbar brachte sie diesen Satz sehr glaubhaft rüber, denn Urs sah sie mitleidig von der Seite an. »Wenn du Schiss hast, sag's besser gleich. Vielleicht schickt Ebert mich dann doch noch als Verstärkung.«

Andrea winkte ab. »Schon gut. Ich sehe mir jetzt erst einmal die Aufzeichnung des Rennens an. Kommst du auch? Vier Augen sehen ja bekanntlich mehr als zwei.«

Die Dateien des Schweizer Fernsehens befanden sich tatsächlich in ihrem E-Mail-Eingang. Sie öffnete sie und spulte jeweils bis zu Marcs Lauf vor. Auf dem gesendeten Fernsehmitschnitt und den von der Regie nicht benutzten Bildern der anderen Kameras konnte man bis zu der Stelle kurz vor dem Zieleinlauf, an der alles passiert war, nichts Auffälliges erkennen. Marc wirkte dynamisch. Hoch konzentriert. Die Kommentatoren lobten ihn, fieberten bei jeder Zwischenzeit mit und freuten sich, dass er schneller als Winkler unterwegs war. Leider zeigte nur eine der Dateien seinen Beinahe-Sturz auf der Piste: Als die Drohne von oben – tatsächlich wie aus dem Nichts – auf dem Bildschirm erschien, schaltete Andrea auf Slow Motion. Die Kamera filmte Marc aus seitlicher Perspektive in Großaufnahme und …

»Da! Siehst du es?«, fragte Andrea aufgeregt.

»Was jetzt?«

»Es war tatsächlich eine Explosion. Man kann deutlich erkennen, dass die Drohne direkt über Marcs Kopf vor dem Aufschlagen zerplatzt, und dann regnet es die besagten Plastikteile.«

Andrea spulte die Szene noch einmal zurück.

»Tatsächlich«, bestätigte Urs und kratzte sich am Kinn. »Das sieht jetzt allerdings weniger wie ein Unfall aus.«

Andrea nickte. »Scheint so. Obwohl ich mich mit Drohnen nicht auskenne. Vielleicht haben manche einen technischen Defekt, der sie spontan explodieren lässt.«

Urs schüttelte den Kopf. »Eher unwahrscheinlich.«

»Dann müssen wir die Forensik abwarten. Schade, dass man die Zuschauer so schlecht sieht. Auf der Strecke selbst kann man sie kaum ausmachen.«

»Da stehen auch nicht so viele. Die meisten bevorzugen den Zieleinlauf. Manchmal zeigen sie dort die Interviews mit den Sportlern, da wird man sie besser erkennen können. Lass einfach mal das ganze Filmmaterial durchlaufen«, schlug Urs vor.

Die nächsten drei Stunden verbrachten sie einmütig vor Andreas Bildschirm. Und ihr Kollege sollte recht behalten, während der Interviews konnte man die Zuschauer besser erkennen. Während Urs seine Augen nicht von den Bildern losreißen konnte, machte sich Andrea Notizen wie »Fanclub Aargau trägt Schilder«, »Mann mit altmodischer Pelzmütze telefoniert«, »Gruppe von roten Jacken«, »Österr. Fahnenträger hat angemaltes Gesicht« und »Blonde Frau mit langen Haaren«. Sie glaubte zwar nicht, dass sie auf diese Weise den Täter ausmachen konnte, aber irgendetwas musste sie schließlich tun.

Weil sie beide im Eifer des Gefechts das Mittagessen vergessen hatten, drängte Urs sie am späten Nachmittag dazu, die acht Minuten zum Hiltl, dem laut Guinnessbuch ältesten vegetarischen Restaurant der Welt, zu laufen, um sich eine Kleinigkeit von dessen köstlichem Büfett zu holen. Und genau dort erreichte Andrea der Anruf des Forensikers. Kurzerhand beschloss sie, dass sie doch keinen Hunger hatte, und eilte unverrichteter Dinge zurück.

Etwas außer Atem stand sie kurze Zeit später vor Mathis Albrecht, einem Mitarbeiter des Forensischen Instituts Zürich, der sich gerade über den Ausdruck beugte, der zuoberst auf seinem überfüllten Schreibtisch lag.

»Es war also tatsächlich Sprengstoff im Spiel?«, fragte Andrea und versuchte, ihre Atmung unter Kontrolle zu bekommen. »Die Drohne ist nicht einfach so spontan explodiert?«

Sie beobachtete, wie ihrem Gegenüber eine dünne blonde Haarsträhne in die ölig glänzende Stirn fiel. Obwohl bereits Ende dreißig, schien der arme Kriminaltechniker immer noch mit Akne zu kämpfen, was aber seiner sympathischen Ausstrahlung keinen Abbruch tat.

»Ja, es war ein Sprengstoff mit besonders hoher Detonationsgeschwindigkeit. So etwas verwendet man normalerweise für Sprengungen von Neuschnee. Du weißt schon, um die Lawinengefahr in Skigebieten zu minimieren. Oder beim Militär.« Er duzte sie ganz automatisch, so wie es unter den jungen Kollegen der Kantonspolizei üblich war. »Außerdem kann ich dir bereits jetzt verraten, dass dieser Sprengstoff in der Schweiz hergestellt und verkauft wurde. Und wenn ich beim Hersteller anrufe, kann ich dir wahrscheinlich auch noch sagen, wer diesen Sprengstoff gekauft und verwendet hat.«

Fasziniert blickte Andrea ihn an und versuchte, sich auf seine Augen und nicht auf die rot umrandeten Eiterbläschen in seinem Gesicht zu konzentrieren. »Bist du Hellseher? Oder wie funktioniert das?«

»Nein, ich bin kein Hellseher«, sagte der Forensiker mit einem Lächeln. »Die Schweiz ist einfach eins der wenigen Länder in Europa, die jeglichen Sprengstoff mit sogenannten Taggants markieren, um das Teufelszeug identifizieren zu können.«

»Taggants?«, wiederholte Andrea wissbegierig.

»Ja, das sind Geruchsstoffe und Metallspäne, die durch Spürhunde und durch Detektionsgeräte mit Röntgenstrahlen auffindbar sind und dem jeweiligen Produzenten und der Produktcharge zugeordnet werden können.«

Beeindruckt nickte Andrea. »Phantastisch. Das habe ich gar nicht gewusst. Und wie schnell kannst du beim Hersteller anrufen?«

Mathis blickte auf seine Armbanduhr. »Heute ist da niemand mehr. Aber ich mache es gleich morgen früh und melde mich dann bei dir. Schreibst du mir bitte noch deine Direktwahl auf? Dann muss ich nicht so lange suchen.«

»Klar.« Andrea griff nach Papier und Kugelschreiber. »Wer darf eigentlich bei uns mit so einem Zeug hantieren? Braucht man dafür eine besondere Genehmigung?«

Der Kriminaltechniker grinste amüsiert. »Was glaubst du denn? Natürlich braucht man für den Umgang mit Sprengstoff eine entsprechende Berechtigung. Je nach Schwierigkeitsgrad gibt es sogar drei verschiedene Ausbildungen und Prüfungen, die man ablegen muss. Und zum Lawinensprengen braucht man zusätzlich noch eine Alpinausbildung als Patrouillier für den Pisten- und Rettungsdienst der Seilbahnen Schweiz.«

Andrea reichte ihm den Zettel mit ihrer Nummer. »Danke, das hat mir jetzt sehr weitergeholfen. Habt ihr noch etwas über das Fabrikat der Drohne rausgefunden?«

»Leider nein. Und ehrlich gesagt habe ich momentan einfach zu viel um die Ohren für eine aufwendige Internetrecherche. Hast du nicht einen Kollegen, der dich dabei unterstützen kann? Das ist eigentlich eine reine Fleißarbeit. Ich würde dir dann auch die Fotos der katalogisierten Einzelteile deiner Drohne schicken.«

Sie versuchte, sich ihre Enttäuschung nicht anmerken zu lassen. »Klar. Danke, dass du die Plastiktrümmer katalogisiert hast.«

Ihr Gegenüber lächelte. »Gern geschehen, aber erstens gehört das zu meiner Arbeit, und zweitens waren das keine Plastikteile, die du mir da mitgebracht hast.«

»Nicht?«

»Nein, Drohnen haben einen Rahmen aus Carbonfaser.«

»Was ist da der Unterschied zu Plastik oder Metall?«

»Kohlenstofffaserverstärkter Kunststoff, umgangssprachlich Carbonfaser, ist ein Verbundwerkstoff, der deutlich leichter und steifer ist als herkömmliches Plastik, Stahl oder Alu. Deshalb werden zum Beispiel auch manche Fahrradrahmen und Angelruten seit einiger Zeit aus diesem Material gefertigt.«

»Verstehe. Gut, dann warte ich auf deine Fotos und deinen Anruf morgen früh.«

Mathis Albrecht klopfte mit der Faust auf seinen Schreibtisch und richtete sich zu seiner vollen Größe auf. »Genau. Bis morgen. Schönen Feierabend.«

∗∗∗

Ich kann Ivana nicht verstehen. Wie kann sie nur so ruhig bleiben, während ich meinen Schmerz und meine Wut am liebsten rausschreien möchte? Wenn ich mit offenen Augen davon träume, den Teufel umzubringen. Sie sagt, dass man seine Trauer auf verschiedene Weise verarbeiten kann und dass sie froh ist, jeden Tag zur Arbeit gehen zu dürfen. Unter Menschen. Aber mir steht diese Option nicht offen. Mein kreativer Schaffensprozess ist gestört. Ich sehe die Schönheit der Natur nicht mehr, nur noch Blut. Hässliche blutrote Schlieren im Schnee. Wie soll man malen, wenn die Seele bei lebendigem Leibe verkümmert? Deshalb skizziere ich lediglich und schreibe manchmal Briefe. Es ist die einzige Art, um etwas von dem Druck abzubauen, der zentnerschwer auf mir lastet. Auch meine Recherchen halten mich auf Trab. Es ist wichtig für mich, zu wissen, wo der Teufel wohnt. Es gibt mir Sicherheit.

***

Es war ein wichtiges Event seines Hauptsponsors. Nur deshalb war er überhaupt in Zürich, doch es fiel Marc ungewohnt schwer, sich auf die Reden nach dem Hauptgang zu konzentrieren. Andrea hatte gegen achtzehn Uhr angerufen und ihm die schlechten Nachrichten höchstpersönlich überbracht: Man hatte Sprengstoffspuren an den Trümmerteilen gefunden. Irgendjemand hatte wohl tatsächlich etwas Übles im Schilde geführt. Aber war diese Attacke wirklich gegen ihn gerichtet gewesen? Irgendwie wollte ihm das nicht in den Kopf. Andrea hatte ihn noch einmal nach potenziellen Feinden gefragt, aber er hatte keinen »Beef« mit seinen Rivalen. Auf der Piste schenkten sie sich gegenseitig sicherlich nichts. Aber privat? Peter und er waren früher – nach seiner Trennung von Andrea – gemeinsam auf die Partypiste gegangen. Sie hatten dort nichts anbrennen lassen und versucht, sich gegenseitig bei den hübschesten Ski-Groupies auszustechen. Diese Zeiten lagen schon eine ganze Weile zurück, und während Peter immer noch einen auf Casanova machte, ließ er selbst es nun ruhiger angehen. Aber das bedeutete noch lange nicht, dass Peter ihm an den Kragen wollte. Außerdem war sogar sein Erzrivale inzwischen etwas reifer und verantwortungsbewusster geworden. Erst kürzlich hatte Peter einen Wohltätigkeitsverein für kranke Kinder ins Leben gerufen, und jemand, der gerade sein soziales Gewissen entdeckte, baute doch nicht grundlos so einen Mist.

Franz Koffert war im Gegensatz zu dessen lebenslustigem Bruder Jürgen streng religiös. Quasi ein Heiliger. Kein Sex vor der Ehe und so ein Zeugs. Böse Zungen nannten ihn deshalb auch »die schnellste Jungfrau auf der Piste«. Jeder im Rennzirkus wusste, dass der junge Schweizer vor jedem Rennen mit seinem Team betete. Marc hatte am eigenen Leib erfahren, dass diese christlichen Werte für seinen Kollegen auch außerhalb des Sports wichtig waren: Franz hatte ihn als einziger Mitstreiter nach seinem Unfall im Krankenhaus besucht. Da war es doch eher unwahrscheinlich, dass er ihn nun durch eine selbst gebastelte Bombe beseitigen wollte.

Die anderen Fahrer kannte er gar nicht privat. Und selbst seinem Ex-Trainer traute er so einen feigen Anschlag nicht zu. Sven war aufbrausend und cholerisch. Er hatte ihn mit seinen ewigen Wutausbrüchen beim Training oder bei Pressekonferenzen gestresst und sich ständig mit Beat über angebliche Managementfehler gefetzt. Aber so eine hinterhältige Tat? Niemals.

Doch wer sollte sonst dahinterstecken? Irgendwie erinnerte ihn das Ganze an seine Anfänge im Skisport, als er bei vielen Jugend-Rennen von neidischen Veranstaltern zugunsten der Lokalmatadore ausgetrickst wurde. Was hatte er da nicht alles erlebt! Ordner, die felsenfest behaupteten, dass er »eingefädelt« hatte, also an einer der Kippstangen hängen geblieben war, und ihn deshalb disqualifiziert hatten, obwohl jeder der anwesenden Zuschauer bezeugen konnte, dass dem nicht so war. Man hatte seine Zeit schon vor dem Start loslaufen lassen oder sie ganz einfach um ein paar Sekunden »verlängert«. Und das waren noch Peanuts zu dem, was er im Profisport alles erleben musste. Kein Wunder, dass er sich ein dickes Fell zugelegt hatte. Ohne diese Nerven wie Drahtseile und eine gewisse »Leck mich«-Einstellung ginge er unter diesen widrigen Umständen permanent auf dem Zahnfleisch.

»Woran denkst du? Du wirkst total abwesend«, fragte Marlies in diesem Moment und strich ihm mit einer besorgten Geste über die Hand. Das aparte dunkelhaarige Fotomodel begleitete ihn heute Abend, obwohl er die Einladung bereits seit dem Moment bereute, in dem er sie ausgesprochen hatte. Eigentlich hatte er die Beziehung zu ihr sanft auslaufen lassen wollen. Doch dann hatte sie ihn dermaßen weidwund und bittend angesehen, dass er nicht anders konnte. Dabei war Marlies wirklich eine nette junge Frau und keine hohle Schnepfe wie so viele ihrer Berufskolleginnen. Sie waren ein paarmal miteinander im Bett gewesen, und er hatte sie dieses Jahr versuchsweise mit zu dem Rennen nach Vail genommen. Seine Mutter lag ihm andauernd wegen einer Ehefrau und Enkelkindern in den Ohren. Aber wenn ihm der gemeinsame Trip nach Amerika etwas gezeigt hatte, dann, dass Marlies ihm nichts bedeutete. Das hatte er schon vor heute Morgen gewusst, auch wenn ihm Andreas Besuch dies noch einmal eindrücklich ins Gedächtnis gerufen hatte.

»Alles okay«, versicherte er Marlies und goss ihr etwas Wein nach. Sie lächelte, und er war erleichtert, dass sie nicht wusste, wie es in seinem Inneren aussah. Es gab keinen Grund, ihr wehzutun.

Für ihn hatte es immer nur *eine* Frau gegeben. Andrea. Und das, seit sie als schüchterne Zwölfjährige das Klassenzimmer betreten hatte. Ihr Anblick war wie ein Tritt in den Magen gewesen. So schön hatte er sie mit ihren blonden Zöpfen und den blauen Augen gefunden. Wie jeder im Dorf hatte er ihre Geschichte gekannt: Ihre Mutter hatte Selbstmord begangen, und weil sich ihr Vater schon vor längerer Zeit aus dem Staub gemacht hatte, sollte sie nun in Wengen bei ihrer Großmutter leben. Damals an diesem ersten gemeinsamen Schultag hätte er am liebsten seinen Pultnachbarn und besten Freund Daniel gebeten, den Platz neben ihm zu räumen, damit sich das wunderbare Mädchen auf ewig dorthin setzen konnte. Doch für so etwas war er natürlich viel zu cool gewesen. Stattdessen hatte er Andrea das Leben schwer gemacht. Sie an den schönen Zöpfen gezogen und ihr Mäppchen aus dem Fenster geschmissen. Jungs in dem Alter waren eben nicht besonders kreativ mit ihren Liebesbekundungen.

Unwillkürlich musste er schmunzeln, als er an diese ersten Jahre mit Andrea dachte. Sie hatte sich, nachdem sie sich eingelebt hatte, mit geschickt an seinen Kopf geworfenen Füllfederhaltern und einer geladenen Wasserpistole revanchiert.

In diesem Moment stieß Beat, der rechts von ihm saß, ihn an und beendete unsanft seine Erinnerungen. »Du bist dran.«

Bei solchen Anlässen ein paar lobende Worte über den Sponsor zu verlieren gehörte leider zu seinem Geschäft. Es war ein lästiges, aber notwendiges Übel, denn ohne Sponsoren lief im Profisport heutzutage gar nichts. Mit einem aufgesetzten Lächeln schritt er zur Bühne.

»Marc Gassmann ist nicht nur ein Ausnahmesportler. Er ist auch ein Held, auf dem all unsere Hoffnungen ruhen. Wenn man ihm zuschaut, wie lässig und elegant er auch die schwierigsten Passagen meistert, wird er zur Projektionsfläche unserer Träume, denn Marc lässt das Siegen einfach aussehen«, lobhudelte der grauhaarige, untersetzte Vertreter des Sponsors. »Selbst wenn die Drohnen tief fliegen.«

Der ganze Saal lachte. Man reichte ihm das Mikrofon.

»Herzlichen Dank! Ich weiß Ihre exzellente Unterstützung zu schätzen. Auch wenn ich mein erklärtes Ziel, den fünften Weltcup-Sieg, noch nicht ganz erreicht habe«, erklärte Marc. »Doch eins verspreche ich Ihnen: Drohne oder nicht – auch bei den restlichen Rennen werde ich mein absolut Bestes geben.

Und das bedeutet, dass sich Peter Winkler und Franz Koffert auf knallharte Konkurrenz gefasst machen können. Die zwei sollten sich besser warm anziehen, denn ich fühle mich momentan so fit wie nie zuvor.«

Das Publikum applaudierte frenetisch und lauschte interessiert seiner Analyse der aktuellen Saison. Nachdem er noch diverse Fragen beantwortet hatte, durfte er sich wieder setzen, und das Dessert wurde serviert.

Es dauerte endlos lang, bis jeder seinen Espresso bekommen und getrunken hatte. Als das Tanzparkett eröffnete wurde, schnappte er sich Marlies und drehte für die obligatorischen zwei Lieder seine Runden mit ihr. Dann beugte er sich vor und flüsterte:»Wir gehen jetzt. Ist das okay für dich?«

Sie nickte, aber er hatte auch mit keiner anderen Reaktion gerechnet. Marlies war nicht der Typ Frau, der sich seinen Entscheidungen widersetzte. Marc verabschiedete sich noch schnell von den wichtigsten Kontakten, zwinkerte Beat zum Abschied zu, und dann machte er sich mit ihr auf den Weg.

Als er mit seinem Mercedes 300 SL, einem schicken Oldtimer-Sportwagen, vor dem Eingang von Marlies Apartmenthaus hielt, wirkte sie enttäuscht und blickte ihn bekümmert aus rehbraunen Kulleraugen an.

»Es war wirklich ein schöner Abend mit dir. Aber ich muss leider morgen ganz früh raus«, brummte Marc verlegen.

»Das macht doch nichts, ich doch auch. Ich habe einen Job um neun«, erwiderte sie mit einem vorsichtigen Lächeln.»Ich komme trotzdem gern mit zu dir.«

»Na dann«, antwortete er leichthin. Innerlich fluchend, gab er Gas. Die sanfte Form der Trennung schien bei Marlies nicht zu funktionieren. Vielleicht sollte er doch mal Klartext mit ihr reden. Aber nicht heute Abend, dazu war er schlicht und ergreifend zu müde.

Er stellte seinen Wagen in der Garage ab und ging mit seinem anhänglichen Date die wenigen Stufen zur Eingangstür hoch.

Plötzlich zeigte Marlies auf sein Küchenfenster, das direkt daneben lag.

»Ist dir da ein Vogel reingeflogen?«, fragte sie überrascht.

»Wo?« Aber jetzt sah er es auch. In der Fensterscheibe klaffte ein riesiges Loch.

»Bisschen groß für einen Vogel, oder?« Mit einer bösen Vorahnung rannte Marc die verbleibenden Stufen hoch und schloss die Haustür auf. Marlies blieb ihm dicht auf den Fersen, als er umgehend den Weg zur Küche einschlug und wie angewurzelt im Türrahmen stehen blieb. Verdattert blickte er auf das ungewöhnliche Objekt auf seinem Fliesenboden.

»Was ist das?«, erkundigte sich Marlies und ging einen Schritt darauf zu.

»Fass es besser nicht an. Ich rufe lieber mal die Polizei«, antwortete er lapidar.

FÜNF

Der Anruf hätte zu keinem ungünstigeren Zeitpunkt kommen können. Gerade hatte Andrea sich mit Daniel ausgesprochen. Gemütlich in einer Pizzeria sitzend, hatte sie die abgelehnte Bewerbung erwähnt und ihm versichert, wie wichtig diese ungeliebte neue Aufgabe für ihre Karriere war. Nach einem Glas Wein hatte sie sich sogar getraut, ihm ihre Angst vor seiner unbegründeten Eifersucht zu schildern und zu schwindeln, dass sie lediglich auf einen ruhigen Moment gewartet habe, um ihm von der Sache mit Marc zu erzählen. Daniel hatte ihr stillschweigend zugehört und sich danach für seine überzogene Reaktion entschuldigt. Gerade hatte er liebevoll seine Hand auf ihre gelegt ... und nun das!

»Andrea, die Zentrale hat sich soeben gemeldet«, trompetete Urs aufgeregt am anderen Ende der Leitung. »Es gibt eine neue Entwicklung in der Causa Gassmann. Wir sollen beide sofort zu seinem Haus in Kilchberg kommen.«

Es dauerte eine ganze Weile, bis sie aufgegessen und gezahlt hatten. Zu allem Unglück waren sie mit Daniels Wagen unterwegs, sodass er sie zu Marcs Haus fahren musste. Doch Daniel schien relativ gefasst zu sein. Jedenfalls ließ er es sich nicht anmerken, ob er erneut sauer auf sie war.

»Willst du mit reingehen und ihm Hallo sagen?«, fragte Andrea, als sie sich abschnallte.

Daniel überlegte kurz und schüttelte dann den Kopf. »Nein, besser nicht. Ich glaube, das wäre keine gute Idee.«

Sie lehnte sich zu ihm rüber und gab ihm einen Kuss auf die Wange. »Wie du meinst. Ich werde versuchen, so schnell wie möglich nach Hause zu kommen.«

»Das wäre schön«, antwortete Daniel, als sie die Wagentür öffnete und ausstieg. Er winkte ihr noch einmal zum Abschied, dann fuhr er los. Mit einem Seufzer ging Andrea die Treppe hinauf. Sie wäre lieber wieder zu Daniel ins Auto gestiegen.

In der Eingangstür traf sie auf einen Kollegen der Spurensicherung, der in einem weißen Ganzkörperanzug steckte und graues Pulver auf den Türrahmen pinselte, um dort nach Fingerabdrücken zu forschen.

»Um was geht es denn eigentlich?«, fragte sie ihn, während sie ihren Ausweis zückte.

»Jemand hat wohl zunächst versucht, die Haustür aufzubrechen, und nachdem ihm das nicht gelungen ist, hat er dem Hausbesitzer eine kleine Nachricht durchs Küchenfenster geschleudert.«

»Eine Nachricht?«

In dem Moment gesellte sich Urs zu ihnen in den Korridor. »Andrea, endlich!«, hechelte er vorwurfsvoll. »Herr Gassmann und ich haben dich schon viel früher erwartet. Bitte komm mit.«

Andrea folgte ihm ins Wohnzimmer, wo sie Marc neben einer der schönsten Frauen, die sie je gesehen hatte, auf dem Sofa sitzen sah. Die Mittzwanzigerin war dunkelhaarig, gertenschlank und hatte ein makelloses Madonnengesicht. Es ärgerte sie, dass sie dieser Anblick störte. Eigentlich war es doch eine Selbstverständlichkeit, dass Marc eine hübsche Freundin hatte. Er war immerhin ein international bekannter Skistar.

Sie reichte der unbekannten Frau die Hand. »Wachtmeister Andrea Brunner. Guten Abend.«

»Marlies Hoffmann«, antwortete die schmale Brünette, deren Händedruck so schlaff wie ungetoastetes Toastbrot war.

»Danke, Andrea, dass du dich um die Sache kümmerst«, sagte Marc und stand auf. »Das Ganze ist schon etwas verrückt.«

»Was ist denn überhaupt passiert?«

»Jemand hat Herrn Gassmann einen Stein durchs Fenster geschmissen und dann auch noch einen anonymen Brief, der um eine tote Forelle gewickelt war«, erklärte Urs mit einem verklärten Blick auf Marc. Seine Heldenverehrung war echt peinlich.

»Habt ihr den Brief geöffnet?«

»Ja, die Spurensicherung ist bereits fertig damit. Die haben alles fotografiert und in Plastikbeutel gepackt.«

»Und? Was steht drin?«

»Dass jemand ihn umbringen will!«, flüsterte die zierliche Frau Hoffmann mit angsterfüllter Stimme.

»Ist das der genaue Wortlaut?«, erkundigte sich Andrea und versuchte, ihre aufsteigenden Selbstzweifel zu unterdrücken. Wenn der anonyme Briefeschreiber bei Marc einzubrechen versuchte und ihm ganz unverhohlen mit Mord drohte, nahm die Chose leider eine neue Dimension an. Eine definitiv gefährlichere. War sie dann wirklich noch die Richtige für diesen Fall?

»Nein«, antwortete Marc, während Urs an seinen Lippen hing. »In dem Brief stand: ›Das letzte Mal hast du Glück gehabt, aber diesmal bist du dran.‹«

»Was einer astreinen Morddrohung gleichkommt«, erklärte Urs mit kaum verhüllter Begeisterung. »Da steckt bestimmt die Mafia dahinter.«

»Die Mafia?«, fragte Marc entgeistert.

»Na, wegen des toten Fischs. Das ist eine ganz typische Todesdrohung bei denen.«

»Oder jemand will sich wichtigmachen und genau diese Assoziation hervorrufen«, erwiderte Andrea und zwang sich zur Ruhe. Erst einmal musste sie alle Fakten sichern. »Wo wart ihr heute Abend? In welchem Zeitfenster kann der Täter zugeschlagen haben? Wann habt ihr die Bescherung in der Küche bemerkt?«

Während Marc ausführlich ihre Fragen beantwortete, registrierte Andrea, dass seine schöne Freundin immer blasser wurde.

»Wollen Sie sich hinlegen?«, fragte Andrea besorgt. »Sie stehen bestimmt unter Schock.«

»Nein danke, es geht schon.«

»Komm, ich fahre dich jetzt nach Hause. Keine Widerrede«, mischte Marc sich ein und sagte, an Andrea gewandt: »Frau Hoffman wohnt nicht weit von hier.«

»Tut mir leid, dich brauche ich hier noch. Aber mein Kollege kann deine Freundin gern heimbringen, wenn sie das möchte.« Wenn Andrea ehrlich zu sich war, gefiel es ihr, dass dieser Ausbund an Attraktivität nicht mit Marc unter einem Dach wohnte.

Frau Hoffmann nickte kaum merklich. »Vielleicht ist das tatsächlich eine gute Idee. Hier störe ich euch doch nur.«

Niemand widersprach ihr, und mit einem letzten ergebenen Blick auf Marc machte sich Urs mit seiner wertvollen Fracht auf den Weg. Kurze Zeit später hörten sie, wie ein Wagen angelassen wurde und in einem eher gemächlichen Tempo losfuhr.

Im selben Moment steckte der Kollege von der Spurensicherung den Kopf zur Tür rein. »Wir sind jetzt fertig und gehen. Ich habe den Notfall-Glaser angerufen, er sollte jede Minute hier auftauchen. Nur damit Sie Bescheid wissen.«

»Danke«, sagte Andrea. »Habt ihr noch irgendetwas Besonderes gefunden?«

»Nein, sieht nicht so aus. Da die Treppe zum Eingang schneebefreit und glatt ist, gibt es keine Fußabdrücke. Der Briefumschlag ist stinknormal. Die Buchstaben ausgeschnitten und aufgeklebt. Die tote Forelle müffelt schon ein wenig. Sie kommt wahrscheinlich aus dem Supermarkt und nicht fangfrisch aus einem Teich. Das ist einstweilen der neueste Stand der Ermittlungen. Aber falls wir morgen noch etwas rausfinden, melden wir uns.«

Andrea nickte. »Danke und gute Nacht.«

»Ebenso«, verabschiedete sich der Mann von der Spurensicherung.

Hinter ihm fiel die Tür ins Schloss. Plötzlich wurde ihr

bewusst, dass sie für eine Weile ganz allein mit Marc in seinem Haus sein würde, und sie bewegte sich unwillkürlich einen Schritt von ihm weg. Mist. Hoffentlich kamen Urs und der Glaser bald.

Marc musterte sie mit einem unergründlichen Blick. »Marlies ist übrigens nicht meine Freundin. Nur eine gute Bekannte.«

Andrea zuckte mit den Schultern. »Das geht mich nichts an.« »Schade. Früher hätte es bestimmt einen Unterschied für dich gemacht«, sagte er ernst. »Apropos ... ist Daniel eigentlich sauer, dass du hier bist?«

»Nein, natürlich nicht«, schwindelte sie. »Warum fragst du?«

»Ich habe ihn letzten Sommer rein zufällig in Wengen getroffen, und da wollte er mich noch nicht einmal grüßen. Aber er war halt schon immer ein sturer Bock.« Marc grinste.

Hm. Also hatte Daniel auch Geheimnisse vor ihr, denn er hatte dieses Zusammentreffen mit Marc mit keiner Silbe erwähnt. Oder hielt er diesen Sachverhalt einfach nicht für erzählenswert? Egal. Es ging hier schließlich nicht um sie und ihren Mann, sondern um Marcs Sicherheit.

»Hast du Angst?«, fragte sie leise.

Marc sah auf einmal müde aus. »Nein, habe ich nicht. Ich zermartere mir nur die ganze Zeit das Hirn, welcher Idiot dahinterstecken könnte.«

»Hast du wirklich keine Idee?«

»Keinen blassen Schimmer«, bestätigte er und rieb sich die Augen. »Wie soll es denn jetzt weitergehen?«

»Wir werden gemeinsam auf den Glaser warten, und dann schlage ich vor, dass ich zwei Kollegen von der Bereitschaft anrufe, die sich für heute Nacht vor deiner Haustür postieren. Alles Weitere bespreche ich morgen mit meinem Vorgesetzten.«

»Vielleicht gar nicht schlecht, dass ich übermorgen nach Kitzbühel fahre.«

Andrea nickte beklommen. Nach diesem neuerlichen Angriff auf Marc würde ihr Vorgesetzter garantiert darauf bestehen, dass sie ihn begleitete.

»Mein Manager hat gesagt, dass du eventuell mitkommst, um auf mich aufzupassen?«, erkundigte er sich, als ob er ihre Gedanken lesen könnte.

»Das ist sehr wahrscheinlich«, antwortete sie unterkühlt.

Spontan machte Marc einen Schritt nach vorn und griff nach ihrer Hand. »Es tut mir leid, dass ich euch so viele Umstände bereite, aber –«

»Das ist kein Problem, Marc. Echt nicht. Ich erledige hier nur meinen Job«, unterbrach sie ihn und entzog ihm ihre Hand.

»… aber ich bin wirklich froh, dass wir uns auf diese Weise endlich wiedersehen. Du hast mir gefehlt, Andrea.«

Seine Stimme klang dunkler als sonst. Emotionaler. Und seine Augen waren geradezu hypnotisch auf ihre gerichtet. Plötzlich herrschte eine deutlich fühlbare, elektrisch aufgeladene Spannung zwischen ihnen. Fast so wie früher.

In dem Moment ging die Tür zum Wohnzimmer auf.

»Frau Hoffmann ist sicher zu Hause angekommen«, vermeldete Urs stolz. »Ich habe sie noch bis in die Wohnung raufgebracht, um zu überprüfen, ob alles in Ordnung ist.«

»Das ist großartig«, erwiderte Andrea und räusperte sich. Ihre Stimme klang ungewohnt rau. Zum ersten Mal, seit sie ihn kannte, hätte sie ihren manchmal etwas unbeholfenen Kollegen umarmen können.

***

Ich habe letzte Nacht mal wieder nicht geschlafen. Gar nicht. Keine Sekunde. Denn ich weiß, dass ich heute früh zu diesem verdammten Arzt muss. Diesem Irren, der sich Psychiater nennt. Ivana besteht darauf. Er heißt Dr. Hengstenberg und ist ein Idiot. Jedes Mal nach der Begrüßung fragt er mich mit einer betont heiteren Stimme: »Wie geht es Ihnen denn heute so?« *Was soll ich darauf antworten? Die Wahrheit lautet: beschissen. Aber das will niemand hören. Also sage ich nichts. Dann macht Dr. Hengstenberg ein besorgtes Gesicht.* »Grübeln Sie immer noch so viel?« *Ich nicke. Daraufhin erkundigt er sich etwas weniger fidel:* »Hat sich Ihr Appetit wieder gemeldet?« *Das klingt so, als ob mein Appetit ein alter, zurzeit verreister Bekannter wäre. Lächerlich. Und natürlich esse ich nicht genug, wie auch, wenn alles nach Pappe schmeckt. Meine Klamotten hängen an mir wie an einer staksigen Vogelscheuche. Sie sind mir zu weit geworden. Mein Lebensglück und mein Körper sind gleichermaßen zusammengeschrumpft. Dürr, grau und verschrumpelt, ähnelt beides dem sprichwörtlichen Haufen Elend. Aber ich begrüße diese Veränderungen. Sie sind meinem Schicksal angemessen.*

Es ist offensichtlich, dass ich auch alle anderen Anzeichen einer klinischen Depression habe: Antriebslosigkeit, Schwermut, innere Leere und der totale Rückzug von Freunden und Bekannten. Das habe ich gegoogelt. Ich bin ja schließlich nur traurig und nicht blöd.

Insgeheim stimme ich auch mit der Diagnose des Psychiaters überein, dass ich nämlich an einer schweren endogenen depressiven Verstimmung leide. Nur die angestrebten Behandlungsmethoden unterstütze ich nicht. Der Doktor und Ivana wollen mich mit Psychopharmaka und einer kognitiven Verhaltenstherapie behandeln, und zwar am liebsten stationär. Dagegen sträube ich mich. Ich will meinen Schmerz nicht betäuben und im Pillenrausch vor mich hinvegetieren. Wenn niemand mehr um Igor trauert, ist es doch irgendwie so, als ob er ein zweites Mal gestorben wäre. In unserer Erinnerung. Deshalb tue ich auch nur so, als ob ich diese Happy-Tabletten nehme, und spüle sie heimlich in die Toilette. Und von zu Hause, von Igors Zimmer kriegt mich sowieso niemand weg.

***

Ihr Vorgesetzter lauschte gewohnt stoisch ihren Ausführungen zu den Ereignissen der letzten Nacht und den Neuigkeiten zu dem verwendeten Sprengstoff. Als Andrea fertig war, betrachtete er für eine ganze Weile nachdenklich das Fax, das sie auf seinem Schreibtisch abgelegt hatte.

»Es versteht sich natürlich von selbst, dass Sie Herrn Gassmann zu seinen nächsten Rennen begleiten«, brummte er.

Damit hatte sie schon gerechnet. Aber sie wollte noch einen letzten Versuch starten, um dieser Verpflichtung zu entfliehen.

»Möchten Sie diesen Fall nicht doch besser einem erfahreneren Kollegen übertragen?«, erkundigte sie sich vorsichtig.

»Trauen Sie sich die Aufgabe nicht zu?«

»Doch, aber …«

Ebert presste seine buschigen Augenbrauen zusammen und sah sie eine ganze Weile lang aufmerksam an. »Irgendwann muss jeder schwimmen, Frau Brunner. Wie soll man sonst Erfahrungen sammeln? Ich kann Sie von diesem Fall abziehen, aber dann ist Ihnen eine Karriere als Schreibtischtäterin sicher. Wollen Sie das?«

»Nein.«

»Dann machen Sie sich an die Arbeit. Sie werden ja auch nicht vollkommen auf sich allein gestellt sein. Die österreichischen Kollegen werden Sie gewiss nach Kräften unterstützen.«

★★★

Es war ein merkwürdiges Gefühl, mit Andrea auf so engem Raum zu sitzen. Einerseits vertraut, aber dann auch wieder nicht. Er hätte ihr gern ganz viele Fragen gestellt, aber die waren alle privater Natur, und so geschäftsmäßig, wie sie ihm gegenüber auftrat, wäre das ein Ding der Unmöglichkeit gewesen. Außerdem waren sie nicht allein: Er hatte freiwillig entschieden, ausnahmsweise im Minibus mit ihr, seinem Trainer und der ganzen Ausrüstung zu fahren. Sein Mercedes war ein Zweisitzer, und er wollte es Andrea nicht zumuten, ohne eine neutrale Person die viereinhalbstündige Autofahrt mit ihm zu verbringen. Eventuell hätte ihre alleinige Anwesenheit auch seine Konzentration auf der viel befahrenen Autobahnstrecke gestört. Nun fuhr Hans den Minibus und sein Manager Beat den Mercedes nach Kitzbühel. Er selbst saß hinter Andrea, wo er mehr oder weniger freiwillig den Duft ihrer Haare einatmete und nur gelegentlich Hans' Worten lauschte, der offenbar bemüht schien, Andrea das heilige FIS-Reglement näherzubringen.

Hans setzte gerade den Blinker, um einen dahinrollenden VW Passat zu überholen. Dann fuhr er mit seinen Ausführungen fort: »Wettkämpfe, die im FIS-Kalender stehen, also im Kalender des Internationalen Skiverbands, dürfen übrigens nur auf Wettkampfstrecken ausgetragen werden, die auch von der FIS homologiert worden sind.«

»Und was heißt das, homologiert?«, erkundigte sich Andrea. Es war offensichtlich, dass sie bemüht war, keine peinlichen Pausen in der Unterhaltung aufkommen zu lassen.

»Das bedeutet, dass die FIS die Strecke auf gewisse Mindestanforderungen in Sachen Länge und Höhendifferenz, aber auch zum Beispiel auf die Existenz von Helikopterlandeplätzen geprüft hat. Neu homologierte Pisten müssen generell dreißig Meter breit sein, über eine zur Not künstlich herstellbare, gleichmäßige Schneedecke verfügen und mit einem Zubringer von ausreichender Kapazität erreichbar sein. Alle Rennen müssen auf der gesamten Länge mit Sicherheitsnetzen neuesten Standards eingezäunt werden. An gefährlichen Stellen sind A-Netze anzubringen, die an Stangen aufgehängt sind. Auf allen weiteren Streckenteilen sind dreifach hintereinandergestellte B-Netze Pflicht. Diese Netze, die bereits in den Tagen vor dem ersten Rennen aufgebaut werden müssen, sollen dabei einerseits verhindern, dass Rennläufer bei einem

Unfall aus der gesicherten Piste hinausstürzen, und andererseits, dass Touristen sich auf die gefährliche Rennstrecke verirren. Erst bei Gewährleistung aller Sicherheitsstandards wird eine entsprechende Bescheinigung ausgestellt. Man kann also nicht auf jeder x-beliebigen Strecke FIS-Rennen abhalten.«

»Das ist ja ziemlich ausführlich«, meinte Andrea.

Marc feixte. »Du hast ja keine Ahnung, *wie* ausführlich. Das geht so weit, dass uns vorgeschrieben wird, wie wir uns bei Siegerehrungen auf dem Podest zu kleiden haben. Ein paar der Regeln sind so verrückt, dass meine Teamkameraden und ich sie uns früher immer gegenseitig auswendig aufgesagt haben.«

Er zitierte lächelnd: »Athleten dürfen ihre Skischuhe an den Füßen tragen, aber nicht anderswo, zum Beispiel um den Hals gehängt. Andere Schuhe sind während der Präsentation nicht zugelassen, außer wenn sie an den Füßen getragen werden.«

Er konnte im Rückspiegel beobachten, wie Andrea schmunzelte.

»Das ist allerdings ziemlich lustig«, antwortete sie. »Wer hat sich diese Regeln denn ausgedacht?«

»Ursprünglich gehen sie auf den Engländer Sir Arnold Lunn zurück, der sie für die britischen Landesmeisterschaften 1921 festgelegt hat. Später hat die FIS diese Regeln übernommen, aber natürlich auch maßgeblich erweitert«, antwortete Hans.

»Warum gelten Abfahrtsrennen eigentlich als die Königsdisziplin im alpinen Skisport?«, erkundigte sich Andrea und fügte provokant hinzu: »Im Grunde genommen muss man doch völlig durchgeknallt sein, um bei so etwas mitzumachen. Das ist doch Todessehnsucht pur, oder?«

Marc zwickte sie von seinem hinteren Sitzplatz aus sanft in die Schulter: »Ganz schön frech, Frau Wachtmeister.«

Doch Hans ging nicht auf den von ihr angeschlagenen spielerischen Ton ein. Er blieb vollkommen ernst, als er antwortete: »Keine Frage. Es ist ein hochriskanter Sport. Auf manchen Strecken erreichen die Abfahrtsläufer Geschwindigkeiten von bis zu hundertsechzig Kilometern pro Stunde. Und das auf komplett vereisten, betonharten Pisten. Da nützt auch kein Helm mehr, wenn etwas schiefgeht. Ein gewisses Risiko besteht deshalb immer. Aber um auf Ihre Frage zurückzukommen: Man nennt es die Königsdisziplin, weil die daran teilnehmenden Athleten über ungeheure Kraft, Ausdauer, exzellente Skitechnik und außergewöhnlichen Mut verfügen müssen, um in der Weltspitze mithalten zu können.«

Für einen Moment herrschte Stille im Wagen. Andrea schien ihren Gedanken nachzuhängen.

»Weshalb du, mein lieber Hans, niemals eine Chance in diesem Sport hättest«, zog Marc seinen Trainer auf, um dessen Worten das Pathos zu nehmen. »Du fährst so lahm, dich würde ja noch meine Oma abhängen.«

Hans schnaubte durch die Nase. »Also wirklich … Frau Brunner, Sie können sich glücklich schätzen, dass ich heute am Steuer sitze. Marc rast nämlich wie eine gesengte Sau.«

»Ich weiß«, erwiderte Andrea mit einem Grinsen. »Das hat er schon immer getan.«

»Wenigstens habe *ich* den Führerschein beim ersten Anlauf geschafft, was man nicht von jedem behaupten kann!« Marc beobachtete amüsiert, wie sich Andreas Gesicht verfinsterte.

»Dein blöder Prüfer war auf beiden Augen blind und außerdem ein Fan von dir«, schimpfte sie.

»Träum weiter.«

Hans warf ihm im Rückspiegel einen kritischen Blick zu. Wahrscheinlich wunderte er sich über den flapsigen Ton, der zwischen Andrea und ihm herrschte. Aber genau das hatte Marc schon immer so anziehend gefunden: Andrea war nicht auf den Mund gefallen und kein schüchterner Kleinmädchentyp wie Marlies. Sie hatte Pep und Energie.

Trotzdem lenkte er ein und stellte eine Frage zu einem anderen Thema, das ihn beschäftigte: »Habt ihr jetzt eigentlich rausgefunden, wer den Sprengstoff gekauft hat? Du hattest

doch am Telefon gesagt, da gäbe es irgendwelche Erkennungs-
merkmale?«

Andrea wurde umgehend wieder geschäftsmäßig. »Allerdings. Ich weiß jetzt, woher der Sprengstoff stammt.«

»Und?«

»Aus den Beständen des Pistendiensts in Zermatt.«

»Zermatt?«, echote Marc überrascht.

»Ja, ich hatte dir ja bereits gesagt, dass diese Art von Sprengstoff besonders oft zur Sicherung von Skigebieten eingesetzt
wird. Aber bevor du mich jetzt fragst, warum ich den Chef des
Pistendiensts noch nicht verhaftet habe, muss ich dir sagen, dass
ein Teil der markierten Sprengstoffcharge vor drei Monaten
als gestohlen gemeldet worden ist. Mir liegt die dementspre-
chende Anzeige als Fax vor.«

Marc seufzte. »Verdammt. Dann sind wir also genauso schlau
wie vorher?«

»Na ja, fast. Immerhin wissen wir jetzt, wo das Teufelszeug
geklaut worden ist. Übrigens meinte der Forensiker, dass der
Täter nicht die Gesamtmenge des gestohlenen Sprengstoffs für
die Drohnenexplosion verbraucht hat. Da sei bestimmt noch
etwas übrig.«

»Verstehe. Tolle Aussichten.«

»Ich glaube eigentlich nicht, dass der Täter es noch einmal
auf die gleiche Art versuchen wird ... also dich mit Hilfe einer
Drohne auszuschalten«, meinte Andrea nachdenklich.

»Wieso nicht?«

»Weil er sich denken kann, dass wir genau damit rechnen.
Ich habe mir gestern die Finger wund gewählt und die österreichische Polizei sowie die Organisatoren des Rennens auf
jede Eventualität vorbereitet. Man hat inzwischen zusätzliche
Überwachungskameras aufgestellt und mir zugesichert, dass
alle Presseinterviews und die Siegerehrung unter einer Überdachung stattfinden werden. Du wärst also nur auf der Piste
selbst angreifbar, und das ist ja schon einmal schiefgegangen.«

»Gott sei Dank«, sagte Hans inbrünstig.

Marc zog eine Grimasse. »Irgendwie ist es mir schon zuwider, dass ich diesmal nicht mit der Mannschaft trainieren kann und wir auch woanders untergebracht sind. Ich hasse diese Extrawürste.«

»Aber so ist es einfach sicherer. Für alle«, kommentierte Andrea mit einem Schulterzucken. »Alternativ kannst du natürlich auch gern auf diesen Start verzichten.«

»Niemals.«

»Eben. Also beschwer dich nicht.«

Hans räusperte sich etwas verlegen. »Und weiß die Polizei mittlerweile auch, was für eine Art von Drohne benutzt wurde?«

»Ja, mein Kollege hat sich durch sämtliche Webseiten durchgeklickt und ist auf der allerletzten fündig geworden. Es handelt sich tatsächlich um eine relativ billige Variante, circa zweihundert Franken teuer. Sie wird in Russland produziert und dort auch hauptsächlich verkauft. Falls euch die genauen Spezifikationen interessieren …« Sie kramte in der Aktentasche auf ihrem Schoß. »Es handelt sich um einen ›Quadrocopter Nano QX 3D mit Stability Mode und Safe Technology‹«, las sie von einem Blatt ab.

»Wirklich besonders sicher, diese ›Safe Technology‹«, murmelte Hans unwillig.

Marc rieb sich abwesend über die Bartstoppeln an seinem Kinn. »Was für eine außergewöhnliche Kombination: Sprengstoff aus Zermatt und eine Drohne aus Russland.«

»Allerdings«, gab Andrea ihm recht. »Das ist schon verdammt international. Selbst für dich!«

★★★

Nach der Grenze bei Feldkirch fing es an zu schneien. Aber Marcs Trainer fuhr trotzdem sicher und beständig, sodass sie um kurz nach sechzehn Uhr in ihrem Hotel eintrafen, das etwas außerhalb von Kitzbühel in Sankt Johann lag. Im Grunde genommen konnten sie froh sein, überhaupt noch eine Unterkunft gefunden zu haben. Normalerweise war rund um das Weltcup-Rennen alles ausgebucht.

Obwohl Andrea ziemlichen Hunger hatte, ging es nach dem Einchecken direkt zur Mannschaftsführersitzung, an der diesmal – entgegen den sonstigen Gepflogenheiten – auch die Sportler teilnehmen würden. »Und was passiert da jetzt gleich?«, fragte sie und durchsuchte ihre Aktentasche nach einem versteckten Müsliriegel. »Ich meine, außer dass ich dort meine österreichischen Kollegen treffe, um noch einmal die Details deiner Security durchzusprechen.«

»Auf dieser Sitzung informiert die Jury alle Beteiligten über den Ablauf des offiziellen Trainings und des Rennens. Außerdem werden die Startnummern verlost.«

Endlich war Andrea fündig geworden. Sie riss die Verpackung des unappetitlich zerdrückten Riegels auf und biss herzhaft hinein. »Warum startet ihr nicht einfach in der Reihenfolge eures Weltcup-Rankings, dann könntet ihr euch die Verlosung sparen?«

Sie sah, wie Marc und Hans einen bezeichnenden Blick wechselten.

»Na ja, so unsinnig ist Ihre Frage gar nicht«, erwiderte Hans dann. »Im Laufe der Zeit hat sich die Art und Weise, wie die Startnummern vergeben werden, doch ziemlich oft geändert. In der Saison 1993/1994 zum Beispiel konnten die ersten fünfzehn auf der Rankingliste ihre Startnummer selbst bestimmen, erst hatte die Nummer eins die freie Auswahl, dann die Nummer zwei und so weiter.«

»Wie ausgewählt? Warum fährt die Nummer eins denn nicht praktischerweise an erster Stelle?«, fragte Andrea eifrig kauend.

Marc seufzte theatralisch. »Du weißt schon, dass die Piste erst eingefahren werden muss, ja? Deshalb gibt es auch mindestens drei Vorläufer. Allerdings verschlechtern sich nach einer gewissen Anzahl von Startern die Konditionen wiederum. Deshalb ist man jetzt zu einem Drei-Gruppen-System übergegangen: Unter den Top sieben der Weltrangliste werden die Startnummern von sechzehn bis zweiundzwanzig ausgelost, die nächstbesten sieben ziehen Lose für die Plätze neun bis fünfzehn, und der Rest verteilt sich, durch dieselbe Art der Auswahl, auf die Plätze eins bis acht und dreiundzwanzig bis dreißig.«

»Interessant. Und seit wann existiert dieses System?« Sie knüllte die inzwischen leere Verpackung zusammen und steckte sie in eine Seitentasche.

»Seit 2008/2009. Dazwischen wurden die Startnummern noch nach der Trainingsbestzeit vergeben, wobei der Beste als Dreißigster drankam. Das hat allerdings dazu geführt, dass viele der Rennläufer beim Training strategisch langsamer fuhren, um auf einem der besseren Startplätze zu landen. Also war es auch nicht der Weisheit letzter Schluss. Kurz danach gab es noch einen Versuch, die Skiläufer in der umgedrehten Reihenfolge des Weltcup-Rankings antreten zu lassen, aber das war wirklich unfair, denn auf diese Weise wurden ausgerechnet die Besten bestraft.«

Sie nickte. »Aha. Danke für die Erklärung.«

»Es ist mir ein großes Vergnügen, dir meinen Sport näherzubringen«, sagte Marc spöttisch. »Und falls du dich fragst, wie wir die Berge so schnell hinunterkommen: Wir benutzen dazu etwas, das man ›Ski‹ nennt, zwei längliche Schienen, die wir uns unter die Füße schnallen und –«

»Haha. Sehr witzig.«

Hans parkte direkt vor dem Gebäude, in dem die Mannschaftsführersitzung stattfinden sollte, und sie beeilten sich, um noch einigermaßen rechtzeitig zu kommen. Kurz nach der vereinbarten Zeit betraten sie den Saal, der schon brechend voll mit Athleten, Trainern, Journalisten und Funktionären war. Andrea erkannte Marcs dunkelhaarigen Erzrivalen Peter Winkler auf Anhieb. Er saß mit seinen österreichischen Teamkollegen zusammen, und sein Körper war so massig wie der eines Schwergewichtsboxers. Seine Gesichtszüge wirkten grob. Aber das schien seine vielen Verehrerinnen nicht von ihren Liebesbekundungen abzuhalten, Winkler hatte einen geradezu legendären Schlag bei Frauen. Aber auch für die breite Öffentlichkeit war der Sportler ein Sympathieträger, besonders seitdem man in allen Zeitungen über sein Herz für kranke Kinder lesen konnte. Offenbar leistete die von ihm ins Leben gerufene Stiftung Bemerkenswertes.

Fröhlich winkte er Marc zu. »Junge, ich hab schon gedacht, du kneifst, nach deinem Drohnen-Nahkampferlebnis.«

»Quatsch. Dir würde ich doch niemals freiwillig die Weltcup-Krone überlassen«, sagte Marc grinsend und nahm auf einem der wenigen unbesetzten Stühle Platz. Er bedeutete Andrea, sich neben ihn zu setzen, aber sie schüttelte den Kopf. Von ihrem momentanen Standort, an die seitliche Wand gelehnt, hatte sie alle Anwesenden bestens im Blick.

Weiter hinten, in der Mitte des Schweizer Teams, machte sie Franz Koffert aus. Im Gegensatz zu Winkler wirkte der junge Walliser mit Brille geradezu durchgeistigt, zwar ebenfalls recht muskulös, doch mit einer weitaus schlankeren Silhouette. Er hatte im Gegensatz zu seinen Teamkameraden sogar einen Schreibblock dabei.

An der Rückseite des Saals standen einige uniformierte Gendarmen. Mit denen würde sie später noch Kontakt aufnehmen müssen. Wahrscheinlich war einer von ihnen derjenige, mit dem sie gestern so lange telefoniert hatte.

Die Sitzung begann kurze Zeit später mit einem Statement an die Presse. Man informierte die Journalisten über die zusätzlichen Sicherheitsmaßnahmen, die die Jury veranlasst hatte, damit sich solch ein Vorfall wie beim Lauberhorn-Rennen nicht wiederholen würde. Die Tatsache, dass Marc gezielt Opfer eines Anschlags geworden war, wurde aber mit keiner Silbe erwähnt. Darüber hatte sich die österreichische Polizei mit den Veranstaltern verständigt, auch um mögliche Nachahmungstäter nicht auf falsche Gedanken zu bringen. Doch natürlich ließ sich die Presse nicht so einfach abspeisen, schließlich war bekannt, dass die Drohne keinem der Fernsehteams gehört hatte. Sämtliche Fragen in diese Richtung wurden von der Jury jedoch mit einem »Darüber liegen uns leider keine Informationen vor« abgeschmettert. Endlich kehrte wieder Ruhe ein, und die Mannschaftsführersitzung wurde offiziell eröffnet.

Hans, der neben ihr stehen geblieben war, hielt es offenbar für seine Pflicht, Andrea darüber zu informieren, wer die Männer waren, die hinter einem Tisch an der Stirnseite des Raums saßen. »Ganz links sitzt der Rennleiter, dann kommen die Start- und Zielrichter, der Kurssetzer ...« Seine restlichen Worte gingen in den logistischen Ankündigungen der Jury unter.

Während Andrea der leicht schleppenden Stimme des Rennleiters lauschte und erfuhr, dass das erste Training für morgen früh um neun Uhr angesetzt war, ließ sie ihre Augen über die anderen Abfahrtsläufer schweifen. Konnte einer von Marcs Kontrahenten hinter den Anschlägen stecken? Hatte ein Kollege heimlich ein Problem mit Marcs Vorrangstellung innerhalb des Schweizer Teams? Sie musste unbedingt rausfinden, ob es eine Anweisung des Cheftrainers gab, die besagte, dass die anderen Athleten Marc den Vortritt lassen mussten, weil er als Einziger noch eine Chance auf den Weltcup-Sieg hatte.

Die Sitzung zog sich, doch schließlich waren alle organisatorischen Fragen geklärt, und man begann mit der Verlosung. Aus einer Trommel wurde jeweils der Name eines Skiläufers gezogen, aus einer anderen die ihm zugeloste Startnummer.

Am Ende bekam Marc auf diese Weise die Nummer achtzehn zugeteilt, Peter Winkler die Nummer siebzehn und Franz Koffert die Nummer einundzwanzig.

Während die anderen weniger interessanten Startnummern verlost wurden, fragte Andrea:»Was passiert eigentlich, wenn die Skiläufer ihre Nummern versehentlich vertauschen? Oder kommt das nicht vor?«

»Doch … das kommt sogar öfter vor, als man denkt. Vorletztes Jahr hat Marc von so einem Tausch sogar ungewollt profitiert. Einer der Bold-Zwillingsbrüder ist aus Versehen mit der Nummer seines Bruders gefahren und anschließend disqualifiziert worden. Dadurch ist Marc als Zweiter nachgerückt und hat offiziell das Rennen gewonnen. Was ihm allerdings überhaupt nicht gepasst hat. Er hat Alex Bold sogar die Trophäe ins Hotel gebracht und zurückgegeben.«

»Wieso? Der Sieg hat ihm doch bestimmt wichtige Weltcup-Punkte beschert?«

»Schon, aber Marc ist da ziemlich stur. Er gewinnt lieber *fair and square*, wie die Amerikaner sagen. Außerdem hat er seit dieser Geste einen Freund mehr, denn Alex Bold hat ihm das nie vergessen.«

»Wo ist eigentlich Herr Rominger?«, fragte Andrea, der plötzlich auffiel, dass Marcs Manager sich nicht unter den Anwesenden befand.

Hans zuckte mit den Schultern. »Keine Ahnung, wo der sich rumtreibt. Meistens sehen wir ihn erst am Renntag. Es sei denn, er hat irgendeinen neuen Deal für Marc eingefädelt. So wie neulich, als er uns mit dieser neuen Skifirma überrascht hat … Obwohl, das ist ja tüchtig nach hinten losgegangen.«

»Weshalb ist das nach hinten losgegangen?«, erkundigte sie sich.

»Weil Marc niemals mit diesen −«, setzte Hans an, aber genau in diesem Moment gesellte sich Marc zu ihnen. Die Verlosung war vorbei.

»Höre ich da meinen Namen?«, blödelte er gut gelaunt. »Zieht ihr etwa hinter meinem Rücken über mich her?« »Nein«, antwortete Hans wahrheitsgemäß. »Ich wollte Frau Brunner nur gerade von Beats tollem Skifirma-Deal erzählen.« Marc winkte ab. »Ach, fang doch nicht wieder mit diesem Quatsch an. Das interessiert doch den Henker. Ich sterbe fast vor Hunger. Können wir jetzt endlich essen gehen?« »Einen Moment noch. Ich muss nur noch schnell mit den Kollegen von der österreichischen Polizei sprechen.« Andrea machte sich auf den Weg.

***

Ivana hat mir verboten, nach Kitzbühel zu fahren. Offenbar ahnt sie, weshalb ich nach Österreich will. Seinetwegen. Denn natürlich wird der Teufel auch dort sein. Ich hasse ihn, ich verachte ihn, er ist es nicht wert, leben zu dürfen.

Doch obwohl ich ihm den Tod wünsche, bin ich auch neugierig. Was für ein Mensch ist der Mann, der mir die Gerechtigkeit und die Hoffnung auf ein erfülltes Leben geraubt hat? Ein Draufgänger? Ein Hansdampf in allen Gassen? Wahrscheinlich. Oder hat selbst er eine weiche Seite? Eine Vorliebe für Kunst? Ob er jemals für jemanden die gleiche bedingungslose Liebe gespürt hat wie ich für Igor? Wie lebt er? Reflektiert er seine Fehler? Diese Fragen beschäftigen mich. Aber nicht halb so viel wie die Frage, wo Ivana meinen Pass versteckt hat.

***

Gemeinsam mit Hans gingen sie nach der Mannschaftsführersitzung in einem urgemütlichen kleinen Restaurant in

Kitzbühel essen. Mehrfach traten Gäste an ihren Tisch, um von Marc ein Autogramm zu ergattern, das er auch bereitwillig gewährte. Eigentlich eine harmlose Angelegenheit, doch Andrea bekam jedes Mal einen Schreck. Sie war schließlich für Marcs Sicherheit verantwortlich, und die vielen unbekannten Menschen, die sich so vertraut über ihren Protegé beugten, machten sie nervös. Mehrfach überprüfte sie den Sitz ihrer Waffe, die sie – völlig ungewohnt – in einem Holster unter ihrem zivilen Blazer trug.

Deshalb war es ihr sehr recht, dass Hans schon um kurz nach einundzwanzig Uhr mit Vehemenz in der Stimme festlegte, dass Marc in die Federn musste, um für das morgige Training fit zu sein.

Im Hotel angekommen, gingen sie schnurstracks zu ihren Zimmern: Andrea hatte absichtlich das Zimmer unmittelbar neben Marc gebucht, um im Notfall schnell zur Stelle zu sein, während Hans' Schlafstätte sich weiter hinten im Gang befand.

»Schlaf gut«, wünschte Marc ihr freundlich vor der Zimmertür. »Soll ich dich morgen früh persönlich wecken?«

»Nein danke«, sagte sie, fest entschlossen, nicht auf seinen schlüpfrigen Ton einzugehen. »Das werde ich schon allein hinkriegen. Um sieben Uhr?«

»Genau.« Er grinste frech. »Und wenn du nicht schlafen kannst, darfst du gern bei mir vorbeischauen!«

Andrea drehte sich um, um zu sehen, ob Marcs Trainer noch auf dem Hotelflur stand. Aber er war schon in seinem Zimmer verschwunden, und so zischte sie leise: »Da kannst du lang drauf warten. Eher friert die Hölle zu. Und anstatt mich hier so zuzutexten, solltest du dir deinen Atem lieber für das Training aufsparen.« Dann betrat sie ihr Zimmer und ließ Marc allein auf dem Gang stehen.

Noch angezogen legte Andrea sich aufs Bett und starrte gegen die Decke. Sie hatte sich fest vorgenommen, nicht auszuflippen. Aber Marc machte es ihr nicht gerade leicht. Alles erinnerte sie so sehr an früher: sein Humor und die Art, wie er sie permanent aus der Reserve lockte. Trotzdem. Irgendwie würde sie es schon schaffen, sich in den nächsten Tagen in seiner Nähe aufzuhalten. Sie musste professionell bleiben, schließlich war sie ausschließlich zu seinem Schutz hier. Außerdem war sie eine verheiratete Frau.

Daniel hatte auf die Neuigkeit, dass sie Marc zu seinem nächsten Rennen begleiten musste, erstaunlich ruhig reagiert. Viel besser als erwartet. Mit einem unguten Gefühl in der Magengegend hatte sie ihn über alles informiert. Doch anstatt erneut auszuflippen, hatte er sie in den Arm genommen.

»Schau mich nicht so an, als würde ich dir gleich den Kopf abreißen. Ich bin ja froh, wenn du mir alles erzählst und ich es nicht durch irgendwelche dummen Zufälle rausfinden muss«, hatte er ihr ins Ohr geflüstert. »Ich vertraue dir auch, nur …«

»Nur was?«, hatte sie gefragt.

»Hältst du es nicht für möglich, dass Marc das ganze Theater selbst inszeniert hat, um sich wieder an dich ranzumachen?«

»Du meinst, dass er sich selbst mit einer Drohne bombardieren lässt, seinen Sieg und seine Gesundheit aufs Spiel setzt, nur um bei mir zu landen? Und das, obwohl er sich noch nicht einmal sicher sein kann, dass ich überhaupt in diesen Fall involviert werde?«

Daniels Gesicht hatte einen trotzigen Ausdruck angenommen. »Glaub mir, ihm ist alles zuzutrauen. Ich kenne ihn besser als du.«

Sanft hatte sie über seine Wange gestreichelt. »Schatz, wir sollten die Kirche im Dorf lassen. So übergeschnappt ist Marc ganz sicher nicht. Aber ich finde es sehr schön, wenn du sagst, dass du mir vertraust. Das kannst du auch. Voll und ganz. Ich liebe dich.«

Doch leider schienen ihre Worte nicht Daniels latente Anspannung lösen zu können. Wissbegierig fragte er: »Und man hat den Sprengstoff in Zermatt geklaut? Du weißt ja sicher, dass Marc durchs Skifahren jede Menge Freunde in Zermatt hat. Da hätte er bestimmt leicht an das Tovex rankommen können.« Vor Überraschung war Andrea einen Schritt zurückgetreten. »Woher weißt du, dass es sich um Sprengstoff der Marke Tovex handelt?«

»Hast du vergessen, was ich beim Militär gemacht habe? Da kenne ich mich natürlich mit den unterschiedlichen Sprengstoffen gut aus. Tovex ist nun mal der am häufigsten zum Lawinensprengen verwendete Sprengstoff in der Schweiz.«

Sie hatte tatsächlich nicht mehr daran gedacht, dass Daniel vor einigen Jahren seinen Kfz-Mechaniker-Job vorübergehend an den Nagel gehängt hatte, um als Zeitsoldat zu dienen. Damals hatte das Schweizer Militär noch Spezialisten gesucht, um unter großen Sicherheitsmaßnahmen den Sprengstoff aus den sogenannten »permanenten Sprengobjekten« wieder auszubauen. Als Teil ihrer Verteidigungsdoktrin hatte die Schweiz nämlich Ende der siebziger Jahre damit begonnen, alle wichtigen Brücken, Tunnel, Stützmauern und Flugpisten mit Sprengstoffvorrichtungen zu verminen. Durch die Explosion solcher Sperrstellen hätten im Ernstfall gegnerische Bewegungen am Boden verzögert werden sollen, denn der Gegner hätte Wochen, wenn nicht gar Monate benötigt, um die Verkehrswege auch nur provisorisch wiederherzustellen. Damals hatte sich Andrea öfter gefragt, was die vielen Touristen, die jährlich die Schweiz besuchen, wohl sagen würden, wenn sie wüssten, dass sie gerade über eine mit mehreren Tonnen TNT verdrahtete Brücke fuhren, um in ihren Skiurlaubsort zu gelangen.

Aufgrund der teuren Wartungskosten und der veränderten Sicherheitslage hatte die Schweizer Regierung dann jedoch vor einigen Jahren beschlossen, die Sprengstoffladungen bis Ende 2014 wieder auszubauen. Was auch so geschehen war, unter anderem mit Hilfe von Daniels Arbeitskraft. Natürlich kannte er sich da mit allen möglichen Sprengstoffen aus. Das war nur logisch.

Andrea gähnte. Sie war fix und fertig. Die Arbeit mit Marc war anstrengend. So anstrengend, dass sie nun schon Gespenster sah. Daniel mochte Marc nicht. Das war eine Tatsache. Er war eifersüchtig, aber ganz sicher nicht gewalttätig. Im Gegenteil, Daniel konnte keiner Fliege etwas zuleide tun. Und es gab nicht einen einzigen Grund, weshalb er – nach so vielen Jahren – eine Drohne mit Tovex ausrüsten sollte, um seinen vormalig besten Freund aus dem Weg zu räumen! Das war absoluter Quatsch. Am besten ging sie schlafen. Spätestens morgen früh mussten ihre grauen Zellen wieder einwandfrei funktionieren.

SECHS

Andrea und Hans saßen mit ihm am Frühstückstisch, doch sie beachteten ihn nicht. Sie waren in eine Diskussion über seine Sicherheit verstrickt. Hans wollte wie gewohnt zum offiziellen Training fahren, während Andrea besorgt verlangte, dass er dort als Letzter starten sollte, um möglichst wenig Zeit in der Öffentlichkeit zu verbringen.

»Wir können es uns nicht leisten, stundenlang auf der Piste rumzustehen und ein weithin sichtbares Ziel abzugeben«, sagte sie.

Marc, der gerade sein zweites Brötchen belegte, hielt mitten in der Bewegung inne. »Sag mal, hast du schlecht geschlafen? Natürlich werde ich das Training ganz normal absolvieren. Ich muss schließlich auch die Konkurrenz einschätzen können. Außerdem sollte ich die Piste unter realen Rennbedingungen erleben. Das bedeutet, dass ich an achtzehnter Stelle starten muss, genau wie im eigentlichen Lauf.«

Hans räusperte sich. »Es tut mir wirklich leid, Frau Brunner. Aber Marc hat recht. Wenn er nicht so am Training teilnimmt wie vorgesehen, kann er sich das Rennen schenken.«

Andrea warf wortlos ihre Serviette auf den kaum ange-rührten Teller und lehnte sich zurück. Es war offensichtlich, dass sie überstimmt war. Auch wenn es ihr nicht in den Kram passte. »Wie Sie meinen, Herr Bischoff. Letztendlich ist es Ihre Entscheidung«, antwortete Andrea kühl.

»Haben Sie denn seit gestern zusätzliche Informationen be-kommen? Hat sich die Gefahrenlage geändert?«, erkundigte sich Hans besorgt.

Über Andreas Gesicht huschte ein Schatten. »Nein, aber ich dachte —«

Marc lächelte. »Dann ist doch alles in bester Ordnung. Und

das Denken solltest du sowieso …«, eigentlich wollte er sagen: … besser uns Männern überlassen, aber dann ermahnte er sich selbst, es nicht auf die Spitze zu treiben, und so beendete er den Satz mit:»… erst nach der zweiten Tasse Kaffee beginnen.« Mit diesen Worten nahm er die Kaffeekanne und schenkte Andrea ein. Dank erntete er allerdings mit dieser höflichen Aktion keinen. Aber damit hatte er auch nicht gerechnet.

Kurze Zeit später erreichten sie die modern eingerichtete Hahnenkamm-Talstation. Über die spiralförmige Raupe ging es zu den Drehkreuzen, und dann rollten auch schon die hübschen roten Gondeln an ihnen vorbei. Andrea bemerkte überrascht, dass jede von ihnen den Namen eines Hahnenkamm-Siegers aus der Vergangenheit trug. Von Jean-Claude Killy über Karl Schranz bis zu Pirmin Zurbriggen konnte man hier die größten Namen der Skigeschichte bewundern. Marc erklärte ihr, dass man auf Schildern, die innerhalb der Kabinen angebracht waren, sogar die Erfolge der jeweiligen Sport-Ikone nachlesen konnte.

»Was für eine originelle Idee«, lobte Andrea, als sie alle gemeinsam in die Gondel von Ingemar Stenmark einstiegen, der hier zwar nie die Abfahrt, dafür aber fünfmal den Slalom gewonnen hatte.

Gleichmäßig beförderte die Bahn sie den Berg hoch, und bald darauf konnte man die wunderschöne »Gamsstadt« Kitzbühel in ihrer Gesamtheit überblicken. Dahinter reckte sich das Kitzbüheler Horn nadelförmig in den Himmel, und auf der rechten Seite lag der Hausberg mit dem riesigen Red-Bull-Bogen. Marc wurde schon ein wenig flau im Magen, wenn er daran dachte, dass er später diese Passage meistern musste.

Durch den dichten, tief verschneiten Wald glitten sie immer höher, bis sie zehn Minuten später die Bergstation erreicht hatten und ausstiegen.

Auf der Streif war die Hölle los: Die Abfahrtsläufer besichtigten mit ihren Trainern die Strecke. Der Kurssetzer und sein Team gaben den Sprüngen – nachdem einige Vorläufer die Piste getestet hatten – ihren letzten Schliff. Fernsehteams übten die Schnitte von einer Kamera auf die nächste, um ihrem Publikum vor den Bildschirmen eine möglichst ununterbrochene Sicht auf die Wettkampfteilnehmer zu erlauben. Und die Vertreter der Sponsoren versuchten, die Werbemittel für ihre Produkte möglichst vorteilhaft direkt in den Blickwinkel der Kameras zu positionieren. Alles war also ganz genau wie immer. Alles, bis auf Andrea, die in einer taillierten roten Skijacke hinter ihm herstapfte und sich immer wieder in seine Gedanken stahl. Ob sie glücklich war mit Daniel? Wie oft hatte er sich diese Frage bereits gestellt? Hunderttausendmal?

Er hatte es einfach nicht kommen sehen. Und es fühlte sich immer noch falsch an. Andrea war *seine* Freundin gewesen, nicht Daniels. Bis er es verbockt hatte. Dabei hatte ihm die Frau, mit der er Andrea damals betrogen hatte, überhaupt nichts bedeutet. Sie war einfach nur ein Ski-Groupie gewesen. Ein Fan. Eine Person, die sich besser fühlte, wenn sie mit einem Prominenten im Bett gewesen war. Egal, mit welchem Promi. Hauptsache, berühmt. Aber warum hatte er sich nur dazu hinreißen lassen? Er war doch glücklich mit Andrea gewesen. Sehr sogar. Wahrscheinlich war es aus reiner Eitelkeit geschehen. Die Frau hatte ihn angemacht, weil er durch seinen ersten Sieg in Beaver Creek zu einem internationalen Skistar avanciert war. Und mit seiner vom Siegesrausch besoffenen Birne musste ihm das wohl irgendwie gefallen haben. Sein erster richtiger Erfolg war ihm zu Kopf gestiegen – und da war es einfach passiert.

Am nächsten Tag hatte er ein dermaßen schlechtes Gewissen gehabt, dass er sich irgendwem anvertrauen musste. Und das war dann ausgerechnet Daniel gewesen. Sein vermeintlich bester Freund. Der hatte ihn allerdings ohne irgendwelche

Schuldgefühle in die Pfanne gehauen. Hinterher hatte Daniel sich damit rausreden wollen, dass Andrea ein Foto von ihm in einer Zeitung gesehen habe, auf dem er eng umschlungen mit dem Groupie abgebildet gewesen sei. Dass aber an dem Abend wirklich etwas passiert war, das hatte sie dann von Daniel erfahren. Angeblich, weil man eine Beziehung nicht auf Lügen aufbauen sollte. Angeblich habe Daniel diesen einmaligen Ausrutscher auch als solchen gegenüber einer völlig ausflippenden Andrea verteidigt. Doch das hatte er ihm nicht abgekauft. Taten sprachen nun mal lauter als Worte. Und letztendlich hatte Daniel Andrea so ausdauernd und aufopfernd getröstet, dass sie ihn zum Dank geheiratet hatte.

Als ihm seine Mutter ein paar Monate nach der ungewollten Trennung schonend beibrachte, dass Andrea nun mit Daniel zusammen war, hatte er die Kontrolle verloren und sich mit seinem ehemaligen Freund geprügelt. Daniel hatte genau gewusst, wie viel ihm Andrea bedeutete, wie oft er sich bei ihr für sein Verhalten entschuldigt hatte, wie verzweifelt er selbst über diese eine Nacht, über diesen verdammten Seitensprung war. Doch Daniel hatte sich seine sportbedingte Abwesenheit geschickt zunutze gemacht. Und auf einmal war Andrea mit seinem Jugendfreund zusammen gewesen. Obwohl sie eigentlich versprochen hatte, ihm noch eine Chance zu geben.

Trotzdem hätte er niemals damit gerechnet, dass sie Daniel tatsächlich heiraten würde. Ihre Großmutter war kurz vorher gestorben, und sie hatte mit Sicherheit jemanden gebraucht, der ihr Halt gab. Doch trotz allem war zwischen Andrea und ihm immer noch dieses ganz spezielle Band gewesen. Diese besondere Verbindung, die er selbst jetzt noch spüren konnte. An ihrem Hochzeitstag mit Daniel hatte er deshalb Himmel und Hölle in Bewegung gesetzt, um sie …

»Hoppla! Alles okay?«

Marc war so in Gedanken gewesen, dass er um ein Haar mit einem untersetzten weißhaarigen Mann kollidiert wäre. Doch jetzt erkannte er ihn. Es war Joachim »Joko« Weingärtner, der Sportreporter einer bekannten Schweizer Boulevardzeitung.

»Alles klar, Joko. Du kennst mich doch. In Gedanken bin ich schon auf der Piste.«

Andrea war ebenfalls stehen geblieben und betrachtete den Journalisten misstrauisch.

»Hast du noch Zeit für ein paar Fragen?«, fragte Weingärtner. Marc schüttelte den Kopf. »Leider nicht. Ich muss mich fertig machen. Gleich bin ich dran.«

Als er weitergehen wollte, verstellte der Reporter ihm frech den Weg, und Marc fühlte, wie Andrea hektisch einen Schritt nach vorn machte.

»Stimmt es eigentlich, dass dir jemand nach dem Leben trachtet?«

Marc lächelte. Er hatte mit so einer Frage schon gerechnet. »Wie kommst du denn auf so einen Blödsinn?«

»Na, die abgestürzte Drohne … Und dann hat es wohl auch noch einen Polizeieinsatz in deinem Haus gegeben.«

Verdammt. Die Presse schien besser informiert zu sein, als er gedacht hatte. Woher, zum Teufel, wussten sie von dem Polizeieinsatz? Doch er setzte sein Pokerface auf. »Du meinst also, dass der Kollege Winkler dieses Jahr seinen Sieg sichern will, indem er mich per Drohne ausschaltet?«

Er lachte, doch Weingärtner verzog keine Miene. »Hältst du das tatsächlich für möglich?«

Marc verdrehte die Augen. »Das war ein Scherz, Joko. Selbstverständlich trachtet mir niemand nach dem Leben. Sonst wäre ich ja wohl kaum hier.«

Weingärtner blickte skeptisch drein. »Schau, Marc. Ich wünsche mir, dass es so ist, wie du sagst. Aber falls es nicht so ist, rede besser mit mir. Ansonsten schickt dir mein Boss einen Kollegen, der investigativer vorgeht.«

Plötzlich stellte Andrea sich zwischen sie. »Soll das etwa eine Drohung sein?«, herrschte sie den Reporter an.

Marc legte seine Hand auf ihren Arm. »Schon gut. Joko hat es bestimmt nicht so gemeint.«

Der Journalist blickte Andrea mit offenem Mund an. Es war deutlich zu sehen, dass er sie unterschätzt und für ein unbedarftes blondes Skihäschen gehalten hatte. Doch da hatte er sich getäuscht.

»Wie du siehst, werde ich gut beschützt«, grinste Marc und schritt um Weingärtner herum. »Du brauchst dir also keine Sorgen zu machen.«

Als sie am eingezäunten Startareal ankamen, drehte sich Andrea zu ihm um. »Was für ein Idiot.«

»Du meinst den Reporter? Ach, der ist schon okay. Er macht doch bloß seinen Job. Ich frage mich nur, wer ihm von der Sache mit meinem Haus erzählt hat.«

»Ja, das frage ich mich auch. Wir haben die Info nämlich strikt unter Verschluss gehalten. Außerdem haben wir eine Mitteilung herausgegeben, dass die Drohne ein fehlgeleitetes Kinderspielzeug war. Von dem Sprengstoff, der beweist, dass die ganze Sache ein Attentat und kein Unfall ist, weiß die Presse also auch nichts. Hältst du es für möglich, dass deine Freundin –«

»Marlies ist nicht meine Freundin. Und nein, ich glaube nicht, dass sie mit der Presse über mich geredet hat. Dazu ist sie viel zu schüchtern«, sagte er, während er neben dem Starthäuschen, das von außen wie eine gemütliche Ferienhütte wirkte, zum x-ten Mal die wunderbare Aussicht über die ganzen Alpen bewunderte. Davon würde er nie genug bekommen: Im Westen konnte man den Wilden Kaiser in Augenschein nehmen, ein schroffes Gebirgsmassiv, das jedes Jahr etliche Bergsteiger das Leben kostete. Kitzbühel sah man von hier aus zwar nicht, dafür aber das fast zweitausend Meter hohe Horn. Weiter im Osten erhoben sich der Hochkönig und der Watzmann, und ganz im Dunst konnte man sogar den Dachstein ausmachen.

Andrea hatte in der Zwischenzeit das bunte Treiben hinter der Absperrung auf sich wirken lassen. Als er sich zu ihr umblickte, sah er, wie fasziniert sie die Serviceleute betrachtete, die ähnlich angespannt wie die Rennläufer schienen: Unentwegt legten sie die Ski ihrer Schützlinge in den Schnee, schoben sie ein paarmal hin und her und drehten sie wieder mit der Unterseite nach oben, ganz so, als würde diese Prozedur die Gleitfähigkeit magisch verbessern.

»Und du glaubst wirklich, dass Marlies zu gehemmt ist, um mit der Presse zu reden? Wer sollte denn sonst …?«, setzte Andrea an und trat dabei neugierig neben ihn, um die Abfahrtsstrecke in Augenschein zu nehmen. Ihre Augen weiteten sich. Geschockt streckte sie den Arm aus und zeigte auf die steile Piste. »*Da* willst du runterfahren? Im Schuss?«

Marc nickte.

»Das ist doch total verrückt. Ich weiß nicht, warum ich mir überhaupt die Mühe mache, dich zu beschützen, wenn du eindeutig lebensmüde bist.«

Er lächelte. »Ich versteh dich. Als ich den Starthang vor vierzehn Jahren das erste Mal gesehen habe, hatte ich ehrlich gesagt auch Schiss. Das Gefälle beträgt fünfzig Prozent. Aber das ist noch nichts im Vergleich zur berühmten ›Mausefalle‹ des Hahnenkamm-Rennens. Dort sind es sogar fünfundachtzig Prozent. Es gibt in der Sportwelt kein Pendant zu dieser Abfahrt. Das ist wirklich ziemlich steil.«

»Warum, um Himmels willen, bist du dann als Teenager trotzdem runtergefahren?«

»Die Saison lief ziemlich gut. Vor allen Dingen hatte ich meinen größten Konkurrenten, damals wie heute Peter Winkler, fest im Griff. Aber ich wusste haargenau: Wenn ich diese Abfahrt aus Angst sausen lasse, kann ich den Weltcup in die Tonne treten. Winkler ist da ganz unerbittlich. Ein einziger taktischer Fehler von mir, und Peter wächst über sich hinaus. Und so bin ich dann mit weichen Knien die erste Trainingsabfahrt gefahren. Mit fünf Sekunden Rückstand auf Peter, was im Skisport eine halbe Ewigkeit bedeutet. Aber bei der Trainingsanalyse habe ich viel Potenzial zum Aufholen gesehen. Und es stimmte. Je genauer ich mich mit den schwierigen Passagen beschäftigte, desto mehr kam mein Selbstvertrauen zurück. Am Renntag war ich dann zwar noch sehr nervös und konnte während der Nacht kaum schlafen, aber ich bin trotzdem Zweiter geworden. Hinter Peter. Oder, wie mein Trainer es so nett ausdrückte: Ich war der erste Verlierer.«

»Krass«, stammelte Andrea. »Ich habe mir damals nie Gedanken darüber gemacht, ob du vielleicht auch Angst haben könntest. Irgendwie hast du immer so unverletzbar gewirkt. So absolut siegessicher.«

»Na ja, den ersten großen Unfall, bei dem mein rechtes Knie komplett zertrümmert wurde, hatte ich schließlich erst mit einundzwanzig. Im Winter nach deiner Hochzeit. Außerdem kann man halt niemals in das Innere eines Menschen sehen. Ansonsten würde ich nämlich gern mal dein Innenleben genauer erforschen und sehen, ob du auch noch –«

»Mein Innenleben geht dich nichts an«, sagte sie grob und wandte sich ab. Sie schirmte mit einer Hand ihre Augen vor dem gleißenden Sonnenlicht ab und betrachtete wieder die verschiedenen Teams, die sich auf das Training vorbereiteten. »Da drüben steht dein Trainer, wahrscheinlich sollten wir jetzt besser zu ihm gehen.«

»Wahrscheinlich«, wiederholte Marc frustriert. Jedes Mal, wenn er auch nur ein persönliches Wort mit Andrea wechselte, blockte sie ab.

★★★

Ich stehe vor Ivanas Kleiderschrank und überlege, was ich hier wollte.
Mein Kopf funktioniert immer noch nicht so ganz. Ach, richtig. Meinen
Pass. Um nach Kitzbühel zu fahren. Während ich erneut sämtliche mir
bekannten Verstecke durchgehe, kreisen meine Gedanken unaufhörlich
um Schuld und Sühne. Warum lässt Gott sich nur so viel Zeit? Ich
brauche Gerechtigkeit, um mit allem abschließen zu können. Schließlich
bin ich nicht Jesus und halte dem Teufel nicht auch noch meine zweite
Wange hin. Aber Gott hat Jesus genauso verraten wie mich. Nur
dass das Glück meines Lebens nicht von den Toten auferstehen wird.
Manchmal muss ich an seinen schmalen Körper denken. Wie er, in
der Erde liegend, immer mehr zerfällt. Und es zerreißt mir das Herz.

***

Hans Bischoff gab Marc noch ein paar letzte Tipps, bevor er
zum Start hinüberglitt. Das restliche Team – bestehend aus
Marcs Ski-Servicemann Thomas und seinem Physiotherapeu-
ten Karl, die beide gestern selbstständig angereist waren und in
einem anderen Hotel in Kitzbühel eingecheckt hatten – war
bereits an strategischen Stellen längsseits der Piste positioniert,
um Marc und seine Konkurrenz bei der Abfahrt zu filmen. Man
hatte sich darauf verständigt, dass der Trainer erst beim nächsten
Training am Pistenrand stehen würde, das übermorgen, am
Donnerstag, stattfinden sollte. Heute sollte er Andrea nach unten begleiten und mit ihr am Zieleinlauf warten. Hans Bischoff
war wegen dieser Abweichung vom Normalfall wahrscheinlich
ebenso nervös wie sie, denn er redete ohne Unterlass.

»Wussten Sie, dass die Ausrüstung im Abfahrtslauf anders
ist als bei den anderen Disziplinen? Die Ski sind zum Beispiel
dreißig Prozent länger als im Slalom, um den Läufern bei den
hohen Geschwindigkeiten möglichst viel Bodenhaftung und
Stabilität zu geben«, erklärte er ihr gerade. »Und die Stangen

der Tore sind biegsam, damit sie bei Körperkontakt möglichst wenig Widerstand und damit ein minimales Verletzungsrisiko bieten. Die Rennanzüge sind extra ...«

Diese Informationen waren bestimmt gut gemeint. Aber das alles interessierte sie momentan nicht die Bohne. Ihr schlug das Herz bis zum Hals, und das hatte leider mit ihrem beruflichen Auftrag rein gar nichts zu tun – sondern nur mit Marc ganz persönlich. Hoffentlich würde er das gefährliche Training auf der Streif sicher und gesund überstehen! Und hoffentlich gab es keinen weiteren Anschlag!

Hinter dem Zieleinlauf war ein spezieller Teil für die Teams der Skiläufer reserviert, und nachdem sie ihre Ausweise vorgezeigt hatten, wurden sie umgehend eingelassen. Doch Marcs Trainer und sie waren bei Weitem nicht die Einzigen, die sich das Training anschauten. Im Gegenteil, viele Schaulustige bevölkerten den Rand der Piste und das Ziel. Und es war höchste Eisenbahn, dass sie sich einfanden, denn der Läufer mit der Nummer fünfzehn stand schon in den Startlöchern. Gleich war Marc dran.

»Das da drüben ist übrigens Sven Göransson«, sagte Bischoff und zeigte mit einer lässigen Kopfbewegung auf einen sehr bulligen Mann mit verspiegelter Sonnenbrille.

»Marcs Ex-Trainer? Was macht der denn hier?«, fragte Andrea überrascht.

»Er arbeitet jetzt mit einem österreichischen Nachwuchsläufer zusammen.«

»Meinen Sie, dass er immer noch auf Marc sauer ist?«

Der Trainer zuckte mit den Schultern. »Er verdient jetzt mit Sicherheit weniger. Aber dafür kann er schalten und walten, wie er will. Und der Erfolgsdruck ist auch ein ganz anderer. Ich weiß es natürlich nicht, aber eigentlich glaube ich, dass ihm das besser gefällt.«

Andrea verfolgte den Trainingslauf der Startnummer fünfzehn auf einem der großen Monitore. Der Sprecher, der auch schon für das Hauptevent übte, gab über Lautsprecher seine wohl nicht ganz ernst gemeinten Kommentare zu dieser Leistung. Jedenfalls vermutete Andrea das, denn sie selbst konnte sich auf »Er lässt den Ski sauber durchziehen« und »Da trägt's ihn halt ein bisserl runter« absolut keinen Reim machen. Aus den Augenwinkeln musterte sie verstohlen Göransson, dessen Augen genau wie Bischoffs konzentriert auf den Monitor gerichtet waren.

Die Nummer fünfzehn war inzwischen sicher ins Ziel gekommen und die Nummer sechzehn nach der ersten Kurve gestürzt. Damit stand jetzt Peter Winkler, der Lokalmatador, am Start. Seine Fans waren – obwohl es nur ein Trainingslauf war – total von den Socken und feuerten ihn lautstark an. Mit Erfolg. Denn Winkler fuhr neue Bestzeit.

»Himmelkruzifix!«, kommentierte Bischoff nicht besonders delikat.

Andrea antwortete nicht. Das Herz schlug ihr bis zum Hals. Marc stand am Start.

Atemlos folgte sie den Bildern auf dem Monitor. Das hier war vollkommen anders, als seine Rennen am Fernsehschirm zu verfolgen. Irgendwie sah es im TV nicht halb so gefährlich aus, wie es in Wirklichkeit war. Hier jedenfalls krampften sich ihre Hände schmerzhaft ineinander, als sie sah, mit welcher brutalen Wucht Marc nach einem achtzig Meter weiten Sprung landete und den Steilhang hinunterraste. Die Abfahrt dauerte im Normalfall unter zwei Minuten, trotzdem wirkte sie schier endlos auf sie. Irgendwie bekam sie erst wieder richtig Luft, nachdem Marc im Zielraum unverletzt ausgebremst hatte und aus seinen Skiern stieg. Alles war gut gegangen.

Leider schien Marc das anders zu sehen. Er schimpfte wie ein Rohrspatz und war unendlich schlecht gelaunt, weil seine Zeit um ein paar Hundertstelsekunden langsamer gewesen war als Peter Winklers und er an zweiter Stelle lag. Andrea empfand das zwar als ein ganz ausgezeichnetes Ergebnis, aber sie hütete sich, dies auszusprechen. Marc schien nicht in der Stimmung für Komplimente. Und selbst die Tatsache, dass Franz Koffert um einiges langsamer unterwegs gewesen war, munterte ihn nicht auf.

Wieder im Hotel angekommen, verschwand Marc wortlos unter der Dusche, während der Trainer in einem Seminarraum die Bilder von seinem Lauf auf dem Computer analysierte und mit denen der Konkurrenz verglich. Im Anschluss würde er das Ergebnis dann mit seinem Schützling besprechen.

Andrea sah gerade über Bischoffs Schulter, wie Marc auf dem Bildschirm in Slow Motion aus der Mausefalle sprang, als ihr Natel klingelte. Ohne einen Blick auf das Display zu verschwenden, nahm sie an. Das war bestimmt ihr Chef, der wissen wollte, ob das erste Training zwischenfallfrei über die Bühne gegangen war.

»Brunner«, meldete sie sich und starrte weiter auf Marcs Körper, der in kompakt geduckter Haltung wie eine Kanonenkugel auf Skiern durch die Luft flog.

»Wie geht's dir? Bist du gut angekommen? Ich habe mir Sorgen gemacht, weil ich gestern gar nichts mehr von dir gehört habe.«

Verdammt! Sie hatte vollkommen vergessen, Daniel anzurufen, obwohl sie es ihm eigentlich fest versprochen hatte.

»Ähm ... hallo, Schatz«, flüsterte sie in den Hörer und trat aus dem Seminarraum. »Es tut mir so leid, dass ich mich nicht mehr gemeldet habe, aber nach dem Abendessen ist es so spät geworden, dass ich dich nicht wecken wollte. Und vorher musste ich ja arbeiten.« Am anderen Ende der Leitung herrschte unheilvolle Stille. »Wie geht es dir? Hast du es geschafft, dir etwas zu essen zu besorgen?«, fragte Andrea, betont fröhlich.

»Ja, ich bin mit Bastian eine Pizza essen gegangen«, antwortete Daniel in ganz normalem Tonfall.

Ihr fiel ein Stein vom Herzen. Offenbar hatte Daniel ihre

Notlüge geschluckt. Denn eigentlich war sie schon um neun Uhr auf ihrem Zimmer gewesen, und das war nun wirklich nicht zu spät, um noch zu Hause anzurufen. Sie hatte den Kopf einfach mit anderen Sachen voll gehabt. Mit Gedanken über Sprengstoffattentate zum Beispiel.

»Das ist wunderbar, Daniel. Ich hatte schon Angst, dass du verhungert bist, bis ich wiederkomme.«

»Keine Chance«, sagte Daniel, und diesmal klang es nicht ganz so locker wie vorhin.

»Wie meinst du das?«

»Ach, nur so. Lässt der Mistkerl dich wenigstens in Ruhe?«

»Natürlich, was denkst du denn?«, antwortete Andrea und sah aus den Augenwinkeln Marc auf sie zuschlendern. »Du, ich muss jetzt auflegen. Kann ich dich heute Abend noch einmal anrufen?«

»Klar. Ich komme übrigens auch zum Rennen. Dann kannst du gleich mit mir nach Hause fahren. Wäre das okay?«

»Ähm, ja, natürlich wäre das okay. Wir müssten nur auf der Rückreise direkt hinter ihm ...«

Das letzte Wort blieb ihr im Mund stecken, als sie aufsah und entdeckte, dass Marc unmittelbar vor ihr stand. Seine Lippen formten lautlos die Frage: »Daniel?«

Andrea nickte und drehte sich mit dem Gesicht zur Wand. Es wäre eine Katastrophe, wenn Marc versuchen würde, mit Daniel zu sprechen. »Wir müssten nur direkt hinter ihm bleiben«, beendete sie den Satz hastig.

»Kein Thema.«

»Super. Dann bis später«, flüsterte sie und legte auf.

Marc legte den Kopf zur Seite und blickte Andrea mit einem schwer deutbaren Blick an. »Und? Wie geht es dem werten Gatten?«

»Bei ihm ist alles okay, danke der Nachfrage«, antwortete sie patzig und öffnete die Tür.

Marcs Laune hatte sich nach der Dusche offenbar schlagartig

gebessert. Was eventuell auch daran liegen konnte, dass sein Trainer nach der Videoanalyse glaubte, dass er den Rückstand gegenüber Peter Winkler locker aufholen könnte. Außerdem hörte sie erstaunt, dass Marc gar nicht sein Bestes gegeben hatte. »Bei einem Trainingslauf blufft man doch immer etwas«, dozierte er lässig. »Man fährt eine Stelle nicht voll aus oder geht an einer anderen nicht tief genug in die Hocke. Dann weiß man, dass man hier oder da noch eine kleine Zeitreserve hat. Darüber hinaus steht man auch bereits vor dem Ziel auf, um nicht alle seine Karten aufzudecken. Allerdings haben wir die Zeiten der wichtigsten Passagen mit denen von Winkler verglichen, und da muss ich leider zugeben, dass er schon verdammt schnell unterwegs war.«

»Hm. Wahrscheinlich ist das jetzt schon wieder eine dumme Frage, aber worauf kommt es denn beim Abfahrtsrennen an? Fährt automatisch der mit den stärksten Oberschenkeln am schnellsten?« Andrea hatte sich bewusst an Bischoff gewandt, doch sie bemerkte trotzdem, wie sich ein Lächeln über Marcs Gesicht ausbreitete.

»Nein, natürlich nicht. Die Rennstrecke ist im Gegenteil so gestaltet, dass die Rennläufer auf verschiedene Weise gefordert werden. Da geht es um extreme Steilhänge und technisch anspruchsvolle Kurven oder auch um Flachstücke, auf denen man möglichst gut gleiten muss«, erklärte Marcs Trainer.

»Was liegt dir davon am meisten, du Grins-Weltmeister?«, fragte sie verärgert.

Marc schien sich nicht an ihren Worten zu stören. »Jedenfalls nicht das Gleiten, da ist unser Franz Koffert ungeschlagen.«

»Und weshalb ist Peter Winkler so stark, dass du ihm momentan hinterherfährst?«, erkundigte sie sich, um Marc zu provozieren.

Seine Reaktion war eher verhalten. Er wechselte lediglich einen bedeutungsschwangeren Blick mit seinem Trainer.

»Tja, das ist so eine Sache mit dem Winkler«, murmelte Bischoff, während er seinen Computer runterfuhr. »Nachweisen kann man es ihm natürlich nicht.«

»Wie … nachweisen? Was denn?«, fragte Andrea überrascht.

»Es ist ein heikles Thema. Aber leider gibt es immer ein paar schwarze Schafe, die auf illegalem Weg ein bisschen nachhelfen.«

»Du meinst Doping?«

Marc nickte. »In vielen Ländern scheint man es noch immer nicht allzu genau damit zu nehmen.«

»Ehrlich gesagt habe ich noch nie etwas über Doping im Skisport gehört. Man liest doch immer nur, dass Leichtathleten oder Profi-Radfahrer so etwas machen.«

»Es ist nach wie vor ein Tabuthema. Wie das Doping von Tennisspielern. Trotzdem kommt beides vor«, mischte sich Bischoff in ihre Konversation ein.

Marc verzog unwillig das Gesicht. »Natürlich finde ich es zum Kotzen, gegen Athleten antreten zu müssen, die mit solchen unsauberen Methoden Wettbewerbsvorteile erzielen, und wenn sich niemand daran zu stören scheint. Noch nicht einmal die Presse. Diese systematische Verdrängung und die ganze Heuchelei gehen mir manchmal echt auf die Nüs… ähm … Nerven!«

Es freute sie, dass Marc sich offenbar ihr zuliebe um eine gewählte Ausdrucksweise bemühte. »Nehmen die Skisportler auch dieses berühmt-berüchtigte Medikament ein? Wie heißt das noch mal … Epo?«

»Nein, das lässt sich inzwischen zu gut nachweisen. Die meisten machen wohl Blutdoping. Dabei wird den Sportlern Blut abgenommen, und die darin enthaltenen roten Blutkörperchen werden später, hochkonzentriert, wieder injiziert. Das verbessert die Ausdauer. Oder sie nehmen Anabolika und so Zeugs, um Muskeln aufzubauen.«

»Aber warum werden dann so wenige Skifahrer des Dopings überführt?«

Marc zuckte mit den Schultern. »Dazu müsste man intelligent testen, also vor allem in der Phase des Aufbautrainings, wenn das Doping besonders effektiv wirkt. Aber die meisten Tests finden während der internationalen Wettkämpfe statt, und da können die verbotenen Substanzen meistens schon nicht mehr nachgewiesen werden.«

»Wahnsinn. Sagen denn die verantwortlichen Funktionäre nichts dazu?«

Marc verzog spöttisch den Mund. »Doch. Auf einer Pressekonferenz vor zehn Jahren in Turin hat zum Beispiel der Präsident des Österreichischen Skiverbands seinen ›Schmäh‹ ausgepackt und in etwas fragwürdigem Englisch behauptet: ›Austria is a too small country to make good doping.‹«

»Nicht dein Ernst!« Andrea schüttelte den Kopf. »Und ihr denkt wirklich, dass Winkler dopt?«

»Wir wissen es nicht. Doch es fällt schon auf, dass er aus jeder Sommerpause mit ein paar Kilo Muskelmasse mehr auf die Piste kommt.«

»Hm.«

»Aber ich werde ihn trotzdem schlagen«, sagte Marc selbstbewusst.

»Dein Wort in Gottes Gehörgang.« Bischoff packte seinen Computer und ging zur Tür. »Ich bin nun im Schweizer Hof mit dem Cheftrainer verabredet, und was machst du jetzt, Marc?«

Sein Schützling blickte etwas unschlüssig auf seine Armbanduhr. »Ich glaube, ich werde mich von Karl durchkneten lassen und mich dann in die Sauna setzen. Willst du nicht mitkommen, Andrea?«

»Herzlichen Dank für das großzügige Angebot«, meinte sie ironisch. »Aber in dem Fall würde ich es doch vorziehen, vor der Sauna Wache zu schieben. Vollständig angezogen, wohlgemerkt. Ich muss sowieso noch meinen Kollegen in Zürich Bericht erstatten.«

»Och, wie schade«, erwiderte Marc, gespielt enttäuscht. »Wo sollen wir uns heute Abend zum Essen treffen?«

Bischoff, der schon halb aus der Tür war, rief ihm über die Schulter zu: »Ich hab bei einem guten Italiener reserviert. Ein Tipp von Beat. Soll ich euch um achtzehn Uhr dreißig mit dem Minibus abholen?«

»Geht klar.«

***

Heute tut es wieder besonders weh, weil ich in der Nacht von ihm geträumt habe. In meinem Traum haben wir seinen Geburtstag gefeiert. Mit strahlenden Augen hat Igor die fünf Kerzen auf dem Kuchen ausgepustet. Gemeinsam haben wir das kleine Fahrrad mit Stützrädern ausgepackt, das er natürlich gleich im Flur ausprobieren musste. Beim Aufwachen ist mein Herz ganz leicht gewesen, und ich habe Ivana mit einem Kuss geweckt. Mit Tränen in den Augen hat sie mich umarmt und gesagt, dass wir doch immer noch einander hätten. Dass wir nicht zu alt seien, um noch einen Sohn zu haben. Dass man sein eigenes Leben nicht einfach wegschmeißen dürfe, wenn ein Unglück geschehen sei.

Da bin ich wortlos aufgestanden und in die Küche gegangen. Ich habe mich mit einem Messer in den Arm geschnitten, damit dieser Schmerz den anderen, den größeren Schmerz in meinem Herzen betäubt. Aber es hat nicht funktioniert. Stattdessen hat Ivana einen Krankenwagen gerufen, und ich habe den restlichen Tag im Spital verbracht. Vielleicht kann ich mit dem Messer ja noch etwas anderes machen? Etwas, das meine Schmerzen besser lindert?

***

Wenig später fand sich Andrea tatsächlich im Vorraum des hoteleigenen Spa-Bereichs wieder. Sie hatte vorher die örtlichen Gegebenheiten gecheckt und sichergestellt, dass es keinen weiteren Eingang gab. Marc war außerdem der einzige Gast, der um diese Uhrzeit in der Sauna schwitzte, und so konnte sie sich zum ersten Mal am heutigen Tag etwas entspannen. Sogar das Telefonat mit dem neidischen und dementsprechend schlecht gelaunten Urs hatte sie schon hinter sich gebracht. Das tat auch bitter Not, denn sie brauchte dringend Zeit, um einmal in Ruhe Bilanz zu ziehen.

Der Fall war ziemlich komplex. Selbst wenn man die ermittlungstechnisch schwer überprüfbare These eines durchgeknallten Fans der Konkurrenz außen vor ließ und zunächst nur Marcs näheres Umfeld betrachtete: Wer besaß ein ernsthaftes Motiv und hätte auch die Gelegenheit dazu gehabt, ihm durch die Drohne zu schaden? Wer hätte den Sprengstoff in Zermatt entwenden und die Drohne damit bestücken können? Was wollte der Täter mit dem fehlgeschlagenen Einbruch in seinem Haus und der durchs Fenster geworfenen Forelle bewirken? Letzteres war so unglaublich melodramatisch. Eine Mafia-Warnung wie aus einem schlechten Hollywood-Film.

Andrea nahm einen Stift und den Schreibblock aus ihrer Tasche und legte beides auf dem kleinen Tischchen vor sich ab. Als Erstes schrieb sie den Namen »Peter Winkler« auf die aufgeschlagene Seite. Der Abfahrtsläufer hatte zumindest ein Motiv: Wenn Marc aus dem Weg geräumt wäre, gäbe es niemanden mehr, der ihm ernsthaft den Gewinn des Weltcups streitig machen könnte, denn Franz Koffert war zwar ein aufgehender Star am Skihimmel, aber zumindest dieses Jahr würde er die höchste Ehre nicht erlangen können. Zudem war Winkler als Abfahrtsläufer natürlich am Tatort zugegen gewesen. Ob er allerdings die Zeit gehabt hätte, die Drohne eigenhändig zur Explosion zu bringen, war mehr als zweifelhaft. Schließlich war er fast unmittelbar vor Marc gestartet. Oder konnte er für diese Aufgabe jemanden aus dem kriminellen Milieu engagiert haben, um sich nicht selbst die Finger schmutzig machen zu müssen? Aber warum sollte er Marc ausgerechnet in der diesjährigen Saison aus dem Weg räumen? Die beiden kannten sich doch schon, seitdem sie Teenager waren. Nein, das ergab keinen Sinn. Leider musste sie hinter seinen Namen ein »sehr unwahrscheinlich« setzen.

Hm. Und wer kam sonst noch als Täter in Frage? Rein theoretisch wäre Marcs gefeuerter Trainer, Sven Göransson, natürlich ein perfekter Kandidat. Marc hatte ihn mitten in der Saison entlassen, so etwas steckte ein berüchtigter Choleriker sicherlich nicht einfach weg. Als Trainer eines Nachwuchsläufers war er zur Tatzeit bestimmt auch auf dem Lauberhorn gewesen. Aber gegen ihn als potenziellen Mörder sprach, dass cholerische Täter meistens im Affekt handelten, also ihren Opfern eher im Streit den Schädel einschlugen, als langfristig Rachehandlungen zu planen. Außerdem hatte Marcs Trainer behauptet, dass Göransson mit seiner neuen Aufgabe höchstwahrscheinlich zufrieden sei.

Andrea überlegte kurz. Wahrscheinlich benötigte sie mehr Informationen über Marcs ehemaligen Trainer, um ein endgültiges Urteil zu fällen, und so schrieb sie lediglich ein Fragezeichen aufs Papier. Vielleicht konnte Urs diesen Göransson noch einmal durchleuchten.

Aus Marcs Team selbst konnte sie keine Namen notieren. Sie hatte sich bei Hans Bischoff nach Marcs Verhältnis zu den anderen Schweizer Abfahrtsläufern erkundigt, und er hatte ihr glaubhaft versichert, dass zwischen den Sportlern eine sehr entspannte und freundschaftliche Atmosphäre herrschte. Es gab auch keine Anweisung des Cheftrainers, Marc unbedingt gewinnen zu lassen.

Bischoff selbst, der Skiservice-Mann und der Physiotherapeut arbeiteten – zum Teil mit kurzen Unterbrechungen – seit vielen Jahren mit Marc zusammen. Das Gleiche konnte man auch über Marcs Manager, Beat Rominger, sagen. Doch dieser Typ passte irgendwie nicht zu dem ansonsten eher bodenständigen restlichen Team. Und zu Marc schon zweimal nicht. Wenn Andrea ehrlich war, dann war ihr dieser Rominger nicht ganz geheuer. Ein typisch schlitzohriger Geschäftsmann, nur auf seinen eigenen Vorteil bedacht. Aber das stempelte ihn natürlich nicht gleich zum Mörder ab. Schließlich war *er* es gewesen, der Marc bedrängt hatte, zur Polizei zu gehen, und das wäre schon ziemlich kurzsichtig, wenn er selbst der Täter wäre.

Was hatte Bischoff noch mal über diesen Skifirmen-Deal gesagt, den Rominger für Marc eingefädelt hätte? Ach ja, der sei nach hinten losgegangen. Hm, das konnte alles oder nichts bedeuten. Leider waren sie unterbrochen worden, als Bischoff ihr die Details schildern wollte. Aber da sollte sie definitiv noch einmal nachhaken. Sie machte sich eine entsprechende Notiz.

Fehlte noch jemand auf ihrer Liste? Unglücklicherweise konnte sie nicht ganz ausschließen, dass ein durchgeknallter Fan von Winkler oder einem anderen Konkurrenten hinter den Anschlägen steckte. Auch wenn sie das nicht für besonders logisch hielt. Sicher, es gab solche Fans. Monica Seles war vor Jahr und Tag von einem Fan ihrer Kontrahentin Steffi Graf attackiert worden. Doch dabei hatte es sich um einen geistig verwirrten Mann gehandelt. Aber wie sollte so jemand an Sprengstoff aus den Beständen des Zermatter Pistendiensts kommen? Das war, im Grunde genommen, äußerst unwahrscheinlich und in jedem Fall schwer zu überprüfen.

Abwesend kritzelte Andrea Marcs Namen auf den unteren Teil der Seite. Genau so, wie sie es vor einer gefühlten Ewigkeit in ihren Schulheften immer getan hatte. Damals … als sie noch Herz über Kopf in Marc verliebt gewesen war. Ihre Gefühle für ihn waren so intensiv gewesen, dass sie sich noch heute, nach all den Jahren, perfekt daran erinnern konnte … Sie stutzte plötzlich. Eine mögliche Tätergruppe hatte sie bisher vollkommen außer Acht gelassen: seine Ex-Freundinnen. Seit ihrer Trennung musste Marc mit einer ganzen Reihe von Frauen Beziehungen gehabt haben, und wenn er denen allen so das Herz gebrochen hatte wie ihr selbst, dann gab es vielleicht einige darunter, die einen ernsthaften Groll gegen ihn hegten. Aber wen sollte sie nach diesen Ex-Freundinnen fragen? Marcs Mutter, die immer sehr freundlich zu ihr gewesen war, selbst nach der Trennung? Lieber nicht. Eventuell war sie auch gar nicht im Bilde darüber, was ihr Sohn so alles trieb. Seinen Trainer? Nein, der wusste bestimmt auch nicht über alles Bescheid. Da würde sie schon mit Marc höchstpersönlich sprechen müssen. Himmel! Ihr graute davor.

Insgesamt war das alles sehr unbefriedigend. Sie hatte noch immer keine Anhaltspunkte für einen möglichen Täter. Nicht die geringste Spur. In TV-Krimis wirkte die Ermittlungsarbeit oft so simpel. Meistens gab es von Anfang an einen Hauptverdächtigen, und der Kommissar suchte lediglich nach Indizien, um ihm oder ihr die Tat nachzuweisen. Sie hingegen tappte nach wie vor vollkommen im Dunkeln. Da musste sich etwas ändern. Ob sie sich nach dem Abendessen einfach mal in Kitzbühel umschauen sollte? Falls der Täter einen erneuten Anschlag plante, musste er sich ja hier auch irgendwo rumtreiben. Innerlich schalt sie sich selbst naiv. Es war mehr als unwahrscheinlich, dass sie demjenigen zufällig über den Weg laufen und ihn dann auch noch als den Täter identifizieren würde. Aber eine realistischere Option fiel ihr momentan leider nicht ein.

SIEBEN

Das italienische Restaurant, in dem Marc mit seinem Team essen wollte, lag am Ortsrand von Kitzbühel. Um dorthin zu gelangen, mussten sie sich durch den dichten Verkehr des Promi-Orts quälen, weil sie einmal versehentlich falsch abgebogen waren. Andrea war überrascht, wie hübsch das Dorfzentrum mit seinen bunt angestrichenen Häusern und den alten, massiv erbauten Kirchen trotz des ganzen Touristenrummels war. Bischoff hatte ihr bereits erzählt, dass Kitzbühel eines der größten zusammenhängenden Skigebiete Österreichs besaß, aber so riesig hätte sie sich den Ort vor ihrer Reise nicht vorgestellt, eine richtige kleine Stadt. Ganz besonders im Vergleich zu ihrem heimischen Wengen.

»Wie viele Einwohner hat Kitzbühel eigentlich?«, fragte sie in die Runde. Außer Marc und seinem Trainer saß auch noch Karl, der Physiotherapeut, im Minibus, um zusammen mit ihnen essen zu gehen.

»Keine Ahnung«, antwortete Marc. »So um die neuntausend?«

»Im Winter bestimmt noch mehr!«, mischte sich Karl ein. »Da kommt die ganze Schickeria aus München dazu. Zum Hahnenkamm-Rennen reisen auch die richtigen Stars an. Arnold Schwarzenegger ist fast jedes Jahr da, und sogar George Clooney hat sich hier schon die Ehre gegeben.«

Andrea drehte sich zu Marc um, der hinter ihr saß. »Wirst du etwa nach deinem Rennen in diesem illustren Zirkel Party machen?«

»Wieso? Bist du scharf auf einen Hollywood-Star?«, erkundigte sich Marc mit einem Lächeln.

»Quatsch. Ich überlege mir nur gerade, wie viel Mann Verstärkung wir brauchen, um dich auf so einer Sause zu beschützen.«

»Machst du Witze? Ich setze mich am Samstag direkt nach dem Rennen ins Auto und fahre zum nächsten Austragungsort. Ich habe keine Zeit, um mir mitten in der Saison die Kante zu geben.«

»Gut zu wissen«, sagte Andrea erleichtert.

»Aber *du* solltest vielleicht mal auf eine dieser Partys gehen. Eine der wichtigsten und bekanntesten ist am Freitag die ›Weißwurstparty‹ im Stanglwirt. Die gibt es schon seit fünfundzwanzig Jahren, und Karten dafür sind heiß begehrt. Aber mein Manager hat bestimmt noch eine in petto.«

Ungewollt musste Andrea über diesen absurden Vorschlag schmunzeln. »Wie gut, dass ich das kleine Schwarze eingepackt habe. Übrigens: Woher weißt du denn das alles, wenn du angeblich gar nicht mitfeierst?«

Marc grinste. »Soll ich dir ein Geheimnis verraten? Für diese Party brauchtest du gar kein Abendkleid. Da geht es zünftig zu. In Dirndl und Lederhosen. Und ich weiß das alles, weil Beat seine Geschäftspartner immer dorthin karrt. Die Manager von unseren Sponsorenfirmen wollen ja schließlich auch mal die Sau rauslassen.«

»Soso, wollen sie das …«

Bischoff setzte sie unmittelbar vor dem hell erleuchteten Restaurant ab. Während der Trainer noch nach einem Parkplatz für den Minibus fahndete, betraten Marc, Andrea und Karl das Restaurant. Der korpulente Besitzer des Nobelschuppens, offenbar auch ein Fan von Marc, eilte dienstbeflissen herbei und brachte sie gleich höchstpersönlich zu ihrem Tisch.

Dort hatten sie kaum Platz genommen, als es zum Eklat kam: Ein Mann am anderen Ende des Restaurants sprang, als er ihrer ansichtig wurde, dermaßen ungestüm auf, dass sein Stuhl hintenüberkippte und laut krachend über den Steinboden schlitterte. Mit vor Wut verzerrtem Gesicht rannte er auf ihren Tisch zu.

Das war der Ernstfall!

Andrea, die den Raum wie üblich auf mögliche Gefahrenquellen gescannt hatte, reagierte sofort.

Im Bruchteil einer Sekunde stand sie vor Marc und schirmte ihn mit ihrem Körper ab. Dabei behielt sie den Angreifer fest im Auge, analysierte jede seiner Bewegungen, während sie ihre Dienstpistole in Anschlag brachte und entsicherte.

»Du Arschloch hast mich ruiniert!«, schrie der Mann aufgebracht, aber er verlangsamte seine Schritte, als er die auf ihn gerichtete Waffe sah.

»Nun mal ganz ruhig. Nehmen Sie erst mal Ihre Hände hoch!«, wies Andrea ihn an.

»Ich denk nicht dran! Dieses Arschloch hat mein Leben kaputtgemacht ... ich ... hasse diesen arroganten Widerling!« Die Stimme des Mannes überschlug sich, aber er blieb stehen.

»Hände hoch!«, wiederholte sie ruhig und versuchte einzuschätzen, ob der Angreifer eine versteckte Waffe bei sich trug. Auf den ersten Blick sah es nicht danach aus. Er steckte in einem leicht zerknitterten dunkelblauen Anzug und wirkte eher wie ein stinknormaler Geschäftsmann als ein durchgeknallter Attentäter.

Die Augen des Mannes weiteten sich vor Wut. »Was fällt Ihnen ein! Ich werde die Polizei rufen! Sie können mich nicht einfach so mit einer Waffe bedrohen.«

»Ich kann und ich werde das tun, und zwar so lange, bis Sie die Hände über den Kopf gehoben haben«, erwiderte sie kalt. »Denn ich *bin* die Polizei.«

Andrea fühlte, wie sich die anderen Gäste – das Restaurant war fast vollständig besetzt – bei diesem Satz merklich entspannten. Ein leises Raunen setzte ein.

Plötzlich stand auch ein zweiter Mann auf, der offenbar am selben Tisch wie der Attentäter gesessen hatte, und kam langsam und mit hocherhobenen Händen ein paar Schritte auf sie zu. »Ähm, entschuldigen Sie bitte, aber dürfte ich kurz erklären ...?«

Hinter sich hörte Andrea, wie Marc ein überraschtes »Jürgen?« ausstieß.

»Kennst du diese Typen etwa?«, fragte sie leise, ohne den Blick abzuwenden.

»Nun … ja.«

»Und?«

»Der Hintere ist Jürgen Koffert, der Bruder meines Mannschaftskollegen Franz. Mit ihm haben wir bestimmt kein Problem. Und den Kerl, der sich weigert, die Hände hochzunehmen, habe ich auch schon mal getroffen. Er heißt Ralf Greven und ist der Besitzer von Alpha Design, der Skifirma, mit der Beat einen Deal machen wollte.«

»Ich *war* der Besitzer! Jetzt bin ich pleite, und das alles habe ich nur dir zu verdanken!«, kreischte Greven. Doch er bewegte sich nicht von der Stelle.

Jürgen Koffert hob die Hand. »Dürfte ich näher kommen? Dann kann ich vielleicht etwas Licht in diese Angelegenheit bringen.«

Mit ihrer freien Hand winkte Andrea ihn zu sich heran.

Von der rechten Seite näherte sich der Restaurantbesitzer, der ziemlich blass um die Nase war. »Soll ich die Polizei rufen?«, erkundigte er sich verstört.

»Das wird nicht nötig sein. Ich bin von der Kantonspolizei Zürich, und die hiesigen Beamten wissen, dass ich zum Schutz von Herrn Gassmann abgestellt bin. Aber falls Sie ein Hinterzimmer haben, in dem wir diese Unterhaltung fortsetzen könnten, wäre das wohl besser für die anderen Gäste.«

»Sicher! *Prego, signora*, bitte folgen Sie mir«, sagte der Restaurantbesitzer, dem man seine Erleichterung, dass dieses spektakuläre Drama nicht mehr in Sicht- und Hörweite seiner schockierten Kunden stattfinden würde, förmlich ansehen konnte.

»Marc, geh du schon mal mit den anderen voraus. Ich folge mit Herrn Greven.« Andrea machte Platz, um Marc und Karl durchzulassen.

Wenig später hatten sie alle an einem länglichen Holztisch Platz genommen, der sich in den plüschig rot eingerichteten Privaträumen des Restaurantbesitzers befand. Inzwischen war auch Hans Bischoff wieder zu ihnen gestoßen. Er wirkte wie vor den Kopf gestoßen, offenbar hatte ihn der Wirt bereits darüber aufgeklärt, was soeben alles passiert war. Schützend setzte er sich neben Marc, Karl und Jürgen Koffert, die in Anbetracht der Geschehnisse eigentlich ganz gelassen agierten.

Andrea thronte mit Greven am anderen Ende des Tischs und achtete mit Argusaugen darauf, dass der Sicherheitsabstand zwischen ihnen und Marc jederzeit eingehalten wurde. Ihre Waffe hatte sie jedoch wieder weggesteckt, denn Greven machte nun einen eher ruhigen, niedergeschlagenen Eindruck.

»Also, was soll das alles hier bedeuten?«

Greven ließ den Kopf hängen und schwieg.

Dafür meldete sich Jürgen Koffert zu Wort. »Ich glaube nicht, dass Ralf Marc etwas antun wollte. Er ist nur wahnsinnig frustriert, weil er heute Nachmittag von Marcs Manager erfahren hat, dass Marc nun doch nicht wie vereinbart einen Teil der Produktionskosten übernimmt. Damit muss Ralfs Firma Insolvenz anmelden, und das macht ihn natürlich fertig.«

»Was für Produktionskosten?«, fragte Marc entgeistert.

»Siehst du!«, sagte Jürgen Koffert zu Greven. »Ich habe dir doch gleich gesagt, dass diese Schweinerei allein Rominger zu verantworten hat. Marc hat keine Ahnung von den Details eures Deals.«

»Kann mich mal bitte jemand aufklären, worum es hier geht? Ich verstehe nur noch Bahnhof«, meldete sich Andrea zu Wort.

»Also die ganze Geschichte kenne ich anscheinend auch nicht«, antwortete Marc langsam und musterte Greven nachdenklich. »Aber es geht wahrscheinlich um diesen angeblich so phantastischen Deal, den Beat für mich eingefädelt hatte. Eigentlich fahre ich schon seit Jahr und Tag mit den Ski einer anderen Firma, aber gegen Ende der letzten Saison hat mir Beat plötzlich von diesen neu entwickelten Super-Ski von Alpha Design aus Zermatt erzählt. Ich habe sie Probe gefahren und war begeistert. Beat hat daraufhin einen ganz besonderen Deal ausgehandelt: Alpha Design sollte eine spezielle Serie unter meinem Namen produzieren, für die ich auch werbetechnisch Pate stehen würde. Und zwar gegen eine sehr lukrative Beteiligung am Umsatz.«

»Und was ist dann passiert? Warum ist der Deal gescheitert?« Marc zog eine Grimasse. »Die Ski, die ich von Alpha Design am Anfang der Saison geliefert bekommen habe, hatten mit dem tollen Prototyp, den ich getestet hatte, so viel zu tun wie ein Hamburger mit einem Fünf-Sterne-Gourmet-Menü. Nämlich gar nichts.«

»Woran lag das?«, erkundigte sich Andrea und rutschte auf die äußere Kante ihres Stuhls.

Marc zuckte mit den Schultern. »Keinen blassen Schimmer. Aber mein damaliger Trainer und ich haben Beat klipp und klar mitgeteilt, dass wir mit diesem Ski auf gar keinen Fall arbeiten können. Und ich hatte Glück, dass sich meine alte Skifirma kurzfristig bereit erklärt hat, mich auch weiterhin zu sponsern.«

Ralf Greven blickte auf. Sein Gesicht war aschfahl. »Ich habe den Ski selbst entwickelt, aber die Firma, die ihn für mich produziert hat, die hat sich nicht an die vereinbarten Spezifikationen gehalten ... und deshalb hat der Ski nichts getaugt.«

»Warum haben Sie die Firma nicht verklagt?«, fragte Bischoff.

Greven vergrub das Gesicht in seinen Händen. Er sprach so leise, dass Andrea sich nach vorn beugen musste, um ihn zu verstehen. »Weil ich dumm genug war, einen sogenannten ›Take or pay‹-Vertrag zu unterzeichnen, um besonders günstige Konditionen einzustreichen. Ich hatte mich verpflichtet, die ganze Produktion ohne Wenn und Aber aufzukaufen. Natürlich nachdem man mir die gleiche Qualität wie bei den Prototypen zugesichert hatte.«

»Aber das hat absolut nichts mit mir zu tun«, fasste Marc korrekterweise zusammen. »Wie kommen Sie dann darauf, dass ausgerechnet *ich* Ihre Fima in den Ruin getrieben hätte?« Greven wechselte einen Blick mit Jürgen Koffert.

»Sag es ihm ruhig«, riet ihm der Bruder des Nachwuchsstars.

»Also gut … Ich hatte mit Herrn Rominger eine mündliche Vereinbarung, dass, wenn ich eine kleinere, aber qualitativ perfekte Auflage der Ski herstellen lassen würde, Sie sich doch noch für meine Ski entscheiden und als Werbepartner zur Verfügung stellen würden. Außerdem wollte er mir nach der Qualitätskontrolle die Hälfte der Produktionskosten in der Form eines Darlehens vorstrecken …«

»Und?«

»Aber heute hat er mir mitgeteilt, dass er sich nicht an diese Vereinbarung erinnern könne – und Sie kein Interesse mehr an meinen Skiern hätten. Sie würden bereits mit einer anderen Firma an einem vergleichbaren Projekt arbeiten.« Greven holte tief Luft. »Dabei habe ich für diese letzte Produktionscharge sogar mein Haus verpfändet. Und zuallerletzt hat mir Jürgen dann erzählt, dass sein Bruder gerade ganz ähnliche Ski testet. Da habe ich natürlich einen Zusammenhang gesehen. Eine Art Plagiatsfall.«

Für einige Minuten herrschte absolute Stille in dem kleinen Raum. Man hätte eine Stecknadel zu Boden fallen hören können. Dann räusperte sich Marc. »Davon weiß ich nichts. Aber es tut mir trotzdem sehr leid. Der Prototyp war nämlich wirklich gut. Ich werde auf jeden Fall mit Beat über die ganze Geschichte sprechen. Bisher hatte ich immer geglaubt, dass ich seriös vertreten werde.«

Sein letzter Satz hing bedeutungsschwanger in der Luft. Jeder wusste, dass diese Episode ein unschönes Nachspiel haben würde.

»Na bravo. Das ist ja eine ganz wunderbare psychologische Vorbereitung auf das Hahnenkamm-Rennen«, schimpfte Bischoff leise vor sich hin. Karl schien aus seiner Schockstarre zu erwachen und nickte nachdrücklich.

»Ach, i wo. Das ist doch kein Problem.« Marc stand auf und schüttelte Grevens Hand, bevor Andrea eingreifen konnte. »Ich hoffe, dass wir das irgendwie wieder zurechtbiegen können.«

Zum ersten Mal zeichnete sich der Hauch eines Lächelns auf Grevens Gesicht ab. »Das wäre schön.«

Dann stand auch er auf. »Ich glaube, ich mach mich jetzt mal auf den Weg ... Also falls Ihr weiblicher Rambo nichts dagegen hat.«

Marc lächelte. »Und, *weiblicher Rambo*, hast du was dagegen?«

»Nicht, wenn Sie mir noch Ihre Telefonnummer und Ihre Adresse in Kitzbühel geben«, sagte Andrea mit nach wie vor ernstem Gesichtsausdruck und dann, an Jürgen Koffert gewandt: »Woher kennen Sie sich eigentlich?«

»Wir haben vor ein paar Jahren unseren Militärdienst zusammen gemacht.« Jürgen Koffert lächelte. »Und schon damals hat er von nichts anderem als von diesen Skiern erzählt, die er entwickeln wollte. Heute sind wir uns allerdings rein zufällig vor der Hahnenkammbahn begegnet.«

»Kommst du mit uns essen, Jürgen? Ich sterbe inzwischen fast vor Hunger«, meinte Marc, während Andrea mit ihrem Natel ein Foto von Grevens Führerschein machte.

★★★

Tagelang suche ich nun schon diesen vermaledeiten Pass. Die Zeit drängt ... Ivana flippte aus, als sie mich erwischte. »Warum tust du das? Was bringt es dir, dorthin zu fahren?« Sie sieht müde und abgekämpft aus. Die leuchtende Aura, die sie immer umgeben hat und in die ich mich vor all den Jahren verliebt habe, ist erloschen. Ihr Herz ist außer Betrieb. Tot. Genau wie Igor. Und das ist alles seine Schuld. Deshalb will ich den Teufel wiedersehen. Genau deshalb. Um den Tod auch in seinen Augen zu sehen.

Aber Ivana spricht davon, dass ich wieder zu Dr. Hengstenberg gehen müsse. Dass es eine Besessenheit meinerseits sei. Und dann wiederholt sie, dass bestimmt alles besser würde, wenn wir nach Russland zurückkehrten. Aber das will ich nicht. Auf keinen Fall. Igor und mich werden keine tausend Kilometer trennen. Niemals.

***

Nachdem sie Greven vor die Restauranttür begleitet hatte, blieb Andrea noch ein paar Minuten in der kalten Luft stehen und sah seiner entschwindenden Gestalt nach. War es richtig gewesen, ihn einfach laufen zu lassen? Es war ihr nicht entgangen, dass Grevens Firma ausgerechnet in Zermatt angesiedelt war. Hatte das etwas zu bedeuten? Konnte hier eine Verbindung zu dem dort entwendeten Sprengstoff gezogen werden? Am besten würde sie Urs ein paar Recherchen über ihn anstellen lassen.

Sie verschränkte, fröstelnd vor Kälte, die Arme unter der Brust, ging wieder in die Wärme der Gaststube und setzte sich zu den anderen. An Marcs Tisch schien bereits eine erstaunlich gute Stimmung zu herrschen, was offenbar an Jürgen Koffert lag. Jedenfalls wischte sich Marc gerade die Lachtränen aus den Augen, klopfte sich auf die Schenkel und sagte:»Was dir immer alles Verrücktes passiert, Jürgen! Der Wahnsinn.«

Während sie ihre Vor- und Hauptspeise bestellte, musterte Andrea Jürgen Koffert unauffällig. Sie musste zugeben, dass er sehr attraktiv war mit seinen dunklen Locken, der beeindruckenden Größe von schätzungsweise einem Meter neunzig und diesem männlich-herben Gesicht. Ein richtiger Beau. Wahrscheinlich so Mitte bis Ende dreißig. Im Vergleich dazu wirkte sein Bruder Franz langweilig und angepasst, geradezu bieder. Sie würde ein Monatsgehalt darauf verwetten, dass der ältere Koffert-Bruder es faustdick hinter den Ohren hatte. Sicherlich war er ein richtiger Frauenmagnet.

Als ihr Tomatensalat mit Mozzarella serviert wurde und auch die anderen mit ihrem Essen beschäftigt waren, lehnte sie sich nach vorn und sprach ihn an. »Und was machen Sie beruflich, Herr Koffert? Haben Sie auch etwas mit dem Skisport zu tun?«

Koffert wollte gerade antworten, als Marc ihm zuvorkam. »Momentan versucht er sich auf dem heimischen Hof als Bauer, und es ist sehr schade, dass du noch draußen warst, als er uns geschildert hat, wie ihm letzten Monat der Zuchtbulle ausgebüxt ist.«

Koffert lächelte charmant. »Ja, das blöde Viech hat eine Schneise der Verwüstung durchs Dorf gezogen, bis ich es wieder eingefangen habe. Leider bringe ich meinen Vater regelmäßig zur Verzweiflung. Mir ist anscheinend recht wenig agrarisches Talent in die Wiege gelegt worden. Dabei wollte mein alter Herr sich eigentlich dieses Jahr zur Ruhe setzen und mir den Hof überlassen. Doch momentan bin ich wegen diverser Vergehen für eine Woche nach Kitzbühel strafversetzt, um meinen Bruder bei der Rennvorbereitung zu unterstützen. Aber ehrlich gesagt ...«, sein Lächeln wurde noch strahlender, »... hätte ich es schlechter treffen können. Kitzbühel ist doch ein ziemlich cooles Pflaster.«

»Wieso strafversetzt? Was hast du denn noch alles verbockt?« Marc lehnte sich in Erwartung einer weiteren lustigen Geschichte nach vorn.

Kofferts Gesicht verfinsterte sich. »Diesmal war es echt nicht meine Schuld. Mein Vater hatte den Mähdrescher mit eingeschaltetem Rückwärtsgang geparkt. Als ich losfahren wollte, hat das Riesending urplötzlich einen Satz nach hinten gemacht … und um ein Haar wäre aus Franz eine Briefmarke geworden. Dass ich danach auch noch das falsche Feld niedergemäht habe, hat nun auch nicht wirklich geholfen.«

Marc, Bischoff und Karl konnten sich ein Grinsen nicht verkneifen. Und selbst Andrea musste schmunzeln. Daniels Eltern bewirtschafteten ebenfalls einen Bauernhof, und sie konnte sich lebhaft vorstellen, welches Rambazamba in so einem Fall da los gewesen wäre.

»Ein wenig Schwund ist halt immer«, kommentierte Karl gut gelaunt.

»Stimmt«, lächelte Jürgen Koffert. »Dich, Marc, hätte es ja neulich auch fast erwischt! Mann! Das sah ganz schön knapp aus mit dieser verdammten Drohne.«

Bischoff hielt im Verzehr seiner Antipasti inne. »Das war's leider auch.«

»Wirst du deshalb jetzt so zauberhaft begleitet?«, erkundigte sich Jürgen mit einer angedeuteten Verbeugung in ihre Richtung. »Beat wollte uns leider nichts dazu sagen.«

»Es ist eine reine Vorsichtsmaßnahme«, antwortete Marc. »Und wenn Andrea nicht ganz so *zauberhaft* wäre, würde ich mich dagegen auch mit aller Gewalt wehren.«

»Sicher ist sicher«, brummte Bischoff.

Plötzlich wurde die Stimmung am Tisch wieder ernst.

»Na ja, aber Unfälle gibt es leider immer«, kommentierte Karl, der offenbar nicht in alle Details von Marcs »Unfall« eingeweiht war. »Denk doch nur daran, was dem Vater von Peter Winkler letzten Sommer passiert ist.«

»Fürchterlich«, sagten Marc und Jürgen fast zeitgleich, während Bischoff nickte.

»Wieso?«, fragte Andrea und schob sich den letzten Bissen Mozzarella in den Mund.

»Er hat ein Kind totgefahren«, murmelte Marc tonlos. »Auch wenn ihn keine Schuld trifft: Das ist echt das Schlimmste, was einem passieren kann.«

Jürgen nickte. »Ja, er hat noch versucht, zu bremsen, aber es war wohl zu spät. Das Kind ist ihm einfach vors Auto gelaufen.«

»Wie grauenhaft.« Andrea schüttelte sich.

»Absolut. Winkler junior scheint das Ganze aber ziemlich gut wegzustecken«, meinte Karl. »Jedenfalls hat ihn diese Tragödie nicht langsamer gemacht. Im Gegenteil.«

»Man darf ihm das nicht verübeln«, mischte sich Bischoff ein. »Manchmal ist es eben das Beste, alles Negative zu verdrängen.«

»Stimmt. Das sehe ich genauso.« Marc schob seinen leeren Teller von sich weg. Es war offensichtlich, dass ihm noch irgendetwas auf der Zunge lag. Aber er sprach es nicht aus.

Trotz dieser Geschichte wurde das Essen noch ziemlich lustig. Die Stimmung war ausgelassen. Als Bischoff gegen einundzwanzig Uhr meinte, dass Marc nun ins Bett müsse, war Andrea enttäuscht über das frühe und abrupte Ende. Es war lange her, dass sie so einen fröhlichen Abend erlebt hatte. Daniel und sie gingen nur sehr selten aus. Und wenn, dann meistens zu zweit. Himmel! Um ein Haar hätte sie schon wieder vergessen, ihn anzurufen!

✶✶✶

Heute früh bin ich einfach losgefahren. Um fünf Uhr morgens. Weil da noch kein Verkehr herrscht. Viele Autos auf der Straße machen mich nervös, noch nervöser als sonst. Ich bin ohne Pass unterwegs, da Ivana mir verraten hat, dass sie ihn in ihrem Spind auf der Arbeit versteckt hat. Da komme ich natürlich nicht dran. Aber die Grenzen werden sowieso nicht mehr richtig kontrolliert.

Ivana hat mir schweigend und resigniert beim Ankleiden zugesehen. Aber wenigstens hat sie mich nicht von meiner Mission abgehalten. Ich

*liege sowieso die meisten Nächte wach in meinem Bett, da ist es egal,
um wie viel Uhr ich aufstehe. Ivana sagt, dass sie sich Sorgen macht,
dass ich vor lauter Müdigkeit am Steuer wegnicken könnte. Aber das
wird nicht passieren ... und wenn schon ...*

***

Am nächsten Morgen war lediglich ein freies Training an-
gesagt, das Marc mit Gusto absolvierte. Er fühlte sich gut.
Trotz der verdammten Schlagzeile. Hans hatte zwar versucht,
die Boulevardzeitung mit seinem Foto auf der Titelseite zu
unterschlagen, aber als er nach dem Frühstück an der Hotel-
rezeption vorbeiging, hatte er ein Exemplar liegen sehen und
es sich gegriffen.
»Kitzbühel brutal: Überfall auf Marc Gassmann«. Joko
Weingärtner hatte ganze Arbeit geleistet. In dem Artikel
berichtete er, dass sich gestern Abend bei einem »In-Ita-
liener« ein Mann auf ihn gestürzt habe. Außerdem ließ er
durchblicken, dass der Drohnenabsturz ein gezielter Mordanschlag auf Marc gewesen sei, weil man in den Überresten
Sprengstoffspuren gefunden habe. Und dass er deshalb unter
Polizeischutz stehe.
Andrea war darüber gepflegt ausgetickt. Na ja, »Amok
gelaufen« traf es eigentlich besser. Sie hatte ihren Chef angerufen und mit ihm darüber konferiert, wie mit Weingärtner
umgegangen werden müsse und was das für Marcs Sicherheit
bedeute. Was sie allerdings beide unterschätzt hatten, war der
Rummel, den das Zeitungsinterview ausgelöst hatte. Ihm war
deshalb von der österreichischen Polizei auf einer entlegenen
Piste des Kitzbühler Skigebiets eine private Trainingsstrecke
abgeriegelt worden, zu der er mit einem Schneemobil be-
fördert wurde. Beim morgigen zweiten offiziellen Training

würde es bestimmt auch recht spaßig werden. Jedenfalls stand die Journaille bei seiner Rückkehr vor dem Hotel Spalier.

Als Marc nach der Dusche in den Seminarraum ging, warteten Hans und Andrea bereits mit Leichenbittermienen auf ihn.

»Und wer ist jetzt gestorben?«, fragte er, um ein bisschen Spannung abzubauen.

»Beat hat angerufen und gemeint, dass wir wahrscheinlich nicht um eine Pressekonferenz herumkommen. Sonst könnte dich die Rennleitung wegen des zu erwartenden Trubels am Samstag aus Sicherheitsgründen ausschließen«, erklärte Hans.

Marc fuhr mit einer Hand über die Bartstoppeln an seinem Kinn. »Auch wenn ich das für eine ziemliche Übertreibung halte, trifft sich das gut. Ich werde Beat gleich mal zurückrufen, schließlich habe ich diesen aufsehenerregenden Zwischenfall im Restaurant nur seinen üblen Geschäftspraktiken zu verdanken. Keine Ahnung, was der alles hinter meinem Rücken treibt. Ob das stimmt, dass sein neuer Protegé Franz Koffert ähnliche Ski ausprobiert hat? Und hältst du es für möglich, dass Beat den Prototypen von Greven tatsächlich von einer anderen Skifirma herstellen lässt?«

Hans Bischoff zuckte mit den Schultern. »Marc, ich weiß es nicht. Aber darüber wollte ich gerade mit dir reden ...«

Hans holte tief Luft, um seine Ausführungen zu beginnen, doch Andrea kam ihm zuvor.

»Herr Bischoff und ich haben uns darauf geeinigt, dir zu raten, zunächst so wenig wie möglich über diese Sache mit Herrn Rominger zu reden. Klar, du kannst ihm sagen, dass Greven nicht glücklich darüber war, dass der Deal geplatzt ist. Aber erwähne bitte keine Details wie die angebliche mündliche Abmachung oder den Plagiatsverdacht. Es kann sein, dass Greven alles nur erfunden hat und du dich völlig unnötig mit deinem Manager überwirfst. Ich habe meinen Kollegen gebeten, diese Firma Alpha Design und Greven zu durchleuchten.

Lass uns bitte erst einmal abwarten, ob seine Story überhaupt der Wahrheit entspricht.«

Hans nickte, wie um ihren Worten Nachdruck zu verleihen.

»Aber wie soll man eine mündliche Absprache nachweisen?«, meinte Marc nachdenklich.

»Gar nicht. Aber man kann überprüfen, ob das ganze Drumherum stimmt.«

»Hm«, meinte er unschlüssig, doch dann sah er den besorgten Blick auf Andreas Gesicht. »Also gut. Aber dann rufst du ihn besser an und arrangierst mit ihm die Pressekonferenz. Ich bin mir nicht sicher, ob ich mich sonst zurückhalten kann.«

»Danke!« Andrea fiel offenbar ein Stein vom Herzen.

Den restlichen Nachmittag verbrachte sie am Telefon, um mit Beat Rominger und ihrem Boss ein geeignetes Statement für die Presse zu entwerfen und die Konferenz in einem Hotel in Kitzbühel zu organisieren.

Marc hockte neben ihr am Tisch und sah sich auf dem Computer einen Spionagethriller an. Im Grunde genommen war es ziemlich gemütlich. Von Zeit zu Zeit hielt er den Film an und nahm seinen Kopfhörer ab. Er liebte den Klang von Andreas Stimme. Irgendwie löste sie bei ihm eine Flut von Erinnerungen aus, die ihm alle lieb und teuer waren. Erinnerungen an erste verstohlene Küsse auf dem Heimweg von der Schule. Den würzigen Duft im Heuschober von Andreas Großmutter, in dem sie sich manchmal getroffen hatten. Die Stelldicheins unter dem weiß blühenden Apfelbaum, bei denen ihre sonnenwarme Haut fest auf seine eigene gepresst war. Verdammt. Er musste sich regelrecht zusammenreißen, um weiterhin der Filmhandlung zu folgen und nicht nur seinen nicht ganz jugendfreien Gedanken nachzuhängen.

Die Pressekonferenz war für achtzehn Uhr angesetzt worden, und außer Andrea, Beat und ihm war auch das restliche Schweizer Team zur Unterstützung gekommen. Sie hatten sich darauf geeinigt, dass Beat das Statement vorlas und er selbst dann einige Fragen beantworten würde. Doch schon im Vorfeld war klar, dass es nicht bei »einigen« Fragen bleiben würde, denn der Saal war bis auf den letzten Platz besetzt. Selbst die internationale Presse war erschienen und pochte auf eine englische Übersetzung des Textes.

»Du wiederholst einfach, was wir besprochen haben. Okay?« Andrea strich sich nervös die Haare aus dem Gesicht.

»Hey, mach dir keine Sorgen. Wird schon alles schiefgehen«, versuchte er, sie aufzumuntern. Sie hatte ihm auf der Autofahrt verraten, wie viel für sie beruflich von diesem Auftrag abhing, und er wollte sie nach Kräften unterstützen.

Natürlich waren die Journalisten alles andere als begeistert von Beats Vortrag. Er gab auch nichts wirklich Neues preis, sondern sprach lediglich von der Drohne als fehlgeleitetem Kinderspielzeug und erwähnte die gefundenen Sprengstoffspuren mit keiner Silbe. Der zeitlich limitierte Personenschutz sei eine reine Vorsichtsmaßnahme. Außerdem erläuterte er, dass der Vorfall im Restaurant auf einem Missverständnis beruhe und in keinerlei Verbindung zu dem Drohnenabsturz stehe. Abschließend gab er seiner Hoffnung Ausdruck, dass die Presse – mit der sie hierbei nach bestem Wissen und Gewissen kollaboriert hätten – den bekannten Skistar Marc Gassmann in Ruhe seine Vorbereitungen für dieses wichtige Rennen abschließen lassen würde.

Doch kaum hatte er geendet, hagelte es Fragen.

»Was ist mit dem Sprengstoff, der von der Boulevardpresse erwähnt wurde?«

»Fürchten Sie um Ihr Leben, Herr Gassmann?«

»Wer war der Mann im Restaurant?«

»Hat es noch andere Anschläge auf Sie gegeben?«

Marc, der ansonsten immer sehr offen mit der Presse umging, fühlte sich durch die wild durcheinanderschreienden Journalisten überrumpelt. Kurzerhand entschied er, dass er keine dieser Fragen beantworten würde. Denn jede Antwort würde einen Rattenschwanz von neuen Fragen nach sich ziehen.

»Ich bitte um Verständnis, dass wir keine Fragen zu diesem laufenden Verfahren beantworten können«, sagte er knapp. Ja, das hörte sich gut an. Ähnlich formulierte Sätze hatte er schon in vielen Spielfilmen gehört.

Die Pressevertreter waren aber trotzdem alles andere als glücklich und forderten mit Nachdruck weitere Informationen. Daraufhin sprach Beat ein Machtwort.

»Meine Damen und Herren, alles Wichtige haben Sie bereits erfahren. Ich würde Sie nun bitten, Herrn Gassmanns Privatsphäre zu respektieren. Wenn uns neue Informationen vorliegen, werden wir diese selbstverständlich an Sie weitergeben.«

Grummelnd verließen die ersten Journalisten den Raum der Pressekonferenz, als plötzlich eine sehr laute Stimme sagte: »Ist es eigentlich wahr, dass die Polizistin, die Marc Gassmann beschützen soll, seine Ex-Freundin ist?«

Marc hätte schwören können, dass diese Stimme zu Joko Weingärtner gehörte, aber durch die Menschenmenge konnte er ihn nicht erkennen.

»Wo haben Sie denn diesen Quatsch her?«, knurrte Beat.

Marc beobachtete, wie jegliche Farbe aus Andreas Gesicht wich. Damit hatte sie nicht gerechnet, und es war offensichtlich, dass ihr der Umstand, der dieser Frage zugrunde lag, schwer zu schaffen machte. Sie wollte nicht, dass etwas über ihre gemeinsame Vergangenheit ans Tageslicht kam. Umgehend beschloss Marc, ihr zu Hilfe zu eilen.

»Meine Personenschützerin ist in demselben Dorf wie ich aufgewachsen. Wir kennen uns. Aber das hat mit der ganzen Sache hier nichts zu tun«, entgegnete er im Brustton der Überzeugung.

»Dann waren Sie also früher nicht fest zusammen? So im

Sinne von Boy- und Girlfriend?«, tönte die Stimme erneut, und diesmal konnte Marc einen Blick auf den Frager erhaschen. Es war tatsächlich Weingärtner.

»Kein Kommentar«, antwortete Marc kalt. Woher bezog der Typ nur seine Informationen? Das wusste doch in Zürich niemand außer Daniel, Andrea und ihm. Und er hätte seine Hand dafür ins Feuer gelegt, dass niemand aus der Wengener Dorfgemeinschaft ihm das gesteckt hatte.

Beat verabschiedete sich wegen anderer Termine und ging nicht weiter auf die aufgedeckten Beziehungsbande ein. Vielleicht hielt er die Sache auch nur für ein dummes Gerücht. Doch Andrea starrte den ganzen Rückweg über schweigend aus dem Fenster. Er hätte sie liebend gern getröstet, aber ihm fielen nicht die richtigen Worte ein. »Mach dir nichts draus!« passte genauso wenig wie »Das wird schon wieder«. Ihnen allen war klar, was das bedeutete: Schlagzeilen, und zwar jede Menge.

Als sie am Hotel ankamen, aßen sie noch eine Kleinigkeit. Dann ging jeder auf sein Zimmer.

Doch er konnte nicht schlafen, denn durch die Zimmerwand hindurch wurde er Zeuge, wie Andrea erst mit ihrem Boss und dann mit Daniel telefonierte. Zwar konnte er keine einzelnen Wörter verstehen, aber der Ton ihrer Stimme ließ keinerlei Zweifel daran aufkommen, dass diese Telefonate turbulent verliefen. Nachdem sie aufgelegt hatte, wurde es still nebenan. Er zögerte. Sollte er noch bei ihr vorbeischauen und sich erkundigen, wie es ihr ging? Oder machte das die Sache nur noch schlimmer?

Schließlich hielt er es nicht mehr aus. Er zog sich an, ging auf den Flur und klopfte an Andreas Zimmertür.

»Ja?«, sagte sie durch die verschlossene Tür. Es klang müde.

»Ich bin's.«

Im nächsten Moment öffnete sie ihm. Andrea war immer noch vollständig bekleidet, und er sah auf den ersten Blick, dass sie geweint hatte.

»Darf ich reinkommen?«

Statt einer Antwort machte sie einen Schritt zur Seite. Marc trat ein und lehnte sich gegen den Wandschrank, da die einzige Sitzgelegenheit in der kleinen Kammer das Bett gewesen wäre. »So schlimm?«, fragte er mitfühlend.

Sie nickte.

»Daniel?«

»Ja, der auch, aber noch schlimmer ist mein Chef. Er ist fuchsteufelswild, dass ich ihm diese wichtige Information vorenthalten habe, und er will mich von dem Fall abziehen, sobald wir zurück in Zürich sind. Außerdem hat er gesagt, dass genau das der Grund sei, warum sie bei der Kripo keine Frauen in ihren Teams haben wollten: weil diese unfähig seien, Privates von Geschäftlichem zu trennen. Das heißt, jetzt habe ich meine Kolleginnen gleich mit in die Pfanne gehauen.«

»So ein Quatsch. Als ob Männer keine Fehler machen würden. Ich will jedenfalls von niemand anderem geschützt werden als von dir. Das werde ich deinem Boss auch genau so sagen.«

»Danke. Aber ich glaube, das wäre keine gute Idee.«

»Wieso?«

»Weil er dann erst recht denkt, dass wir ein Verhältnis haben.«

»Haben wir aber doch gar nicht.«

»In den Gedanken von Ebert aber schon.«

Marc starrte auf seine Fußspitzen. »Ähm … darf ich dich mal etwas fragen?«

»Klar.«

Er blickte auf. »*Warum* hast du ihm eigentlich nicht gesagt, dass wir uns kennen?«

Sie zuckte mit den Schultern, dann färbten sich ihre Wangen rot. »Das weiß ich auch nicht«, flüsterte sie leise.

Er ließ es dabei bewenden und drang nicht weiter in sie. Vielleicht war der Auftrag einfach zu wichtig für ihre Karriere gewesen, um das anzusprechen.

»Und wie hat Daniel reagiert?«

»Na, wie schon. Ist doch klar, dass er Schlagzeilen, die seiner Frau und einem anderen Mann gelten, nicht so toll findet.«

»Aber er glaubt dir?«

»Keine Ahnung. Hängt wahrscheinlich davon ab, wie schlimm es morgen wird.«

Marc schluckte. Mit Andreas Ehe schien es auch nicht zum Besten zu stehen. »Ich drück dir die Daumen.«

Traurig sah sie ihn an. »Danke. Das ist lieb.«

»Wirst du jetzt schlafen können?«

»Wahrscheinlich nicht. Aber bei mir ist das nicht so wild. Du dagegen solltest schon seit zwei Stunden im Bett sein.«

»Ich geh ja schon. Mach dir nicht zu viele Gedanken.« Er hätte sie gern in den Arm genommen, aber als ob Andrea es geahnt hätte, tat sie genau in diesem Moment einen Schritt zurück. »Schlaf gut.«

»Gute Nacht!«

ACHT

Als Andrea am Morgen die Schlagzeilen der Boulevardpresse entdeckte, bekam sie einen Schock. So schlimm hatte sie es sich wirklich nicht vorgestellt, denn diese rangierten von »Marc Gassmann: Liebescomeback mit Bodyguard« bis zu »Sex mit der Ex – Gassmann flittert in Kitzbühel«. Dass sich die Journalisten diese Unwahrheiten lediglich aus den Fingern gesaugt hatten und ihr damit massiv schadeten, schien niemanden von der Presse zu stören.

»Du solltest diese Deppen alle verklagen«, meinte Bischoff auf der Fahrt zum zweiten offiziellen Training.

»Das nützt nichts. Die schreiben doch trotzdem, was sie wollen«, sagte Marc bitter. »Außerdem waren sie wahrscheinlich alle sauer, weil wir ihnen auf der Pressekonferenz keinen Knaller serviert haben.«

Andrea fühlte sich innerlich wie tot. Was musste Daniel jetzt nur von ihr denken? Sie konnte sich nicht vorstellen, dass er das hier einfach abhaken und zur Tagesordnung übergehen würde. Für ihn war das mit Sicherheit der Super-GAU.

Seit heute früh um sieben hatte sie halbstündlich versucht, ihn zu erreichen. Doch er ging nicht dran. Weder an ihren Festnetzanschluss noch an sein Natel.

Hinter diesem Drama verblasste fast die Schmach, von Marcs Fall abgezogen zu werden. Obwohl ihr das Telefonat mit Ebert und ihr damit wahrscheinlich endgültig besiegeltes Karriereschicksal ebenfalls zu jeder Zeit schmerzlich bewusst waren.

»Wie willst du es heute handhaben?«, fragte Marc und holte sie damit aus ihren deprimierenden Gedanken. »Willst du am Start oder am Zieleinlauf auf mich warten?«

Sie überlegte kurz. »Am besten so wie beim letzten Mal: Ich

bring dich rauf zur Starthütte und fahre dann wieder runter zum Ziel.«

»Okay.«

Diesmal war sie den ganzen Trubel schon gewohnt. Nur die vielen Kameras und Handys, die sich ihr entgegenstreckten, um sie sensationslüstern neben Marc abzubilden, waren neu. Aber sie wusste, dass sie keine Alternative hatte, als den Spießrutenlauf durchzustehen. Alles andere wäre hochgradig unprofessionell. Selbst wenn der Gedanke, sich einfach ins Bett zu legen, die Decke über den Kopf zu ziehen und nie wieder aufzustehen, sehr verlockend war.

»Toi, toi, toi«, wünschte sie Marc, als sie ihn am Starthäuschen in der Obhut von Bischoff zurückließ. Hoffentlich lief wenigstens für ihn alles gut.

»Kopf hoch, Andrea.« Marc trug bereits wieder den konzentrierten, in sich gekehrten Gesichtsausdruck, den er vor jeder Abfahrt aufsetzte.

Sie nickte kurz und machte sich auf den Weg.

In dem Areal für die Angehörigen der Teams sah sie diesmal auch Jürgen Koffert, der sie aus einiger Entfernung freundlich grüßte, aber glücklicherweise nicht zu ihr rüberkam. Entweder war er der einzige Mensch in Kitzbühel, der die Schlagzeilen nicht gelesen hatte, oder er war ein ganz besonders feinfühliges Individuum. Jedenfalls machte ihn dieses Verhalten in Andreas Augen noch sympathischer.

Da sie sich der Blicke, die auf ihr ruhten, sehr bewusst war, schaute sie starr geradeaus auf den Monitor. Trotzdem nahm sie erst von dem Augenblick an wirklich etwas wahr, in dem Peter Winkler am Start stand und seine Fans – wie gehabt – einen Heidenlärm veranstalteten. Diesmal läuteten sie sogar die ganzen zwei Minuten, die sein Lauf dauerte, wie entfesselt mit riesigen Kuhglocken.

Falls der Sprecher mit seiner Analyse recht behielt, legte Winkler einen fast perfekten Lauf hin, und Andrea schickte ein

Stoßgebet gen Himmel, dass es für Marc auch gut gehen werde und er nicht für die Unruhe, die in seinem Umfeld ihretwegen herrschte, büßen müsse.

Der Anfang seines Laufs sah sehr vielversprechend aus, doch bei der Landung nach dem Sprung aus der Mausefalle verkantete er so unglücklich, dass es für eine Schrecksekunde so aussah, als ob er stürzen würde. Andrea blieb fast das Herz stehen. Doch dann fing sich Marc wieder und erreichte das Ziel unverletzt. Leider hatte seine Zeit unter diesem Fehler gelitten, und Andrea konnte an seiner Körperhaltung ablesen, wie wütend er darüber war. So schnell sie konnte, versuchte sie, sich durch die Menschenmassen zu drängen, um zu der Stelle zu gelangen, an der Marc gerade aufgeregt mit einem Funktionär diskutierte. Doch sie kam leider nur sehr langsam vorwärts.

Die Stimme des Sprechers tönte auf dieser Seite des Zieleinlaufs besonders laut, und sie überlegte ernsthaft, sich die Ohren zuzuhalten.

»… ist motiviert bis unter die Haarspitzen. Im oberen Teil kommt Franz Koffert gut weg. Der junge Schweizer geht volles Risiko und …«

Andrea hatte Marc gerade erreicht, als ein kollektiver Aufschrei des Publikums sie zum Monitor schauen ließ.

Franz Koffert war gestürzt. Überaus spektakulär gestürzt! An derselben Stelle, an der auch Marc gestrauchelt war!

In der gerade eingespielten Zeitlupenwiederholung sah man in schauriger Großaufnahme, wie sich Kofferts Körper – einer Gummipuppe gleich – mehrfach überschlug, hart auf die Piste krachte und in rasendem Tempo über das blanke Eis ins Netz katapultiert wurde. Dort blieb er reglos liegen. Ein Trupp Pistenhelfer rannte umgehend zu ihm. Bei so einem fatalen Sturz bewahrten weder der Helm noch der Rückenprotektor vor schlimmsten Verletzungen, und das waren die einzigen Schutzmittel, über die die Rennläufer bei so einer Abfahrt verfügten.

Wenig später hörte man einen Helikopter losfliegen, der einmal über der Piste kreise und dann in dem Flachstück unterhalb der Mausefalle landete.

»Verdammt! Was habe ich gesagt! An der Stelle stimmt was nicht!«, schrie Marc außer sich vor Wut. »Warum muss immer erst ein Unfall passieren, bevor man auf uns Abfahrtsläufer hört!«

Wortlos legte Andrea ihren Arm um ihn und zog ihn unter die sichere Überdachung. Widerstrebend ließ Marc es geschehen, als sich ein leichenblasser Jürgen Koffert an ihnen vorbeidrängelte. »Ich muss zu meinem Bruder! Wissen Sie, in welche Klink der Heli ihn bringen wird?«, erkundigte er sich atemlos bei demselben Funktionär, mit dem Marc auch gerade debattiert hatte.

★★★

Ich bin nicht sehr weit gekommen. Für die knapp zweihundertfünfzig Kilometer bis zur österreichischen Grenze habe ich fast fünf Stunden gebraucht. Weil ich extrem langsam fahre. So langsam, dass mich viele Autos hupend überholen. Sollen sie doch! Ich habe keine Lust, wegen des Teufels auch nur einen einzigen Stundenkilometer schneller zu fahren. Für mich ist das sowieso die reinste Qual. Es fällt mir schwer, mich zu konzentrieren. Immer wieder schweifen meine Gedanken ab. Die Berggruppen links und rechts von mir scheinen sich zu bewegen, auf mich zuzukommen. Wolkenformationen wirken plötzlich wie aggressive Monster. Mein Herz schlägt schneller. Dr. Hengstenberg meint, das liegt immer noch an dem verdammten Nervenzusammenbruch.

Alle Autos vor mir werden von dem streng dreinblickenden Grenzbeamten problemlos durchgewinkt. Aber mich hält er an. Wahrscheinlich weil ich schwitze wie ein Schwein. Ich zucke mit den Schultern, als er mich nach meinem Ausweis fragt. Daraufhin zwingt er mich, das Auto zu parken und auszusteigen. In seinem Büro fragt er mich immer wieder, wo ich herkomme und weshalb ich nach Österreich reisen will. Aber ich schweige beharrlich. Ich habe nichts zu sagen. Es würde meine Situation nicht verbessern, wenn ich ihm die Wahrheit verraten würde. Niemand würde verstehen, warum ich den Teufel wiedersehen muss. Warum Gott mit meiner Hilfe doch noch Recht vor Gnade walten lassen wird.

Nach vier weiteren Stunden holt mich Ivana ab. Man hat über mein Autokennzeichen feststellen können, wer ich bin. Ivana ist wütend, weil man sie auf der Arbeit angerufen und gezwungen hat, mich abzuholen. Aber ich bin auch wütend. Denn heute werde ich mein Ziel nicht erreichen.

Jetzt sitze ich vor dem Radio und höre, dass Franz Koffert beim Training einen Unfall erlitten hat. Ich verstehe die Worte des Sprechers, aber ich habe keine Ahnung, was ich darüber denken soll.

***

Marc nahm seinen Helm ab und knallte ihn wütend in den Minibus. »So ein Scheiß. Dieser Unfall war so unnötig wie nur irgendwas. Absolut vermeidbar. Ich hatte schon vorher auf die verdammte Delle mitten auf der Ideallinie aufmerksam gemacht. Die sieht man im Schatten einfach nicht.«

Keiner in seinem Team widersprach ihm. Jeder wusste, dass es Marc genauso gut hätte erwischen können.

»Weiß man schon, wie es ihm geht?«, fragte Andrea leise.

Bischoff senkte den Blick. »Offenbar war er nicht bei Bewusstsein. Aber wie ernst es um ihn steht, wird man erst heute Abend erfahren, wenn alle Untersuchungen abgeschlossen sind.«

»Hoffentlich wiederholt sich nicht das Schicksal seines Bruders«, sagte Karl düster.

»Wie meinst du das?«, fragte Andrea überrascht.

»Bis zu seinem zwanzigsten Lebensjahr galt Jürgen Koffert als eine der größten Hoffnungen im Schweizer Skisport, aber dann hatte er einen fürchterlichen Unfall in Val-d'Isère und konnte nie wieder an seine früheren Leistungen anknüpfen.«

»Weil er so stark verletzt war?«

Karl schüttelte traurig den Kopf. »Nein, weil er sich den Schneid hat abkaufen lassen. Er war blockiert und konnte einfach nicht mehr loslassen. Er blieb weit hinter seinen alten Zeiten zurück.«

»Hast du das gewusst?«, wandte sich Andrea an Marc.

»Das weiß jeder in unserem Sport. Außerdem hatte ich ihn damals schon kennengelernt. Als Vorläufer bei einem seiner Rennen.«

»Wie traurig.«

»Schon. Aber um Jürgen musst du dir, glaube ich, keine Sorgen machen. Der fällt immer auf die Füße. Ich sorge mich eher um den Franz, der ist nicht so ein Sonnyboy wie sein Bruder. Wenn's bei dem eines Tages mit dem Skilaufen aus ist, wird's bestimmt schwer für ihn.«

»Wird das Hahnenkamm-Rennen denn trotzdem übermorgen stattfinden?«

Marc lachte bitter auf. »Aber selbstverständlich. Du glaubst doch nicht, dass die Rennleitung sich von so einer Kleinigkeit wie einem lebensgefährlichen Sturz eines Favoriten aus der Ruhe bringen lässt. So etwas gehört doch zur Gaudi für die Zuschauer quasi dazu!«

Keiner der Anwesenden im Minibus erwiderte darauf etwas. Jeder hing seinen eigenen Gedanken nach.

»Aber sie werden doch die betreffende Stelle entschärfen?«, hakte Andrea nach einiger Zeit nach.

»Vielleicht«, brummte Marc, immer noch schlecht gelaunt, und verschwand kurz nach ihrer Ankunft in seinem Hotelzimmer.

Durch Kofferts dramatischen Sturz hatte Andrea die unglückseligen Schlagzeilen fast vergessen. Jedenfalls hatte sie sich in dem ganzen nachfolgenden Chaos nicht mehr um die Blicke der Zuschauer geschert. Als sie jetzt ihr Natel aus der Jackentasche zog und die fünf verpassten Anrufe ihres Chefs sah, fiel ihr alles wieder siedend heiß ein. Was wollte Ebert noch von ihr? Er hatte ihr den Fall doch schon entzogen. Bevor sie ihn zurückrief, probierte sie es erst noch einmal bei Daniel. Wieder erreichte sie nur seine Mailbox.

»Hallo, Schatz, ich weiß, dass du wahrscheinlich ziemlich sauer auf mich bist. Aber nichts, was die Zeitungen schreiben, ist wahr. Lass uns bitte am Samstag reden, wenn du mich abholst, okay? Weißt du schon, um wie viel Uhr du in Kitzbühel eintreffen wirst? Bitte fahr vorsichtig. Ich liebe dich!«

Sie hatte versucht, so viel Gefühl wie möglich in ihre Stimme zu legen, doch sie war sich nicht sicher, ob diese Nachricht wirklich ihren Zweck erfüllen würde: Daniel von ihrer Unschuld zu überzeugen.

Schweren Herzens wählte sie die Nummer ihres Chefs.

»Ebert«, meldete sich dessen knarzende Stimme.

»Brunner. Sie hatten bei mir angerufen.«

»Ja.« Im Hintergrund hörte sie Papier rascheln. »Knackige Schlagzeilen heute, was?«, polterte ihr Chef dann.

Ihre Kopfhaut prickelte unangenehm. »Ja, aber ich habe Ihnen ja bereits gestern Abend gesagt, dass nichts davon wahr ist. Meine Beziehung zu Herrn Gassmann ist rein professionell.«

»Soso«, sagte Ebert, ohne jede Überzeugung. »Aber deshalb habe ich gar nicht angerufen. Die Kollegen von der Sitte haben letzte Woche einen Zürcher Zuhälter hochgehen lassen, und bei der Durchsicht seiner ... hm ... Geschäftsunterlagen sind sie auf eine ganz merkwürdige Sache gestoßen.«

Andrea wartete, bis der Hauptmann von sich aus weitersprach.

»Und zwar hat dieser Mann zusätzlich zu seinem Hauptge-
schäft auch im großen Stile Sportwetten angenommen.«
Andrea begriff sofort, worauf Ebert hinauswollte. »Sie
meinen, darunter waren auch Wetten über den Ausgang von
Skirennen?«

»Richtig. Und zwar scheint es besonders große Wettbörsen
auf das Rennen nächste Woche in Crans-Montana zu geben. Es
sind riesige Summen auf den Sieg von Winkler gesetzt worden.
Jetzt fragen wir uns natürlich, ob da jemand Insiderinformati-
onen gehabt haben könnte oder versuchen will, den Ausgang
des Rennens zu manipulieren.«

»Wissen Sie, von wem diese Wetten abgeschlossen wurden?«

Während Andrea auf Eberts Antwort wartete, wurde ihr
klar, was das bedeutete: Vielleicht war Kofferts Unfall gar keiner. Marc hatte ihr erklärt, weshalb die weniger erfolgreichen
Skifahrer und Winkler, die alle vor ihm und Koffert gestartet
waren, nicht gestrauchelt waren. Die von ihm bemängelte
Delle lag genau auf der Ideallinie, die nur die präzisesten Läufer
erreichten, und Winkler sprang immer deutlich weiter als jeder
andere Rennläufer. Aber konnte da wirklich Schiebung mit im
Spiel sein? Hatte jemand absichtlich die Piste so präpariert, dass
Marc und Koffert stürzen würden? Bei dem Gedanken wurde
ihr speiübel.

»Kindchen, wenn ich diese Informationen hätte, würde ich
doch nicht im Trüben fischen. Nein, die Namen der wettenden
Personen sind verschlüsselt. Aber es gibt in Zürich einen berüchtigten, sehr exklusiven Zigarrenclub, und dort existieren offenbar
Fotos, auf denen der Zuhälter im Gespräch mit Beat Rominger
zu sehen ist. Das Ganze könnte natürlich nur ein dummer Zufall
sein – oder eben auch eine ziemlich heiße Spur.«

»Beat Rominger?«, wiederholte Andrea fassungslos. »Aber
laut FIS-Reglement ist es Angehörigen und Mitarbeitern von
Skiläufern untersagt, auf den Ausgang von Rennen Wetten
abzuschließen.«

Ebert lachte freudlos. »Falls er diese Wetten abschließt oder gar manipuliert, glaube ich kaum, dass er sich ausgerechnet von dem FIS-Reglement beeindrucken lässt.«

»Da haben Sie recht. Auch wenn ich nicht verstehe, weshalb er Marc Gassmann erst unter Polizeischutz stellen lässt und ihn dann am Sieg hindern will.«

»Vielleicht waren die anonymen Briefe und dieser effektheischende Mafia-Fisch-Trick eine selbst fabrizierte Gelegenheit, um sich vor Gassmann als großer Retter aufzuspielen.«

»Um Marc und uns auf die falsche Fährte zu locken?«, vermutete Andrea.

»Genau. Sehen Sie vielleicht irgendeine Möglichkeit, sich ein wenig an Romingers Fersen zu heften, ohne dass es allzu sehr auffällt? Ich wüsste sehr gern, mit wem er sich in Kitzbühel so alles trifft.«

»Ich werde es auf jeden Fall versuchen. Aber eine Frage hätte ich noch …«

»Ja?« Eberts Stimme klang ungehalten.

Sie glaubte, die Antwort ihres Vorgesetzten bereits zu kennen, aber sie musste die Frage trotzdem stellen. »Wie viel darf ich Herrn Gassmann davon erzählen? Ich meine, wenn jemand Geld darauf wettet, dass er das Rennen in Crans verliert, sollte er dann nicht Bescheid wissen, um auf der Hut zu sein?«

»Frau Brunner, das sind absolut geheime Ermittlungen. Wenn Sie Gassmann auch nur ein Sterbenswort davon erzählen, werde ich Sie strafversetzen lassen. Ist das klar?«

»Ja. Glasklar«, bestätigte Andrea unglücklich und registrierte, wie Ebert am anderen Ende ohne ein Abschiedswort auflegte.

Himmel! Was, wenn Marc nun etwas zustieße, ohne dass sie ihn gewarnt hatte? Das würde sie sich bis an ihr Lebensende nicht verzeihen. Und wie sollte sie es nur schaffen, mit Rominger in Kontakt zu treten? Fragen über Fragen. Und keine Antworten in Sicht.

Bis zum frühen Abendessen hatte Andrea immer noch nichts von Daniel gehört. Aber wenigstens hatte sie das Problem gelöst, wie sie Rominger möglichst unauffällig auf die Finger schauen konnte: Sie fragte Hans Bischoff und Marc, als sie die beiden zur Videoanalyse seiner Trainingsfahrt traf, wo sie Rominger wohl um diese Uhrzeit antreffen könne. Ebert habe sie gebeten, ihn noch einmal wegen der Drohbriefe zu befragen. Bischoff sagte ihr, dass er gerade mit Rominger telefoniert habe und dass dieser sich zurzeit in Innsbruck aufhalte. Er werde erst morgen Abend zurückerwartet, um die Weißwurstparty beim Stanglwirt in Going zu besuchen. Marc schlug ihr daraufhin vor, doch ebenfalls auf diese Party zu gehen. Ein paar Anrufe später hatte er ihr eine Eintrittskarte und – über die Frau des Hotelwirts – sogar ein passendes Dirndl besorgt. Ehrlich gesagt wusste sie nicht, ob sie über die Aussicht, eine dermaßen schicke Promi-Party zu besuchen, nun erfreut oder eher entsetzt sein sollte. Aber ihre Einstellung würde an der Notwendigkeit, dorthin zu gehen, sowieso nichts ändern. Es war die einzige Möglichkeit, um noch vor dem Rennen am Samstag etwas über diesen undurchsichtigen Manager herauszufinden.

Das einzige Highlight an diesem Donnerstagabend war ein Anruf des Schweizer Cheftrainers, der berichtete, dass Koffert geradezu unheimliches Glück im Unglück gehabt hatte. Er hatte sich lediglich eine leichte Gehirnerschütterung zugezogen und würde damit zwar das Hahnenkamm-Rennen ausfallen lassen müssen, aber bis zum Rennen in Crans würde er wieder fit sein. Sie stießen noch kurz mit alkoholfreiem Bier auf diese guten Nachrichten an, kurz darauf gingen sie dann alle ins Bett.

★★★

Gewalt ist mir bisher immer zuwider gewesen. Ich empfinde kein Vergnügen, wenn in Filmen die Köpfe von Zombies wie überreife Tomaten zerplatzen. Das ist unästhetisch. Meine Mutter hat immer gesagt, ich könne nicht einmal einer Fliege etwas zuleide tun. Aber was wissen Eltern schon über ihre Kinder. Jeder kann unter bestimmten Umständen zum Mörder werden. Jeder! Allein der Gedanke daran, was dieser Mann Igor angetan hat, was er ihm und mir genommen hat, bringt mein Blut in Wallung. So ein Verbrechen kann nicht ungesühnt bleiben!

★★★

Entgegen der Wettervorhersage wachte Andrea auch am nächsten Morgen bei herrlichstem Sonnenschein auf. Ihr erster Blick galt trotzdem ihrem Natel: immer noch keine Nachricht von Daniel. Ob er unter diesen Umständen überhaupt morgen zum Rennen kommen würde? Mit einem unguten Gefühl im Bauch ging sie mit Marc zum Frühstück.

Der Tag zog sich wie Kaugummi in die Länge, obwohl sich der Presserummel um ihre Person schon wieder etwas beruhigt hatte. Ein Umstand, den sie ausschließlich Franz Kofferts gestrigem Horrorsturz und seiner wundersamen Fast-Unversehrtheit zu verdanken hatte. Denn das waren die Themen, die die heutigen Schlagzeilen beherrschten. Nichtsdestotrotz war Marcs Trainingspiste wieder von der Polizei abgeschirmt worden, und sie kamen erst mit reichlich Verspätung ins Hotel zurück.

Im Grunde genommen war es fast schon Zeit, sich für die Party schick zu machen. Bischoff hatte versprochen, sie bereits um achtzehn Uhr hinzufahren, da sie ansonsten bis zu zwei Stunden im Schnee ausharren müsse, eingekeilt in der Gästeschlange. Stattdessen sollte sie Rominger schon zum

Abendessen im Stanglwirt treffen, was Marcs Manager recht
widerwillig akzeptiert hatte. Sie würde sich noch eine gute
Ausrede zurechtlegen müssen, warum sie ihn erneut wegen
der Briefe an Marc sprechen wollte.

Das Hotel Stanglwirt war wunderschön beleuchtet, und Andrea
staunte über das riesige Blockhaus, das offenbar nur für diesen
Abend auf dem Parkplatz des Hotels errichtet worden war, aber
trotzdem sehr massiv wirkte.

»Der eigentliche Hoteleingang ist heute gesperrt. Man muss
durch das Blockhaus gehen. Aber Beat hat versprochen, Sie
pünktlich an der Rezeption abzuholen. Lassen Sie sich bloß
nicht klauen. Sie sehen wirklich sehr hübsch in Ihrem Dirndl
aus.«

So viel Charme hätte sie Bischoff gar nicht zugetraut. Marcs
Augen hatten zwar ebenfalls aufgeleuchtet, als sie die Treppe
runtergekommen war, allerdings hatte er auf einen anzüglichen
Kommentar weise verzichtet.

»Danke, dass Sie mich hergebracht haben. Bitte passen Sie
gut auf Marc auf. Er sollte das Hotel auf keinen Fall verlassen.«

»Kein Problem. Morgen ist das Rennen, da wird er spätestens um einundzwanzig Uhr brav im Bett liegen. Er ist da sehr
diszipliniert.« Bischoff winkte ihr zum Abschied zu.

Nachdem sie im Blockhaus ihre Eintrittskarte gegen ein
Armband eingetauscht hatte, betrat Andrea das eigentliche
Hotel, das aufwendig für den Abend geschmückt war. Suchend
blickte sie sich nach der Rezeption um. Schließlich kam ihr
Beat Rominger schon auf dem Weg dorthin entgegen.

»Guten Abend, Frau Brunner. Was kann ich für Sie tun?«,
eröffnete er das Gespräch ohne Umschweife.

Doch Andrea hatte sich inzwischen eine passende Notlüge
zurechtgelegt, um ihn aus seiner Komfortzone zu locken.

»Herzlichen Dank, Herr Rominger, dass ich Sie heute Abend
begleiten darf –«

Mit einem kritischen Blick unterbrach er sie. »Moment! Nicht den *ganzen* Abend. Sie können gern beim Essen mit Marcs Sponsoren dabei sein, aber danach sind Sie auf sich gestellt. Ich habe eine Box auf der Empore gemietet, um einen wichtigen Businessdeal unter Dach und Fach zu bekommen. Da bleibt mir leider keine Zeit, den Babysitter zu spielen.«

»Kein Problem«, antwortete Andrea und lächelte das gehässige »Babysitter« einfach weg. »Wollen wir dann als Erstes über die anonymen Briefe sprechen? Dann haben wir dieses Thema schon hinter uns.«

»Ich bitte darum«, knurrte Rominger unfreundlich.

»Wir haben einen weiteren Brief dieser Art bekommen. Allerdings war er diesmal an uns adressiert und ...«, Andrea beobachtete mit Argusaugen Romingers Reaktion, »... darin wurden wir gewarnt, dass der Ausgang des morgigen Rennens manipuliert werden wird.«

Hatte sie richtig gesehen? Hatte tatsächlich ein Anflug von Panik Romingers Züge gestreift? Augenblicklich trug sein Gesicht aber wieder die ihr schon bekannte Maske – ein Gemisch aus Arroganz und kühler Verärgerung.

»Und wegen so einem Dreck müssen Sie hier auflaufen? Ich werde mich bei Ihrem Boss beschweren. Das ist doch eine unerträgliche Zeitverschwendung«, schimpfte er.

»Die Warnung selbst besorgt Sie also nicht?«, erkundigte sich Andrea ruhig.

»Nicht die Bohne. Wie sollte so etwas denn bitte über die Bühne gehen? Die Abfahrtsläufer müssen doch alle über dieselbe Piste. Wie sollte man es da für einen Läufer leichter oder schwerer machen?«

»Na ja, zum Beispiel mit Hilfe einer Drohne, die abstürzt.«

Wütend kniff Rominger die Augen zusammen. »Dann tun Sie verdammt noch mal Ihren Job, damit das nicht passiert.«

»Das werde ich. Keine Sorge. Aber Sie halten es für ausgeschlossen, dass jemand die Piste so präparieren könnte, dass nur einige Läufer damit Probleme haben, wie zum Beispiel Marc und Franz Koffert gestern?«

Für einen Moment dachte Rominger nach. Dann schüttelte er den Kopf. »Eigentlich müssten Sie so etwas den Trainer fragen und nicht mich. Aber glauben Sie mir, ich kenne mich gut genug aus, um so etwas kategorisch auszuschließen. Falls jemand wirklich eine tiefere Bodenwelle oder so hinter der Mausefalle anlegen würde, müsste er ja den zukünftigen Sieger anweisen, genau fünfzehn Grad weiter nach rechts oder nach links zu springen – und das funktioniert meines Erachtens nicht. Außerdem: Wenn alle Läufer außer dem Sieger an derselben Stelle stürzten, würde sich bestimmt auch die Rennleitung einschalten. Sie können also diesen Brief getrost unter ›Märchen‹ abheften.«

Für einen Moment nahm seine selbstsichere Antwort Andrea den Wind aus den Segeln. Aber dann fing sie sich wieder. »Stört es Sie eigentlich, dass einige Leute auf den Ausgang dieser Rennen wetten?«

Rominger zog sich seinen grau-grünen Janker zurecht, aber diesmal war er ganz eindeutig zusammengezuckt. »Worauf zielt diese Frage denn schon wieder ab?«

»Na ja, wenn es keine Wetten gäbe, würde sich auch die Frage erübrigen, ob die Piste manipuliert sein könnte«, erwiderte Andrea mit fester Stimme.

»Ich sehe nicht ein, wie meine persönliche Meinung die Tatsache ändern sollte, dass solche Wetten stattfinden. Es liegt in der menschlichen Natur, zu wetten.«

»Aber finden Sie diese Wetten denn moralisch okay?«

»Liebe Frau Brunner, seien Sie doch bitte nicht so naiv. Der weltweite Umsatz mit Online-Sportwetten beträgt etwa fünfhundert Milliarden Franken. Dazu kommt ein Graumarkt in unbekannter Höhe. Es ist ein Mega-Geschäft, und solange es legal ist, interessieren mich Ihre moralischen Bedenken nicht.« Er holte tief Luft. »Lassen Sie uns jetzt lieber essen gehen. Meine Gäste warten bestimmt schon.«

»Sind die Skiläufer eigentlich gegen solche ›modernen‹ Unfälle wie abstürzende Drohnen versichert?« Die Frage war ihr noch ganz spontan eingefallen.

Rominger rollte entnervt mit den Augen. »Was denken Sie denn? Profi-Skiläufer sind bis unter die Zähne versichert: Unfall-, Invalidität- und Lebensversicherungen. Alles, was geht. Sind wir nun endlich fertig mit diesem sinnbefreiten Gespräch?«

Andrea nickte. Viel Neues hatte sie zwar nicht erfahren, aber vielleicht würde das Abendessen mit den Sponsoren ja so manches offenbaren.

Doch diese Hoffnung stellte sich schnell als Trugschluss heraus. Es handelte sich bei Romingers Gästen um zwölf Marketingmanager, die sich überhaupt nicht über Geschäftliches unterhielten, sondern Rominger lediglich löcherten, welche Promis wohl auf der Party anwesend seien. Danach ging es um kürzlich erworbene Luxusgüter, ob Kitzbühel inzwischen Sankt Moritz den Rang ablief und heiße »Wer mit wem«-Society-Gerüchte.

Das Essen zog sich, und Rominger schaute mehrmals demonstrativ auf die Uhr. Überhaupt fand Andrea, dass sich Marcs Manager relativ von oben herab mit seinen Sponsoren unterhielt. Das hatte sie sich anders vorgestellt. Ehrerbietiger. Oder auch einfach freundlicher.

Als die Tafel aufgehoben wurde, verabschiedete sich Rominger und überließ die Sponsoren mit einem »Gute Unterhaltung noch allerseits!« sich selbst. Andrea tat es ihm gleich und versuchte, sich unauffällig an seine Fersen zu heften.

Romingers erste Anlaufstation war die Lobby-Bar, in der man einen riesigen Weißwurstkessel aufgebaut hatte. Genau davor ließen sich gerade verschiedene VIPs einzeln oder in kleinen Grüppchen möglichst fotogen in Szene setzen. Das dazugehörige Blitzlichtgewitter der Paparazzi war nicht von schlechten Eltern. Eigentlich las Andrea keine Klatschzeitungen, aber einige der Promis waren ihr natürlich trotzdem ein Begriff. Niki Lauda und Arnold Schwarzenegger zum Beispiel. Aber auch DJ Ötzi und Andreas Gabalier waren ihr bekannt. Die Namen der teilweise bildschönen und meist blutjungen Frauen kannte sie dagegen leider nicht. Aber wahrscheinlich wurden die auch jedes Jahr gegen neue Schönheiten eingetauscht, um den Frischfleisch-Level gleichbleibend hochzuhalten.

Rominger blieb hier nicht lange und ging – an der Security vorbei, die kontrollierte, ob auch jeder ein Armband besaß – weiter in die festlich geschmückte Reithalle, in der man sinnvollerweise einen Holzboden verlegt hatte.

Hier steppte der Bär. An der hinteren Seite war eine Bühne aufgebaut, auf der gerade eine Liveband performte, und die Halle war randvoll mit sich unterhaltenden und tanzenden Partygästen.

Andrea folgte Rominger bis zu einer Treppe, die offenbar tatsächlich zu einer Art Empore führte. Doch als sie dort ebenfalls hochsteigen wollte, teilte ihr ein furchteinflößender Sicherheitsmann mit, dass ihr Armband die falsche Farbe hatte. Frustriert blieb sie in einiger Entfernung stehen und beobachtete, wer sonst noch Einlass begehrte. Es waren Männer und Frauen, die rein optisch wie wohlsituierte Geschäftsleute wirkten. Keiner von denen sah aus wie halbseidene Bekannte eines Zürcher Zuhälters. Ebert musste mit seinen Vermutungen falschliegen. Rominger war zwar nicht besonders galant, aber er schien – zumindest in diesem gediegenen Umfeld – keine kriminellen Handlungen vorzubereiten. Und mehr konnte sie in ihrer momentanen Situation einfach nicht überprüfen.

Andrea wollte sich gerade umdrehen und sich draußen ein Taxi für die Rückfahrt rufen, als ein hochgewachsener Mann die Treppe hinunterschritt. Jürgen Koffert. Was machte der denn hier? Sie blickte ihn mit großen Augen an, als er sie ebenfalls bemerkte und unmittelbar auf sie zusteuerte.

»Müssen Sie heute Abend nicht auf Marc aufpassen?«, erkundigte er sich mit einem Lächeln. Koffert war einer dieser Menschen, in deren Gegenwart man sich einfach gut fühlte. Sie verstand, warum Marc ihn als »Sonnyboy« bezeichnete. »Ich wollte Sie gerade das Gleiche bezüglich Ihres Bruders fragen.«

»Danke, aber meinem Bruder geht es im Grunde genommen hervorragend. Der Doktor hat lediglich gesagt, dass er sich ausruhen sollte. Und ich bin heute Abend hier, um ihn bei einem geschäftlichen Treffen zu vertreten.«

»Oh! Mit Herrn Rominger?«, entfuhr es Andrea, bevor sie sich stoppen konnte. Aber Koffert schien an ihrer Neugierde keinen Anstoß zu nehmen.

»Ja, genau. Mein Bruder wird demnächst in aller Munde sein. Rominger hat sich mit dem neuen Deal selbst übertroffen. Das ist eine richtige Goldgrube.«

»Ach ja?«

Koffert nickte zufrieden.

»Darf ich fragen, worum es dabei geht?«

Ihr Gegenüber stutzte für einen Moment. Dann sagte er: »Hm. Warum eigentlich nicht? Aber ich wollte zuerst noch schnell meinem alten Kumpel Peter Winkler Hallo sagen. Kommen Sie mit?«

»Gern.« Sie wunderte sich über gar nichts mehr. Was machte Peter Winkler auf dieser Party? Der sollte doch eigentlich ans morgige Rennen denken und genau wie Marc in der Falle liegen. Während sie Koffert hinterhereilte, schaute sie auf die Uhr. Es war noch früh. Erst zwanzig Uhr fünfundvierzig. Vielleicht war das der Grund.

Als sie in einer kleinen, etwas abseits gelegenen Stube eintrafen, staunte Andrea nicht schlecht. Das gesamte österreichische Team saß hier und war wohl gerade mit dem Abendessen fertig geworden.

»Die Party findet eigentlich zu Ehren des nationalen Teams

statt«, raunte Koffert ihr zu und steuerte geradewegs auf Winkler und den älteren Mann, der neben ihm saß, zu. Die beiden schienen in ein Gespräch vertieft zu sein und wirkten fast ein wenig irritiert, dass Koffert sie in diesem intimen Rahmen störte. Über ihre Gesichter zog ein Anflug von Unwillen, doch dann begrüßten sie ihn wie einen alten Bekannten.

»Darf ich vorstellen? Peter Winkler und sein Vater«, kommentierte Koffert höflich. »Und das ist …« Er sah sie hilfesuchend an.

»Hallo, mein Name ist Andrea Brunner.«

Koffert grinste. »Frau Brunner arbeitet übrigens auch für die Konkurrenz.«

Winkler runzelte die Stirn. »Klar doch. Sind Sie nicht die Sahneschnitte, die auf Marc aufpassen soll? Darüber haben sich die Zeitungen doch schon tierisch das Maul zerrissen.«

Andrea versuchte, gute Miene zum bösen Spiel zu machen. »Ich würde das zwar anders ausdrücken – ich bin Marcs Bodyguard –, aber Sie haben recht: Ich arbeite für ihn.«

»Für ihn oder unter ihm?« Winkler schlug sich feixend auf die Schenkel, und auch die anderen Skiläufer lachten lauthals.

Andreas Lächeln gefror. »Sie sollten nicht alles glauben, was in der Zeitung steht.«

»Aber, aber, meine Süße. Sie werden doch einen kleinen Spaß verstehen«, gurrte Winkler mit viel Schmalz in der Stimme.

»Ich schon. Mein Ehemann allerdings eher weniger.«

Winkler verlor umgehend das Interesse. »Und wie geht's deinem Bruder, Jürgen?«, erkundigte er sich über ihren Kopf hinweg.

»Bestens. Er lässt ausrichten, dass du dich mental darauf einrichten sollst, dass er dich nächste Woche schlägt«, antwortete Koffert gut gelaunt.

Winkler feixte. »Der Arme hat sich ja leider den Kopf gestoßen. Kein Wunder, dass er da unter Wahnvorstellungen leidet.«

»Wir werden sehen. Die Liebe zu seiner Verlobten scheint ihn zu beflügeln. Ein paar Pünktchen wird dir der Kleine schon abjagen.«

Koffert zwinkerte, während Winkler ein Gesicht machte, als ob er Zahnschmerzen hätte. »Warum der Kerl gleich heiraten muss, ist mir ein Rätsel. Der sollte sich doch besser erst einmal die Hörner abstoßen.«

»Es sind halt nicht alle Kerle solche Casanovas wie du!«, witzelte Koffert.

»Na, du bist aber schon auch einer.«

»Blödsinn! Alles üble Gerüchte!«

Die beiden Männer flachsten noch für eine kleine Weile. Doch dann verabschiedete sich Koffert wieder und zog sie mit sich.

»Sie müssen Peter diese derben Manieren nachsehen. Er hat's auch nicht immer leicht gehabt«, erklärte er, als sie an der Rezeption vorbeigingen. »Haben Sie vielleicht Lust, zu tanzen?«

Eigentlich wollte sie nur noch schnell die Details von Franz Kofferts Deal erforschen und dann nach Hause fahren. Aber ihr war klar, dass eine Runde Tanzen als vertrauensbildende Maßnahme wahrscheinlich keine schlechte Idee wäre – und mit diesem gut aussehenden Mann auch kein allzu großes Opfer.

»Ach, warum nicht?«, sagte sie deshalb mit einem kleinen Lächeln. Koffert hatte schließlich gerade mitbekommen, dass sie verheiratet war, und konnte sich in dieser Hinsicht keine Hoffnung auf eine gemeinsam verbrachte Nacht machen.

Er schien überrascht, aber erfreut zu sein. »Hey, das ist super. Mögen Sie Club-Musik? Dann gehen wir am besten in die kleine Disco über der Rezeption.«

NEUN

Marc stand neben dem Starthäuschen. Es waren nur noch vier Läufer vor ihm, aber er konnte sich einfach nicht auf das Rennen konzentrieren. Immer wieder ging er im Geiste die Konversation durch, die er heute früh mit Andrea gehabt hatte, und er wusste nicht, worüber er sich dabei mehr aufregte: darüber, dass Jürgen auf Teufel komm raus mit Andrea geflirtet hatte, oder über die Sache mit Rominger.

»... und deshalb weiß ich jetzt Bescheid über den Deal, den Rominger für Koffert ausgeheckt hat«, hatte Andrea stolz am Frühstückstisch verkündet.

Doch der Deal hatte ihn zunächst gar nicht interessiert.

»Bis zwei Uhr? Du hast wirklich *bis zwei Uhr nachts* mit Jürgen getanzt?«

»Ja, aber es war nicht so dramatisch, wie es sich anhört. Jürgen ist ein ziemlich aufregender Tänzer.«

Ihre Antwort hatte ihm einen Stich versetzt. Mitten ins Herz. Dabei war er eigentlich gar kein eifersüchtiger Typ.

»Es hat auch ziemlich lange gedauert, bis er mit allen Details rausrücken wollte«, ergänzte sie mit einem Lächeln.

»Und? Hat sich dein Ganzkörpereinsatz gelohnt?« Schlecht gelaunt köpfte er sein Ei, sodass der Eidotter nur so spritzte.

»Das musst du selbst entscheiden. Wie viel weißt du über Sportwetten?«

Er zuckte mit den Schultern. »Nicht besonders viel: Leute setzen dabei Geld auf den bestimmten Ausgang eines Sportwettkampfs, richtig?«

»Richtig. Was du allerdings auch noch wissen musst, ist, dass die meisten dieser Wetten nicht mehr in Wettbüros getätigt werden, sondern bei Online-Anbietern. Das ist international ein Milliardengeschäft.«

»Sind solche Online-Plattformen in der Schweiz nicht verboten?«

»Ja, auch das stimmt. Offiziell dürfen diese Firmen nicht bei uns aktiv werden. Das Lotteriegesetz erlaubt nur den beiden staatlichen Anbietern das Durchführen von Sportwetten. Trotzdem wetten jedes Jahr immer mehr Schweizer auf Online-Plattformen, deren Server im Ausland stehen.«

»Ist das nicht illegal?«

»Nicht für den einzelnen Schweizer Spieler, der auf ausländischen Wettseiten tippt. Aber wenn diese Wettanbieter mit Werbebriefen oder TV-Spots auf den Schweizer Markt drängen, ist das eindeutig gesetzeswidrig. Bisher zumindest.«

»Bisher? Soll sich da jetzt etwas ändern?«

»Hör gut zu, denn nun kommen Rominger und mein ›Ganzkörpereinsatz‹ ins Spiel. Jürgen Koffert hat mir nämlich erzählt, dass Rominger seit Jahren für eine Lockerung dieser Gesetze plädiert und aktives Lobbying betreibt, damit die Sportwetten-Anbieter, die sich im Netz tummeln, auch hierzulande legal werden.«

»Wieso?«

»Überleg doch mal. Wenn diese Firmen, bei denen man rund um die Uhr und vollkommen anonym zocken kann, ganz offiziell Fußballmannschaften oder einzelne Sportler sponsern könnten, was meinst du wohl, wie viel Geld da fließt?«

»Tonnenweise. Aber wie hat der Schweizer Staat auf dieses Lobbying reagiert?«

»Das habe ich heute Morgen recherchiert. Die Politiker haben sich natürlich geziert, weil es Jahr für Jahr auch mehr Spielsüchtige in der Schweiz gibt. Aber schließlich hat die Justizministerin letzten Herbst einen Entwurf für das neue Geldspielgesetz vorgestellt, mit dem es konzessionierten Spielbanken künftig möglich sein wird, ihre Konzessionen auf Online-Spiele auszuweiten. Im Umkehrschluss soll dafür der Zugang zu ausländischen Portalen gesperrt werden. Und das heißt im Klartext, dass ausländische Betreiber entweder mit einer konzessionierten Spielbank zusammenarbeiten oder selbst eine Konzession erwerben müssen, damit der Rubel rollt.«

»Und was hat das mit Rominger und seinem Deal zu tun?« Andrea machte ein pfiffiges Gesicht. »Rominger ist auf Zack. Er arbeitet mit dem Koffert-Deal quasi am Rande der Legalität, um bestmöglich in den Startlöchern zu stehen, wenn das neue Gesetz in Kraft tritt.«

Marc blickte sie mit großen Augen an. »Wie denn?«

»Indem er mit einem der größten Anbieter bereits jetzt eine Sponsoring-Vereinbarung unterzeichnet hat. Koffert wird in der neuen Saison – natürlich vorerst außerhalb der Schweiz – einen Rennanzug mit dessen Logo tragen und in Werbespots für ihn auftreten, fünf Jahre lang und für die schlappe Summe von fünfzehn Millionen Franken.«

»Ist nicht wahr?«, stammelte Marc fassungslos.

»Doch! Jürgen Koffert hat gestern Abend mit Hilfe einer Vollmacht für seinen Bruder unterschrieben.«

Das Hahnenkamm-Rennen war bereits in vollem Gang. In wenigen Sekunden war er dran, musste wieder Kopf und Kragen riskieren – und dabei hatte er soeben begriffen, dass er in Romingers Augen schon ausgemustert war, zum alten Eisen gehörte. Sonst hätte sein Manager *ihm* als wesentlich berühmterem Sportler diesen Deal angeboten und nicht Franz Koffert! Plötzlich fühlte er, wie eine höllische Wut in ihm aufzog. Ihm wurde – trotz der Minustemperaturen – so heiß, dass er kurzfristig erwog, den Reißverschluss seines Rennanzugs aufzuziehen. Doch genau in diesem Moment rief der Starter ihn zu sich.

★★★

Ich starre auf die Mattscheibe und bereue, dass ich es nicht geschafft habe, in Kitzbühel zu sein. Mir fällt die Decke auf den Kopf. Ivana ist gerade mit einer Freundin ausgegangen. »Glaubst du, dass du okay sein wirst, so allein?«, hat sie mich fürsorglich gefragt. Ich habe ihr nicht gesagt, dass ich seit letztem Mai sowieso immer allein bin. Ihre Gegenwart tröstet mich nicht. Wodka auch nicht. Aber nachdem sie gegangen ist, versuche ich trotzdem, meine Enttäuschung damit zu betäuben. Der Schmerz wird dadurch dumpfer. Doch er geht nie ganz weg. Auch heute nicht.

Die meisten Namen der jungen Abfahrtsläufer sagen mir nichts. Ich schlage mein Skizzenbuch auf und fange an zu zeichnen. Es sieht elegant aus, wie die Sportler windschnittig über die Piste rasen. Athletisch. Das hätte Igor bestimmt gefallen. Plötzlich bricht die Spitze meines Bleistifts ab. Igor, mein kleiner geliebter Igor. Ich greife nach meinem Glas und nehme noch einen Schluck. Der Wodka brennt in meinem Hals. Heute Morgen habe ich auch versucht zu malen. Das ewig gleiche Motiv. Es ist, als ob der Farbkasten nur noch Weiß und verschiedene Rottöne enthielte. Auch meine Künstlerseele ist in dieser Vorhölle gefangen.

In diesem Moment dringt die Stimme des TV-Sprechers zu mir durch. Marc Gassmann soll gleich starten. Meine Alarmglocken beginnen zu läuten. Die Stars gehen ins Rennen. Gespannt blicke ich auf den Fernseher. Gassmann kommt gut weg und ist schnell unterwegs. Alle Zwischenzeiten sind grün. Auch die Sprünge gelingen ihm. In der Zieleinfahrt reißt er sich jubelnd den Helm vom Kopf und reckt die Faust in den Himmel. Er sieht glücklich aus. So glücklich, wie ich nie mehr sein werde.

Plötzlich klirrt etwas laut. Ich bin selbst überrascht, als ich die zerborstene Mattscheibe wahrnehme. Mein Wodkaglas liegt in Scherben am Boden.

***

Marc kletterte auf das Podest, das auf der hell erleuchteten Bühne hoch über den applaudierenden Massen thronte, und nahm zu den Klängen einer Trompetenfanfare seine goldene »Gams« sowie den Schlüssel eines fabrikneuen Audis entgegen. Es war Nacht geworden, und überall herrschte Partystimmung. Unzählige Menschen waren zur Siegerehrung erschienen. Er hatte den ganzen Nachmittag über Interviews gegeben und konnte es nun kaum erwarten, in seinen Oldtimer zu steigen, um zurück nach Zürich zu sausen. Dort würde er eine Nacht zu Hause verbringen und dann am nächsten Morgen nach Crans weiterfahren, wo das nächste Rennen stattfand.

Das Team hatte auf seinen ausdrücklichen Wunsch hin nicht bis zur Siegerehrung gewartet, sondern war schon ohne ihn und Andrea mit dem Minibus losgebraust. Er brauchte jetzt einfach etwas Ruhe und sehnte die intime Abgeschiedenheit seines Wagens herbei. Denn obwohl heute eigentlich sein Ehrentag sein sollte, hatte er sich selten zuvor so mies gefühlt: Andrea war mit Daniel verheiratet. Rominger hatte ihn betrogen. Seine Karriere war so gut wie vorbei. Da tröstete ihn auch der Applaus nicht, der jedes Mal aufbrandete, wenn sein Name erwähnt wurde. Wie sollte es nun für ihn weitergehen? Er hatte keinen blassen Schimmer.

Aus den Augenwinkeln sah er, wie Andrea, die halb verdeckt hinter dem Podium stand, schon wieder telefonierte. Sie ging immer noch fest davon aus, dass Daniel sie nach der Siegerehrung abholen würde. Dabei hatte sie heute lediglich zwei verpasste Anrufe von ihm gehabt. »Wenn er nicht kommen würde, hätte er mir doch zumindest eine SMS geschickt«, argumentierte sie seit heute Morgen. Sie hätten schon des Öfteren Krach gehabt, aber Daniel habe sie noch nie im Stich gelassen. Marc hatte sich seine Meinung dazu verkniffen, denn ihn hatte Daniel durchaus schon im Stich gelassen: damals mit Andrea.

Eine Stunde später war er abfahrbereit. Was nicht besonders

kompliziert war, denn sein Koffer und die ganze Ausrüstung waren bereits im Minibus nach Zürich unterwegs. Andrea tat ihm leid. Sie stand mit ihrer dunkelblauen Reisetasche vor ihm im Schnee und telefonierte immer noch Daniel hinterher – doch offenbar vergebens. Und er ahnte bereits, worauf das hinauslaufen würde.

»Du, ich muss jetzt echt los«, meinte er vorsichtig. »Und ich glaube, du fährst besser mit mir mit.«

Resigniert sah sie ihn an. »Wenn es dich nicht zu sehr stört, dann muss ... werde ich dein Angebot annehmen.«

»Du weißt, dass du mich nicht störst.« Marc nahm ihre Tasche und verstaute sie in dem winzigen Kofferraum des Oldtimers.

»Danke«, sagte Andrea leise und kletterte auf den Beifahrersitz. »Ich muss leider sowieso noch etwas mit dir besprechen.«

»Wieso leider?«, fragte er, während er den Motor anließ und aus der Parklücke zurücksetzte.

»Weil es ziemlich privat ist. Aber ich muss dich das fragen, weil ich den Fall übermorgen an Urs abgeben muss und ich mir keine losen Enden in der Ermittlungsarbeit leisten kann.«

»Dann schieß einfach los«, schlug Marc vor, während er von der dunklen Gasse in die Hauptstraße einbog. Es hatte wieder leicht zu schneien begonnen, aber das kümmerte ihn nicht. Er war schon in den schlimmsten Schneestürmen sicher nach Hause gekommen.

»Wie du weißt, haben wir immer noch nicht die leiseste Vermutung, wer hinter dem Drohnenabsturz und den anonymen Briefen stecken könnte. Irgendwie macht alles immer weniger Sinn. Deshalb ... würdest du es für denkbar halten, dass, ähm, vielleicht eine enttäuschte Ex-Freundin von dir dahinterstecken könnte? Jemand, der dir einfach nur aus Rache einen bösen Scherz spielen wollte?«

Marc musste fast gegen seinen Willen grinsen. »Du meinst,

weil alle meine gesammelten Ex-Freundinnen einen unbän-
digen Hass auf mich haben?«

»Nein, natürlich nicht. Aber bei deinem Lebensstil … und
wenn sich da jemand mehr erhofft hat …«, stammelte Andrea
verlegen.

»Bei meinem Lebensstil? Wie meinst du das?«

Aus den Augenwinkeln sah er, wie sie errötete. »Du weißt
schon, eine Frau in jedem Skiort und dann noch ein paar in
Zürich.«

»So stellst du dir also mein Privatleben vor?«

Sie zuckte mit den Schultern. »Irgendwie schon.«

»Tja, da muss ich dich enttäuschen.« Kurz vor einer Kurve
überholte er einen vor sich hinschleichenden Kleinwagen und
musste mit einem hastigen Lenkradschlenker einem plötzlich
entgegenkommenden Fahrzeug ausweichen.

»Marc! Bitte fahr vorsichtig. Ich will dich noch lebendig
meinem Kollegen übergeben.«

»Keine Panik. Ich werde uns schon sicher nach Hause kut-
schieren. Wir Rennläufer haben gute Reflexe.«

»Angeber!«

Er lächelte. Für eine ganze Weile fuhren sie schweigend
durch die Dunkelheit. Der Schneefall wurde zunehmend dichter, und im Scheinwerferlicht tanzten die Flocken gespenstisch
schnell auf sie zu.

»Marc?«

»Ja, Andrea?«

»Du hast mir immer noch nicht auf meine Frage geantwor-
tet. Und wie hast du das gemeint, dass du mich enttäuschen
musst?«

Marc suchte nach den richtigen Worten. »Weißt du …
nachdem du mich verlassen hast und mit Daniel zusammengekommen bist …«

»Bitte wärme nicht diese alten Kamellen auf«, unterbrach
sie ihn hastig.

»Muss ich aber leider, denn diese alte Kamelle gehört nun mal zu meinem Leben. Also in dieser Zeit – so bis ein paar Monate vor deiner Hochzeit – habe ich wirklich nichts anbrennen lassen. Irgendwie habe ich wohl geglaubt, dass mich diese vielen Bettgeschichten über den Verlust hinwegtrösten würden …« Er blickte zu ihr rüber. Doch Andrea sah starr geradeaus. »Aber das war ein Trugschluss.« Sollte er ihr erzählen, worauf er damals noch immer gehofft hatte? Besser nicht. Das würde sie nur noch verlegener machen.

»In dem Winter nach eurer Hochzeit hatte ich dann meinen ersten schweren Unfall und war nach dem Krankenhausaufenthalt monatelang ans Bett gefesselt.«

»Das tut mir sehr leid«, murmelte sie leise.

»Ich weiß. Aber soll ich dir mal was sagen? Ich möchte diese Zeit nicht missen, sie hat mir viel Ruhe zum Nachdenken beschert, und irgendwie habe ich das damals gebraucht.«

»Und du glaubst nicht, dass eine deiner Ex-Freundinnen aus dieser Zeit oder den Monaten und Jahren danach noch sauer auf dich ist?«

Er holte tief Luft. »Andrea, da war niemand mehr. Also niemand Festes. Ich hatte … mehr so Arrangements, bei denen ich den Frauen von vornherein klargemacht habe, dass es nichts Ernsthaftes werden kann.«

Jetzt sah sie ihm direkt ins Gesicht. »Du willst mir allen Ernstes weismachen, dass du seit fast vierzehn Jahren keine feste Freundin mehr gehabt hast? Das ist doch lächerlich!«

»Tut mir leid, dass du so hart über mich urteilst. Aber das ist nun mal die Wahrheit. Und deshalb kann ich dir auch deine Frage klipp und klar beantworten. Nein, es gibt keine Frau, die mir aus gekränkter Liebe nach dem Leben trachtet. Punkt.«

»Pff. Das glaube ich dir niemals.«

Plötzlich wurde er sauer. »Dann glaub es eben nicht. Aber ich kann nicht die Wahrheit verdrehen, bloß weil sie dir nicht in den Kram passt.«

Sie schwieg beleidigt.

Plötzlich fuhren sie an einem Schild vorbei.

»Scheiße! Das auch noch!«, schimpfte Marc. »Der verdammte Arlberg-Tunnel ist gesperrt, und wir müssen über den Pass.«

»Dauert das länger?«

»Leider ja, und hoffentlich ist die Straße oben nicht allzu vereist.«

Bald ging es in Serpentinen den Berg hinauf. Ängstlich starrte Andrea aus dem Fenster. Nebelschwaden zogen auf, und die Sicht verschlechterte sich zusehends. Marc fuhr deutlich langsamer.

»Jetzt haben wir es geschafft, es geht wieder bergab«, versuchte er, sie zu trösten. »Und bei dem vielen Neuschnee ist es schätzungsweise auch kein bisschen eisig.«

»Wenn du meinst«, hauchte sie tonlos.

»Klar«, sagte er und schaltete einen Gang runter. Das kurze Stück zur ersten Serpentine war ziemlich steil. Wie üblich ging er kurz vor der Spitzkehre vom Gas, um im Scheitelpunkt der Kurve wieder zu beschleunigen. So lag der Wagen am stabilsten auf der Fahrbahn. Doch diesmal hatte er durch das Steilstück zu viel Speed drauf. Vorsichtig trat er auf die Bremse …

… doch nichts passierte. Der Mercedes fuhr unvermindert schnell, und er musste mit Lenkrad und Handbremse nachhelfen, um die Kurve irgendwie zu nehmen.

»Marc!«, schrie Andrea. »Fahr gefälligst langsamer!«

Er trat die Bremse voll durch. Nichts! Keine Reaktion!

»Hör auf! Das ist überhaupt nicht lustig!«, kreischte Andrea und stützte sich mit beiden Händen am Armaturenbrett ab, während der 300 SL auf die nächste Kurve zuraste.

»Wir haben ein Problem«, presste Marc durch seine vor Anstrengung zusammengepressten Zähne, während er versuchte, vom dritten in den zweiten Gang zu schalten. Ein Knirschen. Da! Endlich war er drin!

Doch die nächste Kurve näherte sich viel zu schnell!

»Brems gefälligst, Marc, tu was!«, schrie Andrea verzweifelt.

Marc griff nach der Handbremse. Ob es ihm noch einmal gelingen würde, den schweren Wagen durch die Kurve zu bringen? Oder war es sicherer, gegen den Berg zu steuern?

»Andrea, wir haben keine Bremsen mehr«, sagte er so ruhig wie möglich, während er das Lenkrad minimal einschlug und gleichzeitig die Handbremse kräftig nach oben zog. »Überprüf deinen Sicherheitsgurt und halte dich fest!«

»Was?« Ihre Stimme klang unnatürlich hoch. »Wie kann denn so etwas —«

Plötzlich brach das Heckteil des Wagens aus, und im nächsten Moment schlitterten sie wie ein Kreisel über die vereiste Fahrbahn.

Fieberhaft versuchte Marc, gegenzulenken. Aber es gelang ihm einfach nicht, den Mercedes zu stabilisieren. Unaufhaltsam schleuderte der Wagen auf den dunklen Abhang zu.

»Halt dich fest!«, schrie Marc, als er spürte, wie der SL nach rechts kippte und von der Straße ins Ungewisse rutschte.

Der Wagen überschlug sich. Mehrfach.

Der Fall schien gar kein Ende zu nehmen, das Geräusch von splitterndem Glas und das Knirschen des sich verformenden Stahls schienen von überall herzukommen.

Doch wie durch ein Wunder knallten sie nicht gegen einen Baum oder Felsbrocken.

Eine gefühlte Ewigkeit später kam der Mercedes auf dem Dach liegend zum Stillstand.

Adrenalin jagte wild durch Marcs Adern. Doch er schien unverletzt zu sein. Japsend schnappte er nach Luft und blickte sich zu Andrea um, die, wie er selbst, kopfüber in dem glücklicherweise nachgerüsteten Sicherheitsgurt hing.

»Bist du okay, Liebes?« Die Verzweiflung darüber, dass es nicht so sein könnte, ließ seine Stimme brüchig werden.

»Ich glaube schon.«

Pure Erleichterung durchflutete ihn. »Gott sei Dank. Aber wir müssen hier so schnell wie möglich raus.« Er traute sich nicht, Andrea seine Befürchtung mitzuteilen, dass Benzin auslaufen und der Wagen Feuer fangen könne.

»Und wie sollen wir das bitte schön hinkriegen? Ich glaube kaum, dass wir die Flügeltüren öffnen können. Oder?«

Verdammt! Sie hatte natürlich recht. Sie mussten irgendwie die Windschutzscheibe einschlagen. Aber womit nur?

»Ich glaube, im Handschuhfach liegt so eine Art Hammer. Das hat mir der Vorbesitzer mal erklärt.«

Andrea streckte die Hand aus. Doch sie schaffte es nicht bis zur Klappe des Handschuhfachs, da sie durch den Gurt gebremst wurde.

»Verdammt«, schimpfte sie. »Warte, ich mach mich los!«

»Halt dich aber irgendwo fest, sonst —«

Zu spät, Andrea donnerte mit dem Kopf zuerst nach unten.

»Alles in Ordnung?«

»Ja!« Andrea rieb sich unwirsch den Kopf und krabbelte in eine Position, in der sie das Fach öffnen konnte. Doch so fest sie auch zog, es klemmte.

»Warte. Lass mich mal.« Vorsichtig schnallte Marc sich ab und robbte eilig in ihre Richtung. Er meinte plötzlich, den Geruch von Benzin in der Nase zu spüren.

»Aua!«

Marc hatte mit so viel Gewalt an dem kleinen Griff gezogen, dass sein Arm – als sich das Handschuhfach endlich öffnete – hart gegen Andreas Seite geprallt war.

»'tschuldigung! Siehst du den Hammer?«, fragte er hektisch und versuchte in der Dunkelheit zu erkennen, wo der Wagen liegen geblieben war. Im Scheinwerferlicht erkannte er eine kleine, tief verschneite Lichtung.

»Ja.«

»Bitte gib ihn mir und dreh den Kopf zur Seite.«

Als Andrea seine Anweisungen befolgte und ihm den Nothammer in die Hand drückte, zerschmetterte er mit einem kräftigen Schlag die Scheibe vor ihr. Dann vergrößerte er das entstandene Loch und hieb energisch einige kantig überstehende Glasreste weg.

»Okay! Jetzt kletterst du raus und rennst, so schnell du kannst, dort rüber zu den Bäumen.«

»Und du?«

Mit der offenen Scheibe nahm er den Benzingeruch noch stärker wahr. »Mach schnell! Ich komm auch, nach dir ... Auf meiner Seite ist mir das Lenkrad im Weg.«

Andrea kletterte vorsichtig mit dem Kopf zuerst durch das Loch und rollte sich geschickt auf dem Boden ab, wo sie umgehend im kniehohen Schnee versank. Mit bloßen, von der Kälte schmerzenden Händen stemmte sie sich hoch und kämpfte sich dann durch das winterlich unwegsame Gelände so schnell wie möglich zum Waldrand vor. Vor Anstrengung schnaufend, lehnte sie sich gegen eine der dunklen Tannen und blickte zurück auf den verunglückten Wagen.

Plötzlich schrie sie laut auf. »Marc, beeil dich! Ich glaube, da brennt etwas!«

Geschmeidig drückte er seine Schultern durch die Öffnung, als er merkte, dass sein Fuß sich im Sicherheitsgurt verfangen hatte. Hastig versuchte er, sich frei zu strampeln.

»MARC!«, gellte Andreas Stimme angstvoll durch die Nacht. Kurze Zeit später fühlte er, wie ihre eiskalten Hände an ihm zogen.

»Geh zurück! Der Wagen fliegt bestimmt gleich in die Luft!«

Doch Andrea rührte sich nicht vom Fleck. Ihr Atem ging stoßweise. Unerbittlich krallten sich ihre Finger in den Kragen seiner Jacke und zerrten ...

... bis sein Fuß auf einmal freikam und er durch das Loch rollte. Hastig rappelte er sich auf, griff nach Andreas Hand und stolperte Seite an Seite mit ihr durch die Nacht. Mehrfach strauchelten sie, fielen fast über einen umgefallenen, im Schnee unsichtbaren Baumstamm, aber sie gaben sich gegenseitig Halt.

Sie waren noch keine Sekunde am Waldrand angekommen, als plötzlich eine Stichflamme den Himmel erhellte und im nächsten Moment der Tank mit einem lauten Knall explodierte.

Er zog Andrea fest gegen seine Brust, um sie mit seinem Körper vor eventuell umherfliegenden Trümmerteilen zu schützen. Doch als er über ihre Schulter hinweg sah, dass das Auto gleichmäßig ausbrannte, ließ er sie vorsichtig los und sicherte sie, bis sie wieder allein auf ihren Füßen stand.

»Danke«, wisperte sie leise.

»Danke? Wofür?«

»Dass du uns gerettet hast.«

»Ich glaube, wir haben uns gegenseitig gerettet. Ich frage mich nur, wie so urplötzlich von einem Moment auf den anderen die Bremsen ausfallen konnten. Dabei war der Wagen gerade zu einer Generalüberholung in der Werkstatt.«

»Glaubst du, es hat sich jemand daran zu schaffen gemacht?«, fragte sie atemlos.

»Möglicherweise. Aber jetzt müssen wir uns erst einmal darum kümmern, wie wir wieder von hier wegkommen. Hast du dein Handy in —«

Marc zuckte erschrocken zusammen, als Andrea leidenschaftlich ihre Arme um seinen Hals schlang und ihr eisiges Gesicht an seine Wange presste.

»Hey, was ist los?«, fragte er besorgt.

Mit tränenerstickter Stimme murmelte sie: »Ich bin so froh, dass dir nichts passiert ist.«

Sanft strich er ihr übers Haar. »Uns beiden ... Ja, das bin ich auch.« Das Gefühl, sie warm und sicher im Arm zu halten, war überwältigend. Gleichzeitig war ihm alles an ihr so unendlich vertraut: der Duft ihrer weichen Haare, die zierlichen Kurven ihres Körpers … Er konnte einfach nicht anders – und küsste sie.

Zu seiner absoluten Überraschung erwiderte sie den Kuss. Inniglich.

Für eine viel zu kurze Zeit standen sie sich selbstvergessen küssend am Waldrand. Doch plötzlich lösten sich ihre Lippen wieder von seinen, und sie trat einen Schritt zurück.

Im flackernden Schein des brennenden Autowracks betrachtete sie ihn ungläubig. Dann drehte sie sich wortlos um und stapfte durch den tiefen Schnee in die Richtung des Abhangs, den sie bergab geschleudert worden waren.

ZEHN

Die Uhr im Auto des von Marc angeheuerten Fahrers zeigte vier Uhr morgens, und in wenigen Minuten würden sie endlich Zürich erreichen. Sie hatten für die restliche Strecke lediglich anderthalb Stunden gebraucht. Kein Kunststück, wenn man bedachte, dass der Fahrer ordentlich auf die Tube gedrückt hatte und sie fast die Einzigen waren, die zu dieser unchristlichen Zeit auf der Autobahn unterwegs waren. Die meisten Schweizer lagen schlafend in ihren Betten. Auch Marcs Kopf lehnte schlummernd an ihrer Schulter. Er war erst vor einer knappen halben Stunde ins Reich der Träume gedriftet. Der Arme. Ihm steckte noch, zusätzlich zum erlittenen Schock, das anstrengende Rennen in den Knochen. Kaum zu glauben, was sich seit heute Morgen alles ereignet hatte. Eigentlich müsste sie auch dringend ins Bett. Ihr Körper war hundemüde, doch ihre Gedanken kreisten unentwegt. Je mehr sie sich ihrem Zuhause näherte, desto schwerer wurde ihr das Herz. Ob Daniel dort auf sie warten würde?

Es war ein Glücksfall gewesen, dass sie in der abgeschiedenen Gegend, in der der Unfall passiert war, per Handy einen Notruf absetzen konnten. Nachdem die Polizei sie von dort abgeholt hatte, hatten die Bergung des Fahrzeugs und die Erfassung des Unfallablaufs schier endlos lang gedauert. Erst gegen zwei Uhr nachts war der Fahrer aus Sankt Anton auf der Polizeiwache eingetroffen. Natürlich hatte sie mehrfach versucht, Daniel zu erreichen, allerdings ohne Erfolg. Wo konnte er nur stecken?

Die Erinnerung an Marcs Kuss flackerte ihr von Zeit zu Zeit durch Kopf und Herz, doch daran durfte sie momentan nicht denken. Sie musste sich auf das Wesentliche konzentrieren: Wo war ihr Ehemann abgeblieben, und wer steckte hinter diesem neuerlichen Mordanschlag auf Marc? Denn auch die österreichischen Kollegen hatten es für absolut ausgeschlossen gehalten, dass die Bremsen eines perfekt gewarteten Oldtimers ohne jede Ankündigung während der Fahrt ihren Geist aufgaben.

Und genau in diesem Moment, in dem sie diese zwei Fragen zu einem einzigen Satz verband, kam ihr ein ganz ungeheuerlicher Gedanke: Konnte Daniel hinter all diesen Anschlägen stecken? Sie erinnerte sich daran, dass ihr ein erster Verdacht in diese Richtung schon einmal gekommen war: als Daniel die Marke des verwendeten Sprengstoffs gewusst hatte, ohne dass sie den Namen »Tovex« je erwähnt hatte. Damals hatte er sich überzeugend mit seinem beim Militär angeeigneten Wissen herausreden können. Doch diesmal passten alle Puzzleteilchen zu gut ineinander, um die verschiedenen Indizien zu ignorieren. Wer könnte zum Beispiel besser eine Bremse manipulieren als ein Kfz-Mechaniker? Ob Daniel geahnt hatte, dass sie mit Marc nach Hause fahren würde, wenn er nicht aufkreuzte? Dann hatte er auch ihren Tod zumindest billigend in Kauf genommen, wenn nicht gar beabsichtigt. Sie würde sich vorsehen müssen.

In Gedanken ging sie auch die anderen Vorkommnisse durch: Es wäre ein Leichtes für Daniel gewesen, die anonymen Briefe zusammenzuschustern und in Marcs Briefkasten zu werfen. Marcs Adresse stand nicht im Telefonbuch, aber bestimmt wusste halb Wengen auch so, wo der berühmteste Einwohner des Dorfs wohnte. Und der durchs Fenster geworfene Fisch? Zu der Zeit waren sie Pizza essen gewesen.

Hm. Sie musste sich konzentrieren und versuchen, ihre Müdigkeit zu überwinden. Vielleicht würde sie Daniel gleich allein gegenüberstehen. Dann musste sie wissen, mit wem sie es zu tun hatte: ihrem angetrauten Ehemann und Marcs vormals bestem Freund oder einem eiskalten Killer.

Plötzlich fiel es ihr wie Schuppen von den Augen. Nein, Daniel hatte auch für die Fisch-Episode kein Alibi. Wenn sie sich richtig erinnerte, war Marc schon recht früh zu seiner Abendveranstaltung gegangen, und Daniel hatte sie erst um zwanzig Uhr aus der Kasernenstraße abgeholt. Da hätte er locker vorher noch versuchen können, so zu tun, als ob er bei Marc einbrechen wollte, um dann den Stein mit dem Fisch durchs Fenster zu katapultieren. Verdammt! Warum war ihr das nur nicht vorher aufgefallen?

Händeringend versuchte sie, sich daran zu erinnern, was Daniel an dem Nachmittag angeblich gemacht hatte, an dem das Lauberhorn-Rennen mit dem Drohnenabsturz stattgefunden hatte. Sie selbst hatte vor dem Fernseher gebügelt und dabei das Rennen verfolgt. Aber Daniel? Hatte er ihr nicht gesagt, dass er eine ganztägige Skitour machen wolle?

Was, wenn er stattdessen einfach nach Wengen gefahren wäre?

Plötzlich wurde ihr eiskalt. Niemand hatte ihn dort gesehen. Aber was hätte er schon riskiert, wenn er einem Bekannten über den Weg gelaufen wäre? Dann hätte er immer noch sagen können, dass er seine Eltern besuchen wolle.

An den Sprengstoff hätte er bestimmt auch ohne Probleme kommen können. Daniel hatte ganz früher selbst mal einen PistenBully für den Pistenräumdienst gefahren und kannte – genau wie Marc – viele Dorfbewohner, die inzwischen in anderen Wintersportorten arbeiteten. Warum also nicht auch jemanden in Zermatt?

Und sein Motiv? Offenbar krankhafte Eifersucht. Aber warum ausgerechnet jetzt? Nach all den Jahren? Plötzlich fiel ihr ein, was Marc ihr neulich erzählt hatte: Er und Daniel waren sich letztes Jahr zufällig über den Weg gelaufen. Waren sie bei dieser Gelegenheit in Streit geraten? Marc hatte zwar gesagt, dass Daniel grußlos an ihm vorbeigerauscht sei, aber vielleicht war es ihm zu peinlich, eine weitere körperliche Auseinandersetzung mit ihrem Mann zuzugeben.

Ob sie Marc wecken und dazu befragen sollte? Nein. Tief

in ihrem Inneren weigerte sie sich immer noch, an Daniels Schuld zu glauben. Außerdem brauchte sie einen hieb- und stichfesten Beweis. Die Indizien deuteten alle auf eine mögliche Täterschaft hin, aber das reichte ihr nicht. Sie musste absolut sicher sein, bevor sie ihren eigenen Mann ans Messer lieferte.

Ob die Videoaufnahmen des Hahnenkamm-Rennens schon auf ihrem Rechner waren? Dann würde sie diese als Erstes durchsehen. Wenn Daniel tatsächlich in Kitzbühel zu sehen wäre, dann bestünde eine ziemlich hohe Wahrscheinlichkeit, dass er zumindest die Möglichkeit gehabt hatte, die Bremsen an Marcs Wagen zu manipulieren.

»Wir sind da«, sagte der Fahrer in genau diesem Moment und hielt an. Mit einem mulmigen Gefühl im Bauch bemerkte sie, dass sie unmittelbar vor ihrer Haustür parkten. Auch Marc wachte auf.

»Wir sprechen uns dann später, ja? Schlaf jetzt erst einmal«, murmelte er verschlafen.

Sie nickte und öffnete die Tür. »Ja, bis später.«

Da ihre Reisetasche mit all ihren persönlichen Sachen in Marcs Wagen verbrannt war, ging sie als Erstes in den Garten, um sich aus dem Vogelhäuschen die Ersatzschlüssel für ihre Wohnung zu holen. Auch hinter dem Haus lag ein wenig Neuschnee und hüllte die schmutzig braunen Blumenbeete in eine saubere weiße Decke. Wenn sie diese Geschichte mit Daniel doch auch nur so einfach begraben könnte … Aber sie kannte sich selbst besser: Gerechtigkeit bedeutete ihr viel, und falls Daniel wirklich schuldig war, würde sie ihn nicht vor seiner gerechten Strafe schützen.

Schweren Herzens stieg sie die Treppe hoch. Vor ihrer Wohnungstür hielt sie inne und lauschte. Doch drinnen schien alles still zu sein.

Sie steckte den Schlüssel ins Loch und öffnete die Tür.

Umgehend schlug ihr ein ekelhafter Mief entgegen. Schweißgeruch vermischt mit Alkohol, Rauch und … Erbrochenem? Was hatte Daniel hier nur veranstaltet? Eine Teenagerparty?

Im Flur lagen Daniels verdreckte Schuhe, und seine Jacke schien im Vorbeigehen lose über den Flurtisch geworfen worden zu sein. Offenbar war ihr Ehemann zu Hause. Doch bevor sie sich nach ihm auf die Suche machte, betrat sie das Wohnzimmer und riss alle Fenster sperrangelweit auf. Seufzend atmete sie die kalte, klare Nachtluft ein. Hatte sie insgeheim gehofft, dass Daniel sich aus dem Staub gemacht hatte? Wahrscheinlich.

Stattdessen lag ihr Ehemann, vollständig bekleidet, bäuchlings auf dem Doppelbett und schnarchte leise. Er schien sich mit Alkohol vollkommen ausgeknockt zu haben, denn der Gestank ging eindeutig von ihm aus. Für heute Nacht würde sie sich eine andere Schlafstätte suchen müssen. Vielleicht ginge die Couch, wenn sie das Fenster offen ließe. Aber bevor sie sich zur Ruhe begeben konnte, musste sie wissen, woran sie war. Leise zog sie die Schlafzimmertür zu und schaltete ihren Computer ein.

Tatsächlich waren die Videos vom Hahnenkamm-Rennen schon eingetroffen. Während die Dateien runtergeladen wurden, machte sie sich in der Küche einen starken Espresso. Dann setzte sie sich vor den Bildschirm und studierte die einzelnen Sequenzen. Um nicht einzuschlafen, machte sie sich wieder Notizen: »Frauen mit aufgemalter österreichischer Flagge im Gesicht«, »Kuhglockenbimmler aus Sankt Anton« und so weiter.

Plötzlich starrte sie schockiert auf den Bildschirm. Da! Direkt neben dem Zieleinlauf stand ein Mann, der von hinten so aussah wie Daniel. Raspelkurze dunkle Haare, und sogar die Farbe der Skijacke stimmte. Grün, mit weißen Streifen. Oder sah sie schon Gespenster? Sie sollte die Jacke aus dem Flur holen und mit dem Standbild vergleichen, aber plötzlich fühlte sie sich, als ob ihre Beine aus Blei wären ... Was machte sie nur, wenn es tatsächlich dieselbe Jacke war? Wenn das den ultimativen Beweis lieferte, dass Daniel sich in Kitzbühel aufgehalten hatte? Würde sie dann ihre Bereitschaftskollegen alarmieren und ihn abführen lassen?

In dem Moment wurde die Tür aufgerissen. Ihr Herz schlug einen Trommelwirbel, und ihre Kopfhaut prickelte. Vor ihr ...

... stand Daniel schwankend im Türrahmen.

Eine Zeit lang betrachtete er sie nur aus zusammengekniffenen Augen – so als müsste er seinen Blick erst fokussieren, dann lallte er:»Da isse ja wieder ... meine untreue Frau!«

»Ich habe dich nicht betrogen, Daniel«, sagte Andrea mit fester Stimme.

Ihre Angst hatte sich genauso schnell, wie sie sie angesprungen hatte, wieder gelegt. In diesem Zustand war ihr Ehemann kein ebenbürtiger Gegner. Im Grunde genommen hatte sie Mitleid mit ihm.

Aber Daniel schien sich von ihren Worten nicht beirren zu lassen.»Wie geht's deinem sportlichen Loverboy? Hattet ihr eine schöne Zeit in Kitzbühel?«

Sie seufzte schwer und versuchte, die Erinnerung an Marcs Kuss mit aller Macht zu verdrängen.

»Daniel, da ist nichts zwischen Marc und mir.«

»Natürlich nicht ...«, flüsterte er sarkastisch.»Deshalb hast du ihn bei seinem Sieg auch so total verschossen angehimmelt.«

Plötzlich schoss ihr wieder das Adrenalin ins Blut.»Warst du da? Hast du uns in Kitzbühel gesehen?«

»Erklär mir mal, was ihr alle an diesem Scheiß-Marc nur so toll findet ...« Daniel wankte einen Schritt auf sie zu.»Ist es das viele Scheiß-Geld, das er verdient? Seine Scheiß-Medaillen? Weil, Skifahren kann ich auch gut ... richtig gut sogar ...«

Sie musterte ihn mit durchdringendem Blick.»Daniel, bitte antworte mir. Sofort! Bist du in Kitzbühel gewesen?«

Seine glasigen, blutunterlaufenen Augen waren auf sie gerichtet, während er sich mit einer Hand an der Wand abstützte. Er stank erbärmlich.

»Als Kinder sind wir nämlich beide super Ski gelaufen. Einmal hab ich ihn bei einem Rennen sogar geschlagen, den feinen Gassmann. Doch wer kommt in den Leistungskader? Marc. Wer geht mit dem hübschesten Mädchen aus? Marc. Und wer wird mit Trophäen überhäuft und muss den ganzen Winter über nicht in die Schule? Schon wieder Marc. Immer dieser verdammte Marc!«

Ihr Herz krampfte sich zusammen. Trotz allem tat ihr Daniel unendlich leid. Er musste unter dieser ungleichen Freundschaft sehr gelitten haben. Seine Worte zeugten von unermesslichem Neid und tiefen seelischen Narben.

»Aber ich habe dich geheiratet und nicht Marc«, warf sie ein. Obwohl sie wusste, dass man in diesem Zustand wahrscheinlich nicht mit ihm diskutieren konnte.

Daniel ließ den Kopf hängen. »Nur wegen einer Lüge.«

»Wie meinst du das?«, fragte sie überrascht.

Seine Stimme klang rau wie nach fünf Schachteln Zigaretten, als er flüsterte: »Du hast mich nur geheiratet, weil ich dich in dem Glauben gelassen habe, dieser One-Night-Stand hätte ihm etwas bedeutet ... Hat er aber nicht.«

Andrea blickte ihm fest ins Gesicht. »Nein, Daniel. Ich habe dich geheiratet, weil ich bis an mein Lebensende mit dir zusammen sein wollte. Weil ich mich bei dir geborgen und sicher gefühlt habe.«

Er zuckte mit den Schultern. »Vielleicht. Aber geliebt hast du trotzdem nur ihn. Meinst du, ich hätte das nicht mitbekommen? Selbst bei unserer Hochzeit hast du heimlich noch darauf gehofft, dass er plötzlich auftaucht. Stimmt's nicht? Gib es ruhig zu!«

Langsam schüttelte Andrea den Kopf. »Nein, Daniel. Ich wollte nur dich.«

»Du lügst! Ich weiß, dass du lügst. Ich habe es an deinem Blick gesehen. Jeden Tag habe ich auf die Mitteilung gewartet, dass du mich für ihn verlässt. Jeden beschissenen Tag!«

»Das tut mir alles so leid. Offenbar brauchst du dringend Hilfe. Entschuldige, dass ich das nicht vorher bemerkt habe.« Andrea holte tief Luft. »Hast du deswegen Marcs Bremsen manipuliert und die Drohne explodieren lassen? Aus Eifersucht?«

Sein glasiger Blick suchte ihren, so als ob er sie nicht richtig verstanden hätte. »Wie meinst du das?«

»Bitte lass uns jetzt offen reden. Zum Glück ist Marc und mir bei diesem Unfall nichts passiert. Und mit einem guten Anwalt bekommst du vielleicht nur eine Bewährungsstrafe. Maximal ein Jahr Gefängnis. Aber du müsstest natürlich zugeben, dass du —«

Die Wangen ihres Ehemanns, die bis dahin kalkweiß gewesen waren, färbten sich flammend rot. »Du denkst wirklich, ich hätte einen Anschlag auf ihn ... auf euch ... verübt?«

Er hatte ihr diese Worte dermaßen brutal entgegengeschleudert, dass sie unwillkürlich einen Schritt zurücktrat.

»Aber du hast doch selbst gesagt, dass du ihn hasst und gestern Mittag in Kitzbühel warst ...«

»Wie kommst du denn auf so einen Schwachsinn? Natürlich war ich gestern nicht in Kitzbühel!«

»Und wie willst du dann gesehen haben, dass ich ihn nach seinem Sieg *total verschossen angehimmelt* habe? Erklär mir das mal, bitte!«

Daniels Gesicht verzog sich zu einer grauenerregenden Fratze. In diesem Moment hatte sie tatsächlich Angst vor ihm.

»Du hältst mich also nicht nur für einen Versager, sondern auch noch für einen Möchtegern-Mörder?«, brüllte er außer sich vor Wut und boxte mit einer Hand gegen die Wand. »Das könnte euch so passen, dann sitz ich im Knast, und ihr könnt es endlich ungestört miteinander treiben.«

»Daniel, ich habe dich auf dem Video erkannt. Du stehst zwar mit dem Rücken zur Kamera, aber deine Jacke —«

»ICH WAR NICHT IN KITZBÜHEL! Raffst du das nicht? Ich habe euch auf der Mattscheibe turteln sehen. Aber wenn du mir unbedingt einen versuchten Mord in die Schuhe schieben willst, dann mach doch! Mir ist jetzt sowieso alles egal.«

Wutentbrannt, aber wesentlich nüchterner als noch vor fünf Minuten stürmte Daniel aus dem Wohnzimmer. Sekunden später hörte sie die Wohnungstür zuknallen. Oh mein Gott, er würde doch in diesem Zustand nicht Auto fahren?

Bestürzt rannte Andrea hinter ihm her. Auf dem Gehweg holte sie ihn ein. Daniel trug seine grüne Jacke und lief in Richtung Bushaltestelle.

Es war ein anderes Grün. Eins, das eindeutig mehr ins Bläuliche ging. Und die weißen Schulterstreifen verliefen diagonal und nicht gerade wie bei der Jacke aus dem Video.

Verdammt. Sie hatte ihn zu Unrecht verdächtigt. Da war wohl ihre Phantasie mit ihr durchgegangen.

Für einen winzigen Moment überlegte sie, ihm zu folgen. Doch dann verwarf sie diesen Plan wieder. Irgendwann würden sie sich richtig aussprechen müssen. Aber jetzt und hier war weder der richtige Moment noch der richtige Ort für so eine Unterhaltung. Außerdem war sie todmüde und musste dringend ins Bett. Sie konnte eindeutig nicht mehr klar denken.

★★★

Eigentlich habe ich mir fest vorgenommen, es nicht mehr zu tun. Aber irgendwann wird der innere Trieb zu groß. Und dann muss ich morgens aus der Wohnung raus und die anderen Kinder dabei beobachten, wie sie zur Schule gehen. Ein Stück Normalität erfahren, die auch einmal mein Alltag war.

Die Kinder sind meistens allein oder in kleinen Gruppen unterwegs. Das habe ich Igor nie erlaubt. Es erschien mir zu gefährlich. Schließlich gibt es selbst in der honorigen Schweiz Verbrecher. Auch von entführten Kindern meine ich schon einmal gelesen zu haben. Deswegen habe ich Igor immer bis zur Schule gebracht, bin neben ihm herspaziert, während er munter auf mich einplapperte. Über Dinosaurier, Skifahren und Lucie, das Mädchen von nebenan, das ihn manchmal damit aufzog, dass er für sein Alter sehr klein war. Ich versuchte, ihm zu erklären, dass Lucies Verhalten eine Art Liebesbeweis war, aber er glaubte mir nicht. Dann wäre sie doch bestimmt netter zu mir, meinte er.

Damals fragte ich mich, wie Igor – wenn er einmal erwachsen wäre – die Liebe erleben würde. Würde er ein »nettes« Mädchen finden oder unter den Lucies dieser Welt zu leiden haben? Würde ich es schaffen, ihn zu einem verantwortungsvollen, warmherzigen jungen Mann zu erziehen? Zu einem Familienmenschen, wie ich es selbst einmal war? Das werde ich nie erfahren.

Erst an Igors Schule merke ich, dass heute Sonntag sein muss. Das Tor vor dem Schulgebäude ist verschlossen. Und ich habe auf dem Weg dorthin keine anderen Kinder gesehen. Verliere ich langsam den Verstand?

***

Als Andrea gegen vierzehn Uhr aufwachte, war Daniel noch immer nicht nach Hause gekommen. Müde checkte sie ihr Handy. Doch sie hatte keine Nachricht von ihrem Ehemann. Nur Urs und Marc hatten angerufen.

Als Erstes rief sie pflichtschuldigst ihren Kollegen an.

»Hoi, Andrea«, meldete er sich aufgeregt. »Ebert lässt fragen, ob wir heute, am Sonntag, die Übergabe machen können. Weil Herr Gassmann doch morgen früh schon wieder in Crans-Montana sein muss.«

»Sicher.« Das wäre dann auch eine gute Gelegenheit, um Ebert und Urs von den defekten Bremsen zu berichten. Und von Kofferts und Romingers Mega-Deal.

»Wann?«

»Um siebzehn Uhr?«

»Okay. Ach, übrigens, hast du die Geschichte von Ralf Greven und Alpha Design überprüft?«

»Ähm ... nein. Entschuldige bitte, aber ich musste mir gestern unbedingt noch eine neue Skiausrüstung besorgen. Wenn ich hinter Herrn Gassmann herfahre, kann ich das ja schlecht in meinem roten Uralt-Overall machen. Außerdem habe ich mir ein Paar prima Carving-Ski gekauft. Vielleicht kann ich mir ja noch ein oder zwei Tricks vom großen Meister abgucken.«

Andrea rollte am anderen Ende der Leitung mit den Augen. Stellte sich Urs den Aufenthalt in Crans als eine Art Feriencamp vor? Aber sie enthielt sich eines entsprechenden Kommentars.

»Okay, dann werde ich morgen mal ein wenig recherchieren. Ist Martina schon aus dem Urlaub zurück?«

»Hast du es noch nicht gehört? Martina hat sich einen neuen Job bei der Kripo geangelt. Du wirst also vorerst dein Büro für dich allein haben. Schön, nicht? Da hast du mehr Platz. Also dann, bis später!« Urs legte auf.

Jetzt kam es aber knüppeldick: Nicht nur, dass sie sich mit Daniel gestritten hatte und nicht wusste, wo er sich gerade aufhielt. Oder dass sie von ihrer Aufgabe als Marcs Personenschützerin entbunden worden war. Jetzt hatte sich Martina auch noch *ihren* Job bei der Kripo geschnappt? Was war nur los? Hatte sich die ganze Welt gegen sie verschworen?

Unglücklich wählte sie Marcs Nummer.

»Hallo, Andrea«, meldete er sich. »Wie geht's dir?«

»Hi, Marc. Ehrlich gesagt ging es mir schon mal besser. Hast du schon etwas von deinem ausgebrannten Auto gehört?«
»Nein, aber das ist jetzt auch nicht so wichtig. Was ist bei dir los?«, erkundigte er sich besorgt. »Hat es mit dem Job in Crans-Montana zu tun? Ich kann immer noch mit deinem Boss sprechen, wenn du –«
»Nein, das ist schon okay«, unterbrach sie ihn. »Ich glaube, Urs wird sein absolut Bestes geben, und so wie ich Ebert kenne, wird er dir zusätzlich die halbe Walliser Kantonspolizei auf den Hals hetzen.«
»Worum geht es dann?«
»Ach, ich hatte gestern Nacht noch einen fürchterlichen Streit mit Daniel, weil ich –«
»Du hast ihm von unserem Kuss erzählt?«, fragte Marc ruhig.
Für eine Sekunde wusste Andrea nicht, was sie darauf erwidern sollte. Dann stammelte sie: »Nein … natürlich nicht. Das war doch nur eine Kurzschlussreaktion nach dem Unfall. Wir hatten beide einen Riesenschock.«
»So. Meinst du?« Seine Stimme klang irgendwie merkwürdig.
»Ja, ich glaube, das … das ist doch irgendwie ganz menschlich. Nach dem Schreck.«
»So«, wiederholte Marc, aber er widersprach ihr nicht. »Und warum hast du dich dann mit Dani gestritten?«
Es war komisch, Daniels alten Kosenamen aus Marcs Mund zu vernehmen. »Weil … ich war gestern Abend so müde, dass ich es sogar für möglich gehalten habe, dass Daniel hinter den Anschlägen gegen dich steckt.«
»Oh.«
»Ja. Und das hat er nicht gut aufgenommen.«
»Verständlicherweise. Zumal Dani niemals zu etwas so Hinterhältigem fähig wäre.«
»Hm. Er kann schon ziemlich eifersüchtig sein«, antwortete sie vorsichtig.

»Klar, er liebt dich. Da ist das doch verständlich. Außerdem knabbert er daran – glaube ich zumindest –, dass er nicht ganz faire Mittel eingesetzt hat, um dich von mir loszueisen.«
So etwas Ähnliches hatte Daniel letzte Nacht auch gesagt.
Als sie nichts erwiderte, fragte Marc: »Kommst du heute um siebzehn Uhr zu diesem Treffen?«
»Ja«, antwortete sie überrascht. »Du etwa auch?«
»Klar, was bleibt mir anderes übrig? Dein Kollege und ich fahren direkt im Anschluss nach Crans-Montana.«
»Verstehe. Dann … bis gleich.«
»Ja, bis gleich.«

ELF

Der Morgen nach der Übergabe in Anwesenheit von Ebert,
Marc und Urs war grau und kalt. Typisches Zürcher Winter-
wetter. Andrea fuhr trotzdem mit dem Fahrrad zur Arbeit. Sie
brauchte dringend frische Luft. Und körperliche Anstrengung.
Denn ihre Stimmung war am heutigen Tag wirklich am Null-
punkt angekommen.

Gestern Abend, als sie nach Hause kam, hatte Daniel auf sie
gewartet. Frisch geduscht und in sauberen Klamotten hatte er in der
Küche gesessen, neben sich zwei gepackte Koffer. Sie hatte
sofort gewusst, was das bedeutete.

»Du ziehst aus?«

Mit unbewegter Miene hatte er genickt.

Ihr Hals war wie zugeschnürt gewesen. »Willst du dich etwa
scheiden lassen? Wegen eines kleinen Streits?«

»Es ist nicht nur deswegen. Ich brauche einfach Zeit zum
Nachdenken. Keine Ahnung, ob ich die Scheidung will. Aber
so kann es jedenfalls nicht zwischen uns weitergehen.«

»Was hast du jetzt vor?«

»Ich hab mir ein Zimmer in einer Pension gemietet.«

Sie hatte mit den Tränen gekämpft. »Daniel, es tut mir sehr
leid, dass ich dich verdächtigt habe. Aber ich —«

Müde hatte er eine Hand gehoben, um ihren Redefluss
zu stoppen. »Das war nur der berühmte Tropfen, der das Fass
zum Überlaufen gebracht hat, Andrea. Früher oder später wäre
es sowieso so weit gekommen. Ich kann einfach nicht mehr
mit dieser Angst leben, dich zu verlieren. Da gehe ich lieber
selbst.«

Zum Abschied hatten sie sich kurz umarmt. Doch es hatte

sich irgendwie falsch angefühlt. Mehr wie zwei Schiffbrüchige, die sich gegenseitig Trost spendeten. Danach hatte sie sich in den Schlaf geheult. Jetzt war sie also wieder Single. Stand ganz allein in der Welt. Wie schon so oft in ihrem Leben zuvor.

★★★

Auch heute bin ich wieder in Richtung Schule gegangen und einer Gruppe kleiner Mädchen gefolgt. Nachdem sie sich ein paarmal zu mir umgeschaut hatten, habe ich meine Schritte verlangsamt. Ich will schließlich niemandem Angst einjagen.

Auf dem Rückweg von der Schule hat mich dann jemand angesprochen. Ich kenne diese Frau. Sie heißt Anneli und ist die Mutter eines Mädchens, das zu Igor in die Klasse ging. Früher fand ich sie nett. Heute hat ihre Stimme allerdings diesen Ton, den ich nicht ausstehen kann. So betont mitfühlend. Barmherzig mild. Obwohl man ihr anmerkt, dass sie bei meinem Anblick am liebsten die Flucht ergriffen hätte, hält sie es für ihre Pflicht, mir ihr Mitgefühl mitzuteilen. Es sind auswendig gelernte Floskeln, die sie routiniert und honigsüß aufsagt.

»Was für eine Tragödie, aber …«, fangen viele solche Tröstungsformeln an. Doch für mich gibt es kein »Aber« nach dieser Tragödie. Was mit Igor passiert ist, wird niemals nur eine Fußnote in einem anderweitig interessanten Werdegang sein. Nein, der Zug meines Lebens ist endgültig aus den Schienen gesprungen, und nichts wird jemals sein wie zuvor.

Ivana verteidigt Menschen wie diese Frau. »Was sollen sie dir schon anderes sagen? Sie sind überfordert. Traurig. Es gibt keine richtigen oder falschen Worte in diesem Zusammenhang.«

Das mag so sein. Aber es ändert nichts an meiner Einstellung. Deshalb erwidere ich auch nichts auf die Worte dieser Frau, starre sie nur an. Ich merke, wie mein Verhalten sie verunsichert. Wahrscheinlich spürt sie meine unterschwellige Wut. Aber das ist mir egal. Sie soll die Klappe halten. Einfach – verdammt noch mal – still sein.

***

Die nächsten Tage verbrachte Andrea mit weitreichenden Recherchen über Beat Rominger und den verhinderten Skifabrikanten Ralf Greven. Was sie dabei über Rominger herausfand, war äußerst interessant, reichte aber bei Weitem nicht aus, um ihn ernsthaft zu verdächtigen, in irgendeiner Form in die Geschichte mit Marc involviert zu sein. Dazu fehlte auch ein überzeugendes Motiv. Rominger hatte jedoch, wie man so schön sagte, Dreck am Stecken. Zwar war er niemals offiziell mit dem Gesetz in Konflikt geraten, aber er bewegte sich des Öfteren hart am Limit der Legalität: Zweimal waren vermeintliche Vergehen wegen Steuerhinterziehung gegen eine nachträgliche Zahlung von ihm eingestellt worden. Zudem trat er auch als sogenannter Miethai in Erscheinung, der überall in der Schweiz marode Immobilien aufkaufte und dann nach einer Minimalrenovierung den doppelten Mietzins verlangte. Wirklich kein netter Zeitgenosse.

Die von Greven erzählte Geschichte über seine Zusammenarbeit mit Rominger schien auch zu stimmen, zumindest soweit Andrea sie faktisch überprüfen konnte. Rominger und Greven waren sich in Zermatt begegnet, wo Rominger eine Ferienwohnung besaß. Dort war es auch zu dem für Greven so unbefriedigenden Deal gekommen. Seine Firma Alpha Design hatte inzwischen Konkurs angemeldet, weshalb Greven nicht über die finanziellen Mittel verfügte, um Rominger wegen einer Verletzung des Urheberrechts anzuklagen. Dabei hatte Jürgen Koffert ihm freundlicherweise sogar ein Foto von dem Ski geschickt, den sein Bruder getestet hatte, und darauf war eindeutig die Ähnlichkeit zu dem von Greven entwickelten Prototyp zu erkennen. Als sie ihrem Boss davon berichtete, hatte der bloß mit den Achseln gezuckt und gesagt, dass gegen Dummheit nun einmal kein Kraut gewachsen sei. Andrea fand, dass er es sich da zu leicht machte, schließlich war Grevens gesamte Existenz ruiniert. Aber widersprochen hatte sie ihm trotzdem nicht.

Über Marcs Autowrack waren sich die Experten uneins: Einer meinte, Anzeichen für eine mögliche Manipulation an den größtenteils verbrannten Bremsleitungen gefunden zu haben, während ein anderer die Auffassung vertrat, dass ein totaler Bremsausfall bei solch alten Karosserien durchaus auch ohne mutwillige Fremdeinwirkung vorkommen könne. Zumal bei Marcs Auto wie bei achtzig Prozent der 300-SL-Oldtimer der original mitgelieferte Unterfahrschutz aus Aluminium fehle. Da könne es durchaus zu einer Beschädigung der Bremsleitung durch einen scharfkantigen Stein oder Ähnliches gekommen sein. Sie konnte sich also aussuchen, wem sie Glauben schenken wollte.

In jedem Fall hatte sich herausgestellt, dass Sven Göransson, Marcs ehemaliger Trainer, für Kitzbühel ein unerwartetes Alibi hatte: Sein Nachwuchsläufer hatte sich beim zweiten offiziellen Training so schwer verletzt, dass beide noch vor dem Hahnenkamm-Rennen abgereist waren. Sie würden aus dem gleichen Grund auch nicht bei dem Rennen in Crans dabei sein können.

Das Ergebnis ihrer Arbeit ließ sich demnach folgendermaßen zusammenfassen: Sie hatte – nach wie vor – keinen blassen Schimmer, wer hinter den Anschlägen stecken könnte. Manchmal ertappte sich Andrea dabei, dass sie die Analyse des netten Forensikers anzweifelte. Denn wenn dieser keine Sprengstoffreste gefunden hätte, würde sie sich inzwischen Marcs Vermutung anschließen, dass die ganze Sache nur auf einer Reihe unzusammenhängender Zufälle oder Streiche basierte. Die anonymen Briefe konnte ein enttäuschter Fan geschrieben haben, der Drohnenabsturz durch den leeren Akku eines Kinderspielzeugs erklärt werden, die Forelle war ein Bösejungenstreich, und Marcs Bremsen wären einfach altersschwach beziehungsweise ungeschützt gewesen ...

Doch zusammengenommen war das eben ein wenig zu viel des Guten, um rein zufällig geschehen zu sein. Außerdem erklärten diese Zufälle nicht die Existenz von Sprengstoff in der abgestürzten Drohne. Es war zum Haareraufen frustrierend. Von Daniel hatte Andrea in den letzten Tagen nicht ein einziges Mal etwas gehört. Doch sie wusste, dass er wie gewohnt zur Arbeit ging, denn sie war in ihrer Mittagspause extra an der Kfz-Werkstätte vorbeigefahren, in der er schaffte, und hatte sein Auto davor stehen sehen. Sie vermisste ihn. Aber auf der anderen Seite war sie seit dem frühen Tod ihrer Mutter noch nie besonders gut mit dem Alleinsein klargekommen. Und sie hatte Daniel die Wahrheit gesagt: Sie hatte ihn geheiratet, weil sie nach der traumatischen Trennung von Marc und dem plötzlichen Tod ihrer Großmutter gehofft hatte, mit ihm eine lebenslange Gemeinschaft zu finden. Aber so etwas konnte man wahrscheinlich nicht erzwingen.

Marc hatte sich ebenfalls nicht bei ihr gemeldet. Doch über ihn und seine Trainingsläufe berichtete Urs tagtäglich mit geradezu ekstatischer Hingabe, denn Urs wartete keinesfalls untätig – so wie sie es getan hatte – am Ende der Piste auf Marc. Nein, er rutschte mit seinen Ski quasi zeitgleich, also zumindest so schnell er konnte, den Berg hinter Marc hinunter. Andrea fragte sich zwar, wie er in voller Skimontur einen Angreifer in die Flucht schlagen wollte, aber sie behielt auch diesen Kommentar dezent für sich.

Es schien Marc gut zu gehen. Allerdings hatte er seinem Manager fristlos gekündigt. Wahrscheinlich hatte Urs ihm die Ergebnisse ihrer Recherche brühwarm weitererzählt, und Marc hatte daraufhin nicht mehr bis zum Ende der Saison warten wollen. Da Rominger aber zur selben Zeit den Sportwetten-Anbieter-Deal von Franz Koffert verkündet hatte, stellte es die manchmal wirklich unterbelichtete Presse so dar, als ob Rominger Marc für ein jüngeres, vielversprechenderes Talent fallen gelassen hätte. Doch wie sie Marc kannte, würde ihn das lediglich beflügeln, Koffert im morgigen Rennen haushoch zu schlagen. Andrea machte sich noch eine zweite Tasse Kaffee. Irgendwie gingen ihr gerade die Ideen aus. Wo sollte sie noch nach einem möglichen Täter fahnden? Aus reiner Langeweile beschloss sie, sich den Vorgang mit dem Unfall anzuschauen, den Marc in Kitzbühel erwähnt hatte. Den, bei dem Peter Winklers Vater versehentlich ein kleines Kind überfahren hatte. Angeblich war er ja an dem Unfall unschuldig gewesen, aber in Andreas Augen machte sich jeder schuldig, der so schnell fuhr, dass er nicht mehr rechtzeitig bremsen konnte, wenn ein Kind über die Straße lief.

Das Kind war ein kleiner russischer Junge gewesen. Igor Nekrassov, gerade mal sechs Jahre alt. Der Unfall war letztes Jahr Anfang Mai nach einem Training von Peter Winkler am Glacier 3000 passiert. Ausgerechnet auf dem Parkplatz hinter der Luftseilbahn. Winkler und sein Vater hatten die Ausrüstung in den Wagen geräumt und waren just in dem Moment losgefahren, als der kleine blonde Junge hinter dem Auto seiner Eltern hervorgesprungen war. Es gab einen unabhängigen Augenzeugen, der bezeugt hatte, dass Winkler nicht schneller als zwanzig Kilometer pro Stunde gefahren sei und noch versucht habe, rechtzeitig zu bremsen, es aber bereits zu spät gewesen sei. Der eilig herbeigerufene Notarzt hatte nur noch den Tod des Kindes feststellen können. Der Vater des Jungen sei daraufhin mit einem Schock ins Krankenhaus eingeliefert worden. Die Mutter, die dem Skiausflug nicht beigewohnt hatte, war ordnungsgemäß von der Polizei informiert worden. Marcs Name wurde natürlich nicht erwähnt. Er hatte mit dem Unfall nichts zu tun gehabt. Und Andrea konnte sich beim besten Willen nicht vorstellen, dass es irgendeine Verbindung zwischen diesem tragischen Unfall und den Anschlägen auf ihn gab. Nein, auch diese Recherche war ein Schuss in den Ofen.

In genau diesem Moment klingelte ihr Handy. Ihr Herz schlug ein wenig schneller, als sie Marcs Nummer im Display erkannte.

»Hallo?«, meldete sie sich, auf unerklärliche Weise verlegen.

»Ich bin's. Du musst leider umgehend nach Crans-Montana kommen. Dein Kollege hat einen Kreuzbandriss und wird gleich nach Hause transportiert werden. Leider können wir Ebert nicht erreichen, und die Walliser Polizei besteht darauf, dass ein Zürcher Kollege den Einsatz vor Ort leitet. Man will hier nicht allein die Verantwortung für meine Sicherheit übernehmen.«

Sie schluckte. »Wie bitte? Was ist denn bei euch passiert?«

»Hast du mich nicht verstanden? Dein äußerst interessanter Kollege Urs ist kopfüber einen Abhang runtergestürzt. Ich glaube, er hat versucht, einen meiner Sprünge zu imitieren. Jedenfalls ist er verletzt und muss wahrscheinlich operiert werden. Bitte setz dich in einen Wagen und komm sofort nach Crans, sonst lassen die mich morgen beim Rennen nicht starten.«

Sie nickte abwesend, obwohl Marc das gar nicht sehen konnte. »Okay. Ich werde Ebert kontaktieren und mache mich gleich auf den Weg. Soll ich vorher noch schnell einen Krankentransport für Urs organisieren?«

»Nein, den fliegen sie gleich mit dem Heli aus. Bitte fahr vorsichtig!«, sagte Marc und legte auf. Offenbar ging es dort unten drunter und drüber.

***

Heute ist es wieder besonders schlimm. Ich kann das Gedankenka-
russell nicht anhalten. Immerfort muss ich daran denken, dass wir im
normalen Leben jetzt gerade zu Abend gegessen hätten. Gemeinsam
hätten wir das »Sandmännchen« geschaut und auf dem Sofa geku-
schelt. Igors warmer Körper wäre, in einen Frottee-Pyjama gehüllt,
gegen meine Seite gepresst gewesen, und ich hätte seinen einzigartigen,
wundervollen Kindergeruch in der Nase gehabt. Danach hätten wir
ihm noch eine Gutenachtgeschichte vorgelesen, bei lautstarkem Protest
auch zwei, und ihn auf die Stirn geküsst.

Jede dieser Erinnerungen trifft mich wie ein Messerstich mitten ins
Herz. Doch ich kann einfach nicht damit aufhören. Bestimmt wäre
ich später noch in Igors Zimmer geschlichen, um mein wunderschönes
Kind im Schlaf zu betrachten. Ich kann gar nicht sagen, wie oft ich sein
von blonden Haaren lieblich umrahmtes schlafendes Gesicht gezeichnet
habe, doch keiner dieser Versuche ist dem Original gerecht geworden.
So viel Reinheit, so viel Schönheit schafft nur Gott. Als ich ihn das
letzte Mal so gesehen habe, lag er auf weiße Seide gebettet in einem
Sarg.

***

Marc hatte im Foyer auf sie gewartet und sich freudig aus dem
Sessel erhoben, als sie das Hotel betrat. Doch bei Andreas Anblick erschrak er unwillkürlich. Sie sah angespannt und müde
aus. Unter ihren Augen lagen violette Schatten. Trotzdem war
sie für ihn nie schöner gewesen.

»Wie geht es dir?«, fragte er mitfühlend.

Andrea stutzte. Dann trat ein wissender Blick in ihre Augen.
»Also hat die Dorfpost mal wieder ganze Arbeit geleistet. Du
weißt tatsächlich schon Bescheid, dass Daniel mich verlassen
hat?«

»Ja, meine Mutter hat mich angerufen und wollte wissen,

ob du okay bist«, erwiderte Marc. Warum sollte er ihr das verheimlichen?

»Aber Urs ist tatsächlich verunglückt? Oder ist das nur eine Finte?«

Er hob die Hand wie zum Schwur. »Natürlich ist der Idi… ähm … Kollege von dir verunglückt. Das war lediglich eine Frage der Zeit. Ehrlich gesagt bin ich heilfroh, dass nur das Kreuzband ab ist. Der hätte sich auch leicht das Genick brechen können. Geradezu fatal, wie unsportlich dieser Mensch ist. Wie kann denn so jemand Polizist werden? Außerdem nervt der Typ. Selbst Hans macht bestimmt drei Kreuze, wenn dieser Kerl nicht mehr bei uns am Frühstückstisch sitzt.«

Auf Andreas Gesicht breitete sich ein kleines Lächeln aus. Und es war genau das, was er mit seiner Schimpftirade hatte erreichen wollen. Es tat ihm tief in der Seele weh, sie unglücklich zu sehen. Das hatte ihm schon immer zu schaffen gemacht.

»Wie laufen deine Vorbereitungen für morgen?«, fragte sie.

»Gut. Ich bin topfit.«

»Und die Sache mit deinem Manager?«

»Das ist Schnee von gestern. Der Auflösungsvertrag ist bereits unterschrieben, und ich bin heilfroh, dass Beat mich von nun an nicht mehr repräsentieren wird. Wer weiß, welche krummen Dinger er noch hinter meinem Rücken gedreht hat.«

»Kann ich verstehen. Wo ist eigentlich der Rest des Teams?«

»Die sind alle schon essen gegangen.«

»Und du? Warum bist du noch hier?«

Er zuckte so nonchalant wie möglich mit den Schultern. »Ich hab gedacht, du hättest vielleicht auch Hunger und würdest mich ins Hotelrestaurant begleiten?«

Ihr Lächeln erstarb. »Aber wir sprechen nicht über Daniel!«

Er hob die Hand. »Indianerehrenwort.«

»Na dann. Okay.«

Wenig später saßen sie sich in einem rustikalen Carnotzet gegenüber und prosteten sich mit alkoholfreiem Bier zu, während ihre Steaks serviert wurden.

»Übrigens wollte ich dir die ganze Zeit über schon etwas sagen.«

Ihr Blick wurde wachsam. »Was denn?«

Er grinste. »Keine Angst, es ist nichts Schlimmes. Du hast nur immer wieder angedeutet, wie lebensmüde ich sein müsse, um meinen Job zu machen. Aber das stimmt nicht. Und ich wollte dir erklären, wie ich über diese Gefahr denke, in die ich mich bei jedem Rennen begebe. Würde dich das interessieren?«

Andrea säbelte ein Stückchen von ihrem Steak ab. Mit noch vollem Mund antwortete sie ironisch: »Brennend.«

»Schön«, sagte Marc mit einem Lächeln. Dann wurde sein Gesicht ernst. »Weißt du, ich sehe diese Rennen als eine Herausforderung für mich persönlich. Eigentlich trete ich gar nicht gegen meine Konkurrenten an, sondern gegen mich selbst. Ich trainiere seit Jahren, um meinen Körper und meinen Geist weiterzuentwickeln. Um noch schneller, instinktiver auf unbekannte Probleme reagieren zu können. Um mich im Innersten besser kennenzulernen. Den inneren Schweinehund unter Kontrolle zu bringen und nur dann rauszulassen, wenn ich den Befehl dazu gebe. Das gelingt mir natürlich nicht immer, auch ich habe schwache Momente, in denen ich mich gehen lasse. Aber in einer solchen Extremsituation wie einem Weltcup-Rennen lernt man sich selbst richtig kennen. Man findet heraus, wo die eigenen Schwächen und vor allem die eigenen Grenzen sind. Und weißt du, was das Faszinierendste daran ist? Mit der richtigen Einstellung, dem richtigen Training gibt es keine Grenzen … Dann kommt es einem vor, als ob man schwerelos durch die Luft schweben würde. Und das ist einfach ein Wahnsinnsgefühl.«

Andrea saß mit unergründlicher Miene vor ihm. Sie hatte

während seiner Worte aufgehört zu essen, doch jetzt kaute sie fertig und schluckte.

»Ich habe gestern die Sportnachrichten gesehen. Stimmt es, dass du morgen die Weltcup-Führung wieder erreichen kannst, wenn du Winkler besiegst?«

»Ja«, sagte er überrascht. »Wieso?«

»Weil ich will, dass du morgen den verdammten Schweinehund von der Leine lässt und Winkler in den Allerwertesten trittst. Deswegen.«

Marc lachte befreit auf. Er hatte sich umsonst Sorgen gemacht. Natürlich verstand Andrea ihn blind. Das hatte sie schon immer getan. Und jetzt war sie – zumindest vielleicht – wieder zu haben. Aber er würde es sehr, sehr langsam angehen lassen müssen. So viel war klar.

***

Mein Kopf spielt verrückt. Wie nach Igors Tod, als ich mir mühevoll alle Puzzleteilchen meines Gedächtnisses wieder zusammensuchen musste. Ich habe immer noch kleine Lücken. Zum Beispiel kann ich mich partout nicht mehr an die Rasse des Hundes erinnern, zu dem Igor laufen wollte. Ein Cockerspaniel? Ein Pudel? Oder doch ein Labrador? Ich schließe die Augen und versuche, diese Tiere nacheinander in meine Erinnerungen einzubauen. Doch die Silhouette des Hundes verschwimmt. Stattdessen sehe ich auf Endlosschleife, wie das todbringende Auto auf Igor zurast. Wie mein Kind leblos auf der Straße liegt. Und wie der Fahrer, statt mir zu helfen, mit jemandem spricht und dann …

Seitdem ich weiß, wie sich alles zugetragen hat, läuft sowieso immer der gleiche Film vor meinem geistigen Auge ab. Doch die Polizei glaubt mir nicht. Weil ich Ausländer bin? Oder weil sie mich für geistesgestört halten? Keine Ahnung. Aber ich muss Igor rächen.

Gott hat versagt. Der Teufel ist immer noch unter uns. Ich greife nach
den Autoschlüsseln. Diesmal werde ich keine Grenze überqueren
müssen.

★★★

Andrea lag im Bett und wälzte sich unruhig hin und her.
Gleich war es Zeit, aufzustehen, und sie hatte kaum ein Auge
zugetan. Der Abend mit Marc war kurz, aber wunderschön
gewesen. Sie hatten sich hervorragend unterhalten, über genau
die gleichen Dinge gelacht. Mit ihm war alles so anders als mit
Daniel. Irgendwie selbstverständlich. So einfach wie ein- und
ausatmen. Trotzdem durfte nie mehr als Freundschaft zwischen
ihnen bestehen. Alles andere würde Daniel zerstören. Und das
würde sie ihrem Ehemann … ihrem Ex-Mann … nie antun.
Lieber verzichtete sie auf ihr eigenes Glück.

Beim Frühstück war das ganze Team wieder vereint. Man
begrüßte sie wie eine alte Bekannte, äußerst herzlich. Dann
schwärmte jeder munter drauflos, was er alles für die Zeit nach
der Skisaison geplant hatte. Schließlich war Crans-Montana
das vorletzte Rennen des Winters. Über den Frühstückstisch
hinweg trafen ihre Augen auf die von Marc. Er lächelte sie an.
Doch sie brachte es nicht über sich, zurückzulächeln. Es würde
keine gemeinsame Zukunft mit ihm geben. Auch wenn sie sich
das − tief im Inneren − mehr als alles andere wünschte.

Das verschneite Crans-Montana war eine Augenweide, der
Blick aus der Gondel über das gesamte Rhônetal überwältigend. Und Marc hatte nicht zu viel versprochen. Bei dem
Slalomtraining vor dem eigentlichen Rennen präsentierte er
sich in Bestform. Was aber unter anderem auch daran liegen
konnte, dass man im französischsprechenden Crans-Montana
kaum etwas von den unliebsamen Schlagzeilen über ihn und

seinen »Bodyguard« mitbekommen hatte und seine Trainingspiste nicht extra gesperrt werden musste. Auch für sie selbst war
dies überaus angenehm. Hier tuschelte niemand hinter ihrem
Rücken, niemand blickte sie schief an oder schoss heimlich
Fotos.

Dann war es so weit. Damit sie nicht zwei separate Skilifte
nehmen mussten, um das abgesperrte Weltcup-Startareal hoch
auf dem Cry d'Er zu erreichen, hatte Hans vorausschauend
organisiert, dass sie mit einem Ski-Doo nach oben gebracht
wurden.

Als sie mit dem Motorschlitten dort eintrafen, war der erste
Läufer bereits gestartet. Marc hatte diesmal bei der Startnum-
mernverlosung Glück gehabt und würde mit der Nummer
siebzehn ins Rennen gehen. Koffert, der von seiner Gehirnerschütterung genesen war, hatte die Nummer achtzehn gezogen
und Winkler die Nummer neunzehn. Diesmal würden seine
Konkurrenten also die von ihm vorgelegte Zeit schlagen müssen und nicht umgekehrt.

»Soll ich unten auf dich warten?«, fragte Andrea gerade,
als ein weiterer Ski-Doo mit zwei sehr ernst dreinblickenden
Kantonspolizisten eintraf. Zu ihrer Überraschung kamen die
beiden Beamten geradewegs auf Marc und sie zu.

»Monsieur Gassmann, wir müssen mit Ihnen sprechen.«

Verdammt, was war nun schon wieder passiert? Verstört ging
Andrea hinter Marc her, der von den beiden Polizisten in eine
ruhige Ecke geführt wurde.

»Ja? Was ist los?«, wollte auch Marc wissen.

»Es hat vor wenigen Minuten eine sehr glaubwürdige tele-
fonische Morddrohung gegen Sie gegeben. Daher würden wir
Sie – in Absprache mit dem Veranstalter – bitten, von einer
Teilnahme an diesem Rennen Abstand zu nehmen.«

Man hörte den zwei Polizisten an, wie sehr sie sich bemüh-
ten, möglichst fehlerfreies Deutsch zu sprechen. Aber Marc
tickte trotzdem aus.

»Das ist nicht Ihr Ernst! Ich habe heute bei diesem vorletzten Rennen die Möglichkeit, die Weltcup-Führung zu übernehmen! Und Sie wollen, dass ich nicht antrete? Vergessen Sie's. Niemals!«

Andrea legte ihre Hand auf Marcs Arm und wandte sich an die beiden Beamten. »Warum halten Sie diese Warnung für glaubwürdig?«

»Weil sie auf der privaten Handynummer des Rennleiters einging und weil der Anrufer alle Details der vorherigen Anschläge auf Monsieur Gassmann kannte.«

»Wie bitte?« Diesmal wirkte auch Marc schockiert.

»Der Anrufer wusste von dem Fisch, der durch Herrn Gassmanns Fenster geworfen wurde?«, fragte Andrea heiser.

»Ja«, sagte der größere der beiden Polizisten schlicht.

»Haben Sie den Anruf zurückverfolgen können?«

»Ja, er wurde von einem Prepaidhandy getätigt. Aber die Nummer konnten wir in dieser Gegend orten. Der Anrufer muss tatsächlich hier in Crans-Montana sein.«

In diesem Moment rief der Starter laut Marcs Namen. Unglücklich blickte er sie an. »Ich habe keine Ahnung, was ich jetzt machen soll.«

Andrea schüttelte den Kopf. »Die Sachlage ist eindeutig, Marc. Du wirst nicht starten. Ich verbiete es dir.«

»Ich würde Sie jetzt gern in Sicherheit bringen, weil Sie auch hier ein Angriffsziel sind«, sagte der größere Polizist, der der Wortführer zu sein schien. »Jean-Luc wird dem Starter mitteilen, dass Sie auf eine Teilnahme verzichten.«

»Ich komme mit Ihnen«, sagte Andrea entschieden. »Ich werde Herrn Gassmann unter diesen Umständen auf keinen Fall allein lassen.«

»Aber —«, setzte der Polizist an.

»Kein Aber. Wir nehmen Marc auf dem Ski-Doo in die Mitte, dann ist er besser geschützt.«

»Wie Sie wünschen, Madame.«

Wenige Minuten später kamen sie am Zieleinlauf an, wo Marc und sie umgehend in das hermetisch abgeriegelte Büro der Rennleitung gebracht wurden.

Der Rennleiter bedankte sich gerade bei Marc für dessen Kooperation in dieser schwierigen Situation, als die folgende Durchsage in Französisch und Englisch ertönte: »Der Läufer mit der Nummer siebzehn, Marc Gassmann, wird heute nicht starten. Es geht nun weiter mit der Nummer achtzehn, Franz Koffert.«

Es war eindeutig, dass der junge Walliser der absolute Publikumsliebling in seinem Heimatkanton war. Als er startete, ging ein Freudengeheul durchs Publikum, und man feuerte ihn übermütig an.

»Der Mann aus Saas-Fee ist auch diesmal in Topform und –«

Plötzlich ertönte ein vielstimmiger Aufschrei, und Andreas Blick flog durch das Fenster der Rennleitung zu der großen Videoleinwand, auf der das Rennen live übertragen wurde.

Franz Koffert war gestürzt. Wie beim letzten Rennen hing er leblos im Netz. Wie beim letzten Mal konnte man die Helfer über die Piste rennen sehen, um zu ihm zu gelangen.

Doch es gab einen großen Unterschied.

Dunkelrotes Blut quoll aus dem Brustteil seines Rennanzugs, tropfte auf den vormals so weißen Schnee und bildete eine dramatisch aussehende Lache auf der Piste.

»Oh Gott«, entfuhr es Andrea. »Hat jemand auf Franz Koffert geschossen?«

ZWÖLF

Die Stunden, die folgten, waren das reinste Chaos. Franz Koffert wurde mit dem Helikopter ins nächstgelegene Spital nach Sion gebracht, doch der Notfallarzt hatte schon beim Einladen des Sportlers traurig den Kopf geschüttelt. Eine Stunde später wurde Kofferts Tod offiziell bekannt gegeben. Andreas Verdacht hatte sich bestätigt: Er war tatsächlich erschossen worden. Zu diesem Zeitpunkt war das Rennen bereits abgebrochen, der Cry-d'Er-Lift gesperrt und die Zuschauer waren evakuiert worden. Leider waren die schmalen Gassen des Gebirgsorts nicht für solche enormen Verkehrsströme ausgelegt, und so kam es zu massiven Staus.

Die Polizei hatte kurz nach dem Anschlag die Weltcup-Piste weiträumig abgesperrt und suchte aktuell nach der Tatwaffe und anderen Spuren, die Aufschluss über den Täter geben würden. Doch Andrea glaubte nicht daran, dass man dort viel finden würde. Dazu war das Gelände einfach zu weitläufig, und zu viele Skifahrer waren immer noch auf den umliegenden Pisten unterwegs. Täter und Waffe konnten inzwischen im wahrsten Sinne des Wortes über alle Berge sein.

Man hatte Marc und sie unter Polizeischutz in das Gebäude der Gemeindepolizei verfrachtet, und von dort aus hatte Andrea mit Ebert telefoniert.

»Aber wieso hat der Täter dann stattdessen Koffert umgebracht? Aus Rache, dass er Gassmann nicht erwischen konnte?« Die Stimme ihres Vorgesetzten klang gestresst.

»Ich kann da auch nur spekulieren. Entweder war es tatsächlich eine Vergeltungsaktion, oder der Mörder hat die Lautsprecheransage nicht mitbekommen und dachte, dass der nächste Läufer Marc Gassmann wäre. Die Rennläufer sehen sich ja mit ihren Anzügen und Helmen zum Verwechseln ähnlich.«

»Das stimmt allerdings.«

»Und was sollen wir jetzt machen? Ich würde ja am liebsten nach Zürich zurückfahren, Gassmann an einen sicheren Ort bringen und dann anhand der Videoaufnahmen nach dem Mörder fahnden. Hier im Wallis kann ich sowieso nicht viel ausrichten. Das ist vorwiegend eine Sache für die Spurensicherung.«

Ebert überlegte kurz. »Ich glaube, Sie haben recht. Fahren Sie mit ihm nach Zürich. Hier haben wir die besten Möglichkeiten, ihn zu schützen. Ich werde mich gleich mal um eine entsprechende Wohnung mit Vierundzwanzig-Stunden-Polizeischutz kümmern. Melden Sie sich, kurz bevor Sie in Zürich sind.«

»Mach ich«, sagte Andrea knapp und legte auf. Sie war erleichtert, dass Ebert ihren Vorschlag so bereitwillig akzeptiert hatte.

Als sie kurze Zeit später gemeinsam in ihrem Wagen saßen, wirkte Marc angeschlagen. Der Tod des jungen Kollegen ging ihm ganz offensichtlich wahnsinnig nahe. Andrea ahnte, dass er sich die schrecklichsten Vorwürfe machte.

»Wenn ich das Rennen von vornherein abgesagt hätte, wäre es nie so weit gekommen«, klagte er sich selbst an.

»Das konntest du nicht wissen«, tröstete sie ihn. »Du hättest auch in einer Menschenmenge mitten in Zürich stehen können, und ein Querschläger hätte vielleicht auch da jemand anderen getroffen. Das alte Spiel ›Hätte, wäre, könnte‹ bringt in solchen Fällen leider nie etwas. Und ich bin heilfroh, dass wenigstens dir nichts passiert ist.«

»Besser ich als so ein junger, netter Typ wie Koffert.«

»Sag das nicht!« Sie löste ihre rechte Hand vom Lenker und griff leidenschaftlich nach seiner. »Es gibt viele Menschen, die ohne dich nicht leben können. Denk doch nur an deine Familie, dein Team, deine Fans.«

Er erwiderte den Druck ihrer Finger. »Schade, dass du nicht zu diesen Menschen gehörst.«

Für den Bruchteil einer Sekunde trafen sich ihre Blicke, dann sah sie wieder stumm geradeaus.

Langsam schüttelte Andrea den Kopf. »Bitte, Marc, lass uns jetzt nicht davon anfangen«, flüsterte sie.

»Irgendwann müssen wir darüber sprechen.«

»Irgendwann, wenn wir diesen Scheißkerl geschnappt haben.«

»Einverstanden«, sagte Marc, doch er behielt ihre Hand fest in seiner. Es war ein glücklicher Umstand, dass der Dienstwagen ein automatisches Getriebe hatte, denn ehrlich gesagt fühlte Andrea sich – auf diese Weise mit ihm verbunden – auch ein kleines bisschen besser.

Langsam wurde es dunkel draußen. Die frühzeitig einsetzende Nacht wurde nur von den Scheinwerfern der Autos erhellt. Anhand der schnell vorbeiziehenden Anzeigetafeln konnte Andrea erkennen, dass sie gerade Bern hinter sich gelassen hatten. Jetzt war es nur noch eine gute Stunde bis Zürich.

Die Ruhe und Wärme im Wageninneren waren trügerisch. Gleich würden sie sich wieder der harten Realität stellen müssen: Das bedeutete Trauer, Angst und viel, viel Arbeit. Aber noch waren sie davor geschützt, hielten sich an den Händen, abgeschirmt und sicher wie in einem Kokon. Unwillkürlich musste Andrea daran denken, wie Marc und sie – vor all den Jahren – zusammengekommen waren.

Nach dem Tod ihrer Mutter war sie zu ihrer Großmutter nach Wengen gezogen und ging zusammen mit den anderen Kindern im Dorf zur Schule. Doch es war nicht einfach für sie gewesen. Ihre Mitschülerinnen ließen sie links liegen, sie hatten alle bereits eine beste Freundin gefunden. Mädchen in dem Alter konnten grausam sein. Der hübsche blonde Junge namens Marc, hinter den man sie am ersten Tag gesetzt hatte, behandelte sie erst wie Luft und später wie sein Lieblingsopfer. Unentwegt versteckte er ihre Sachen, zog an ihren Zöpfen und bewarf sie mit Schneebällen. Noch dazu musste sie im Winter jeden Mittwochnachmittag Ski fahren gehen. Als einzige Anfängerin. Es war die Hölle.

An jenem Tag war das Wetter besonders schlimm. Sie war gerade auf der Mitte der schwierigsten Piste angelangt, als eine Nebelwand aufzog. Plötzlich herrschte der totale Whiteout. Man sah nichts mehr. Nur noch weißen Schnee und weißen Nebel. Sie konnte noch nicht einmal mehr die nächste orangefarbene Markierung der Piste erkennen. Ratlos rutschte sie einen Meter weiter und fiel prompt auf die Nase. Vor ihr tat sich ein Abgrund auf.

Panisch versuchte sie, sich an den Verlauf der Piste zu erinnern. Doch sie hatte keine Ahnung, wo sie hinmusste. Der Nebel wurde immer dichter. Aus lauter Verzweiflung fing sie an zu weinen.

In diesem Moment sah sie eine Gruppe Jungs aus ihrer Klasse rasend schnell an ihr vorbeischießen. Natürlich. Die Dorfjugend hätte hier auch mit verbundenen Augen runtergefunden.

»Hey, wartet auf mich«, rief sie ihnen zu. Doch niemand hielt an. Wie vom Nebel verschluckte Geister waren sie schon Sekunden später nicht mehr zu sehen.

Plötzlich kam noch ein Nachzügler: Marc. Er ließ den anderen immer einen gehörigen Vorsprung und machte sich einen Spaß daraus, seine Freunde trotzdem noch einzuholen. Ihn brauchte sie erst gar nicht zu fragen. Er würde sie eher noch tiefer in den Schnee schubsen, als ihr den Weg nach unten zu verraten.

Aber sie hatte sich getäuscht. Mit einem eleganten Schwung hielt Marc genau neben ihr. »Was ist denn mit dir los?«, fragte er von oben herab.

Peinlich berührt wischte sie sich die Tränen aus den Augen. »Ich find den Weg ins Tal nicht mehr«, flüsterte sie leise. Sie rechnete fest damit, dass er sie auslachen würde. Doch statt-

194

dessen reichte er ihr die Hand und zog sie hoch.»Komm, ich bring dich runter.«

Und er hielt Wort. Er fuhr direkt vor ihr, und zwar so langsam, dass sie ihn ständig im Auge behalten konnte. Die Abfahrt, die ihn bestimmt nicht länger als zwei Minuten gekostet hätte, dauerte auf diese Weise fast zehn Minuten. Erst kurz vor den im Nebel aufragenden Liftstützen hielt er an und drehte sich zu ihr um.»Schaffst du es jetzt allein?«

Sie nickte schüchtern.»Danke.«

»Kein Problem.« Marcs Gesicht näherte sich ganz plötzlich dem ihren. Für den Bruchteil einer Sekunde fühlte sie seine kalten Lippen auf ihrem Mund. Dann drehte er sich um und fuhr los. Wie vom Donner gerührt sah sie ihm hinterher.

Seit dem Tag hatte Marc sie Morgen für Morgen in die Schule begleitet. Er hatte einfach am Gartentor des Chalets ihrer Großmutter auf sie gewartet und wortlos ihre Schultasche genommen. Meistens hatten sie auf dem Weg auch Händchen gehalten.

Genau wie jetzt.

⋆⋆⋆

Meine Hände zittern. Ja, ich weiß, wer der Mörder ist. Ich habe es an seinem zufriedenen Gesichtsausdruck erkannt. Oder ist das mein eigenes beglücktes Lächeln gewesen, das ich im Rückspiegel gesehen habe? Schließlich muss der Teufel nun auch leiden. Bestimmt. Auge um Auge. Zahn um Zahn. Ich bin so durcheinander. So verwirrt. Ist Igors Tod auf diese Weise gerächt? Alles in mir schreit »Nein«. Kann ein weiterer Toter wirklich jemals etwas wiedergutmachen? Jedes Opfer hat doch auch eine Mutter und einen Vater. Wird seine Familie jetzt genauso leiden wie ich? Warum ist mir dieser Gedanke nicht schon früher gekommen?

Ja, ich habe ihm den Tod gewünscht. Jeden Tag. Und mich damit sicherlich auch schuldig gemacht. Und nein, ich weiß nicht, ob ich mich richtig verhalten habe. Hätte ich mich vielleicht bei der Polizei melden sollen? Auch wenn ich keine Beweise habe? Doch die haben mir damals nicht geglaubt, und warum sollten sie es heute tun? Stattdessen bin nach Hause gefahren ... und sitze weinend auf dem kalten Küchenboden.

Ivana schüttelt mich. »Sag mir, was du hast, Viktor! Was ist nur mit dir los?«, kreischt sie. Sie ist so außer sich, dass sie mit einem Kochtopf zur Spüle läuft und mir kaltes Wasser über den Kopf gießt. Dann sinkt sie neben mir auf den Fußboden und wimmert: »Ich kann nicht mehr, Viktor. So kann es einfach nicht weitergehen. Das ist schlimmer als der Tod.«

Ich bin ein jämmerlicher, feiger Waschlappen. Zu schwach, um meinen Sohn zu beschützen. Zu schwach, um das Richtige für meine Frau zu tun. Was hat mein verwirktes Leben noch für einen Sinn? Ich kenne ihn nicht, und ich kann ihn auch nicht spüren ... ich kann nichts mehr spüren ...

★★★

Andrea hatte fast die halbe Nacht in ihrem Büro verbracht. Erst gegen vier Uhr war sie für ein paar Stunden nach Hause gefahren, hauptsächlich, um ihre Klamotten zu wechseln. Ohne Daniel fiel es ihr schwer, in der vertrauten Umgebung einzuschlafen.

Als sie in die Kasernenstraße zurückkehrte, traf sie zu ihrer Überraschung auf Marc.

»Was machst du denn hier? Solltest du nicht in deiner sicheren Wohnung sein?«

»Deine Kollegen haben mich hergebracht, weil mir in der verdammten Wohnung die Decke auf den Kopf fällt. Ich habe gedacht, dass ich dir vielleicht beim Videoschauen helfen könnte.«

»Warum nicht? Wir sind zwar schon zu viert, aber ein weiteres Paar Augen kann man immer gebrauchen.«

»Hast du bereits die Bänder von Crans-Montana erhalten?«, fragte Marc, während er sich einen zweiten Stuhl heranzog.

»Selbstverständlich. Wir haben bis heute früh alle Videos noch einmal angeschaut – die aus Wengen, Kitzbühel und die aus Crans. Doch darauf haben wir leider nichts Auffälliges bemerkt. Die Walliser Polizei hat aber gestern Abend einen Aufruf gestartet, in dem alle Zuschauer dieser Rennen gebeten werden, ihre privat gefilmten Aufnahmen auf eine eigens dafür eingerichtete Website zu stellen. Und die ersten Filme sind nun eingegangen und warten darauf, gesichtet zu werden. Meine Kollegen schauen sich bereits die aus Wengen an. Außerdem erwarte ich jede Minute den Bericht des Pathologen. Kofferts Leiche ist gestern Abend noch in das kriminaltechnische Institut nach Lausanne überführt worden und soll heute obduziert werden.«

Marc nickte. »Da hast du bestimmt genug zu tun.«

»Du sagst es. Am besten fangen wir mit den –« Das Klingeln ihres Handys unterbrach sie. Sie checkte das Display. Es war Daniel.

»Entschuldige, aber da muss ich drangehen«, sagte sie zu Marc und schritt eilig aus dem Zimmer.

»Ja, Daniel?«

»Hallo, Andrea. Ich hoffe, es geht dir gut.« Daniels Stimme klang unpersönlich. Kalt.

Sie hatte keine Ahnung, was sie auf seine »Nicht-Frage« erwidern sollte. Nach ein paar Sekunden murmelte sie probeweise: »Danke. Und wie geht es dir?«

»Auch gut. Ich rufe nur an, um dir zu sagen, dass ich heute früh von dem Mord an Franz Koffert gehört habe. Da wollte ich dir schnell mitteilen, dass ich für den Samstagnachmittag ein überprüfbares Alibi habe. Meine Kollegen können bezeugen, dass wir die ganze Zeit über zusammen an einer alten Corvette gearbeitet habe, die unserem Boss gehört.«

Andrea war sprachlos. Sie hatte ihn für ihren fehlgeleiteten, der Müdigkeit geschuldeten Verdacht mehrfach um Verzeihung gebeten. Aber Daniel wollte es offenbar auf die Spitze treiben und dachte nicht daran, ihr zu vergeben. Bei der ersten Kommunikation seit gut einer Woche Trennung wollte er ihr ausgerechnet sein Alibi für einen Mord präsentieren?

»Danke«, antwortete sie verletzt. »Dann weiß ich ja Bescheid.«

»Sollen meine Kollegen vorbeikommen und eine Zeugenaussage unterschreiben?«

»Ich ruf dich an, wenn ich etwas in der Richtung benötigen sollte. Momentan rechne ich nicht damit.«

»Okay. Dann mach's gut.«

»Ja. Du auch.«

Daniel legte auf, und in diesem Moment wurde ihr bewusst, dass ihre Ehe endgültig gescheitert war.

»War das der Pathologe?«, fragte Marc, als sie emotional ausgelaugt das Büro betrat.

Sie schüttelte den Kopf. »Lass uns am besten mit den hochgeladenen Filmen aus Crans-Montana anfangen. Okay?«

»Okay.«

Die nächsten Stunden verbrachten sie Seite an Seite vor dem Computer. Die meisten der privaten Filmchen waren nur wenige Minuten lang. Sie waren ein Social-Media-tauglicher Beweis, dass der Filmschaffende nicht faul auf dem Sofa gehangen, sondern ein einmaliges Event erlebt hatte. Allerdings zeigten viele der Mitschnitte im Gegensatz zu den Fernsehaufnahmen nicht nur die halsbrecherisch an der Handykamera vorbeirasenden Skiläufer, sondern auch das ganze Drumherum des Rennens: die Ankunft auf dem überfüllten Parkplatz, das erste Bier an der Schenke unter freiem Himmel, besonders ausgefallen angezogene Fangruppen und natürlich das Start- und Zielareal. Andrea beschloss, die Aufnahmen vor allem nach den gezeigten Örtlichkeiten zu sortieren, und teilte das auch ihren Kollegen mit, die in ihren Büros die Filme aus Wengen durchsahen.

Gegen elf Uhr meldete sich der Lausanner Pathologe, Dr. Monnier.

Er kam sofort auf den Punkt.»Wie ich auch schon der Walliser Kapo berichtet habe, ist Franz Koffert mit einer einzigen Kugel in die Brust erschossen worden. Es war ein glatter Durchschuss aus wahrscheinlich fünfzig bis fünfundsiebzig Metern Entfernung. Die Kollegen haben die leere Patronenhülse gefunden. Das benutzte Kaliber ist neun Millimeter Parabellum, und Sie wissen wahrscheinlich, was das heißt ...«

»Ja«, antwortete Andrea knapp.

»Gut. Es ist also eine Pistole 75 für diesen Mord verwendet worden. Genau die SIG P220, die auch das Schweizer Militär benutzt. Die Kugel hat Kofferts Aorta zerfetzt. Er ist demzufolge verblutet. Der Tod ist wahrscheinlich innerhalb von dreißig bis vierzig Sekunden eingetreten. So etwas dauert nicht lang.« Es raschelte am anderen Ende der Leitung, offenbar ging Dr. Monnier seine Unterlagen durch. Dann hörte sie wieder seine sonore Stimme.»Ich glaube, das war's von meiner Seite. Haben Sie noch Fragen?«

»Ja, eine. Wo genau stand der Schütze, als er den Schuss abgegeben hat?«

Erneutes Rascheln.»Also ... Er muss auf der rechten Seite im mittleren Drittel der Piste gestanden haben, wo es laut meinen Informationen sehr waldig ist. Ich kann auf einer Karte die Stelle markieren, wo man die Patronenhülse entdeckt hat.«

»Das wäre sehr hilfreich. Faxen Sie mir die Karte?«

Der Gerichtsmediziner bejahte ihre Bitte und legte auf. Sie tat es ihm gleich und lehnte sich nachdenklich zurück.

»Und? Was hat er gesagt?« Gespannt blickte Marc sie an.

Andrea erzählte ihm, was sie soeben von Dr. Monnier erfahren hatte.

»Und die Waffe ist eine Schweizer Militärpistole? Was ist denn das für eine Knarre, die jeder Soldat in die Hand gedrückt bekommt?«

Andrea blickte ihn überrascht an. Doch dann nickte sie. »Du warst nie bei der Armee, richtig?«

Marc grinste. »Nein. Die wollten mich nicht, wegen meiner Knieverletzung.«

Sie schnaubte durch die Nase. »Schon klar. Leistungssportler, aber zu krank fürs Militär.«

»Hey!« Marc hob wie Entschuldigung heischend die Hände. »Das war schließlich nicht meine Entscheidung.«

»Richtig geärgert hat es dich allerdings auch nicht, oder?«

»Nö. Aber erzähl mir noch einmal von diesen Waffen. Ich weiß, dass die meisten meiner Freunde ein Gewehr haben, aber Pistolen?«

Andrea blickte auf die Uhr. »Okay, aber dann müssen wir echt mit Volldampf weitermachen. Also, es ist so: Jeder Soldat, und das ist jeder männliche, *diensttaugliche* Schweizer Bürger, bekommt nach der Ausbildung ein Sturmgewehr als persönliche Waffe in die Hand gedrückt. Offiziere und höhere Unteroffiziere, Grenadiere der Militärpolizei und Hundeführer bekommen darüber hinaus eine Pistole 75.«

»Also die Waffe, mit der Franz umgebracht worden ist? Und die liegt dann bei den Soldaten einfach so zu Hause rum?«

Andrea nickte. »Wie du bestimmt weißt, hat sich da vor ein paar Jahren was getan. Die Angehörigen der Armee haben nach wie vor das Recht, ihre persönliche Waffe zwischen den jährlichen Trainingseinsätzen mit nach Hause zu nehmen. Deshalb herrscht bei uns eine ziemlich hohe Feuerwaffendichte. Ich glaube, einer Statistik zufolge befanden sich im

November 2010 über sechshundertfünfzigtausend Armee-
waffen in privaten Haushalten. Aber ...«

»Aber?«

Andrea lächelte. »Aber seit 2010 kann jeder Armeeangehö-
rige seine Waffe kostenlos im Zeughaus abgeben. Eigentlich
kommt es bei uns, gerade im Verhältnis zu der großen Anzahl
an verfügbaren Waffen, relativ selten zu Missbräuchen. Nur bei
Selbsttötungen werden sehr oft Militärwaffen eingesetzt. Das
Bundesamt für Gesundheit hat mal ein ›Faktenblatt Suizide‹
erstellt und kam dabei auf die ungeheure Zahl von neunund-
vierzig Prozent. Also fast die Hälfte aller Selbstmorde. Dieses
›Faktenblatt‹ wurde aber recht schnell wieder von der Website
entfernt. Trotzdem halte ich diese Zeughaus-Initiative für eine
gute Idee.«

»Wow. Dann können wir den Täter wohl unter den Offizie-
ren der Schweizer Armee suchen?«

Sie schmunzelte. »Nein, manchmal werden solche Waffen
auch von Schweizer Privatpersonen und Ausländern erworben.
Insgesamt bedeutet diese Aussage von Dr. Monnier sicherlich
nur, dass es eben keine außergewöhnliche Waffe war, die uns
unsere Tätersuche erleichtern würde.«

»Schade.«

»Du sagst es. Komm, lass uns mit den Videos weitermachen.
Inzwischen sind bestimmt schon wieder sechzig neue hochge-
laden worden.«

Gegen Mittag brachte ihnen ein Kollege zwei belegte Brötchen mit, die sie – ohne ihre Arbeit zu unterbrechen – vor
dem Computer zu sich nahmen. Inzwischen waren sie dazu
übergegangen, sich die Filmdateien untereinander aufzuteilen.
Es waren schlichtweg zu viele. Und so schaute Marc seine
Hälfte auf dem Computer von Andreas ehemaliger Kollegin
an.

Es war schon fünfzehn Uhr dreißig durch, als Marc aufblickte und ihr zurief: »Andrea, schau mal. Hier sieht man diesen merkwürdigen Typen schon wieder!«

Es war nicht das erste Mal, dass Marc sie gebeten hatte, eine verdächtige Person zu überprüfen: Einmal hatte eine Frau etwas Komisches in der Hand gehalten, das sich allerdings auf einem anderen Film und damit in einer anderen Perspektive als eine Art Blasinstrument entpuppte. Ein weiteres Mal hatte er einen jungen Mann hinter einem Baum ausgemacht, der sich als Wildpinkler herausstellte. Deshalb hielten sich ihre Hoffnungen in Grenzen, dass er diesmal dem wahren Täter auf der Spur war.

Sie stand auf und stellte sich hinter seinen Stuhl. »Wen meinst du?«

»Den da.« Er zeigte mit dem Finger auf den Bildschirm. »Den Mann mit der Uschanka.«

»Mit der was, bitte?«

»Uschanka nennt man diese hohen russischen Pelzkappen. Dieser Kerl hat außerdem einen total altmodischen, viel zu voluminösen Mantel an. Wer geht denn bitte so auf ein Skirennen? Der versteckt doch garantiert etwas darunter.«

»Hm. Und wo hast du ihn noch gesehen?«

Marc öffnete eine andere Datei. »Hier. Auf diesem Video starrt er so merkwürdig abwesend in der Gegend rum, obwohl gerade ein Rennläufer an ihm vorbeirauscht. Und schau mal … auf diesem Video sieht man, wie er im Hintergrund den Berg hinaufkraxelt. Auf der *rechten* Seite der Piste.«

»Hm.« Andrea war noch immer nicht überzeugt. »Also bloß weil einer allein ein Stückchen an der Piste hochläuft … vielleicht wollte er einfach einen besseren Aussichtspunkt haben.«

Marc wirkte enttäuscht. »Hier steigt er gerade aus seinem Auto aus. Also wirklich … so, wie der sich dabei umschaut, wie weggetreten oder auf Drogen, da stimmt doch etwas nicht.«

Andrea blickte auf das Auto des Uschanka-Mannes. Irgendwie kam ihr der Wagen mit dem »Art is life«-Aufkleber sehr bekannt vor. Aber woher nur?

»Kannst du diesen Ausschnitt bitte mal vergrößern?«

»Klar.«

Überrascht starrte sie auf das nun deutlich erkennbare Kennzeichen des Wagens. »Das kann doch einfach nicht wahr sein«, stammelte sie fassungslos.

»Was?«, fragte Marc verwirrt.

Doch statt einer Antwort eilte Andrea zu ihrem Schreibtisch und zog einen Aktendeckel aus ihrer Ablage hervor. Sie blätterte in dem Vorgang, hielt inne und bekam plötzlich Stielaugen. »Tatsächlich!«

»Was? Jetzt sag doch endlich, was los ist!« Empört war Marc aufgesprungen und ihr hinterhergegangen.

»Weißt du noch, dass ich ein fast fotografisches Gedächtnis habe, wenn es um Zahlen geht?«

»Sicher, meine Mutter sagt noch heute, dass du damals das reinste Telefonbuch warst. Jede Nummer im Dorf kanntest du auswendig. Aber was hat das mit dem Mordfall zu tun?«

Andreas aufgekratzter Gesichtsausdruck wurde wieder ernster. »Ehrlich gesagt weiß ich das auch nicht. Aber es ist ein zu großer Zufall, um die Sache zu ignorieren.«

»Herrgott, jetzt spuck es halt aus! *Was* ist ein zu großer Zufall, um ihn zu ignorieren?«

»Ich habe mich nicht getäuscht. Dieses Kennzeichen gehört tatsächlich zu dem Wagen von Viktor Nekrassov, dem Vater des kleinen Jungen, der von Peter Winklers Vater totgefahren wurde.«

Es dauerte einen Moment, bis Marc die Zusammenhänge verdaut hatte, aber dann sagte er: »*No way.*«

»Doch *way*! Da, schau selbst ...« Sie ging wieder zu Marcs Bildschirm und verglich die beiden Berner Kennzeichen. Sie waren identisch.

»Aber, ich verstehe nicht ... Warum sollte denn ausgerechnet dieser Nekrassov *mich* so abgrundtief hassen, dass er mich umbringen will? Das macht doch keinen Sinn. Ich habe doch mit diesem verdammten Unfall nichts zu tun!«

»Das müssen wir jetzt herausfinden, und deshalb werde ich nach Bern fahren und mit ihm reden.«

»Ich will mitkommen!«

Andrea schüttelte den Kopf. »Nein, das ist viel zu gefährlich.«

»Dann lasse ich es mir von Ebert genehmigen. Ich möchte auf jeden Fall mit dabei sein, wenn du diesen Typen triffst.«

Da sie sich hundertprozentig sicher war, dass Ebert dies niemals erlauben würde, sagte sie trocken: »Pass aber auf, dass mein Chef dir nicht den Kopf abreißt, wenn du ihn fragst!«

Doch in dieser Hinsicht sollte sie sich täuschen, denn Ebert hielt die gemeinsame Fahrt nach Bern für eine »großartige Idee«. Allerdings bestand er darauf, die Berner Kollegen zu alarmieren und die Wohnung »zu sichern«, bevor Andrea und Marc dort eintrafen.

»Wir können uns keine Kompetenzrangeleien erlauben! Wie stellen Sie sich das vor, Frau Brunner? Sie können doch keinen Verdächtigen dingfest machen, ohne dass die zuständige Kapo davon weiß!«, blökte er aufgebracht.

Von »dingfest machen« war ja auch nie die Rede gewesen. Eigentlich hatte sie nur mit Nekrassov reden wollen, aber sie sparte sich die Widerworte. Bei Ebert würde sie sowieso nicht mehr auf einen grünen Zweig kommen.

Einige Minuten später machten sich Marc und Andrea auf den Weg.

***

Ich habe gewusst, dass sie mich würden holen kommen. Schließlich habe ich große Schuld auf mich geladen. Mein über alles geliebter Sohn ist tot, weil ich nicht richtig auf ihn aufgepasst habe. Da! Jetzt habe ich mir zum ersten Mal gestattet, diese Ungeheuerlichkeit zu Ende zu denken. Der Teufel bin ich. Ich ganz allein.

Diese Gewissheit raubt mir die Luft zum Atmen. Wie eine eiserne Faust legt sich diese unbestreitbare Tatsache um mein Herz und drückt erbarmungslos zu. Natürlich bleibt so etwas nicht ungestraft. Nicht im Himmel und nicht auf Erden. Da ist es kein Wunder, dass die Polizei vor unserer Tür steht. Ich kann hören, wie sie mit Ivana sprechen.

»Viktor? Kommst du mal bitte?« Ivanas Stimme klingt hohl. Bestimmt wäre sie auch froh, mich endlich los zu sein. Wenn ich im Gefängnis sitze, kann sie endlich wieder ihr gewohntes Leben aufnehmen. Aber was ist mit mir?

Irgendwie muss ich Zeit zum Nachdenken gewinnen. »Ich komme gleich«, krächze ich und schließe leise die Schlafzimmertür ab.

Wenn ich im Gefängnis sitze, kann ich Igors Grab nicht besuchen. Und ich muss auf ewig mit dieser erdrückenden Schuld leben. Denn davon kann mich niemand erlösen. Nur ich selbst.

Unwillkürlich fällt mein Blick auf das Fenster. Es geht zur Straßenseite hinaus. Dort gibt es einen Ausweg. Ich mache einen Schritt darauf zu.

Erst neulich bin ich wieder in der Kirche gewesen. Der Geistliche hat mir auf meine Anfrage versichert, dass wir unsere Toten in einem anderen Leben wiedersehen werden. Ich kann es kaum erwarten. Was hält mich noch? Dann hat meine Trauer ein Ende, und ich kann Igor endlich wieder in die Arme schließen.

Mein Herz schlägt wie wild, als sich meine Hand um den Fensterknauf schließt.

Halt! Einen Moment noch. Ich will nicht allein sterben. Mit unsicheren Schritten gehe ich zu meinem Mantel und ziehe das gerahmte Bild von Igor als Baby hervor. Sofort fühle ich mich besser.

»Viktor?« Ivana scheint unmittelbar vor der Schlafzimmertür zu stehen. Und ich höre die schweren Schritte der Polizisten im Gang.

Jetzt wird es Zeit! Ich öffne das Fenster und sehe auf die bunten

Autos, die auf dem Gehsteig geparkt sind. Aus der vierten Etage sehen sie viel kleiner aus als sonst. Igor liebte diesen Blick nach unten.

»Viktor!« Ivana rüttelt an der verschlossenen Tür.

Ich schwinge ein Bein auf das Fensterbrett und ziehe mich schwerfällig hoch. Fast geschafft. Ich stehe im offenen Fenster. Gleich ist es vorbei.

Ich umklammere Igors Foto mit beiden Händen. Nein, mein Leben war nicht umsonst. Ich habe geliebt und Liebe erfahren. Jetzt warten Igor und die Unendlichkeit auf mich. Ich verspüre keine Angst, nur unbändige Freude, als ich den kleinen Schritt mache, der uns noch trennt …

DREIZEHN

Sie waren zu spät gekommen. Dabei hatte sich Andrea auf der Autobahn nur sehr bedingt an die Geschwindigkeitsbegrenzung von hundertzwanzig Kilometern pro Stunde gehalten. Noch in der Straße, in der die Wohnung von Nekrassov lag, wurden sie von einem Notarztwagen mit Blaulicht überholt. Nachdem Andrea den Wagen abgestellt hatte, sahen sie die Bescherung: Ein Dutzend Schaulustige wurde gerade barsch von der Polizei des Bürgersteigs verwiesen, während sich die herbeigeeilten Sanitäter an einer leblos am Boden liegenden Gestalt zu schaffen machten. Doch man konnte schon an der unnatürlichen Körperhaltung erahnen, dass für Viktor Nekrassov jede Hilfe zu spät kam. Offenbar hatte er sich selbst gerichtet.

»Wir sind von der Zürcher Kapo und würden gern mit der Wit… mit Frau Nekrassov sprechen«, sagte Andrea zu einem Mitarbeiter der Berner Kapo und zückte ihren Dienstausweis. Doch der schien den Mann gar nicht zu interessieren, jedenfalls zeigte er einfach mit dem Daumen zum Haus.

Marc ging wie selbstverständlich hinter ihr her, als sie die Treppen zu Nekrassovs Wohnung hochstiegen, die im vierten Stock lag. Die Eingangstür stand offen. Aus einem der Zimmer hörten sie gedämpftes Murmeln.

»Frau Ivana Nekrassov?«, fragte Andrea und zeigte den zwei Beamten, die mit der Witwe am Küchentisch saßen, ihren Ausweis. »Mein Name ist Andrea Brunner, und dies ist Marc Gassmann. Wir wissen, dass dies momentan eine fürchterliche Situation für Sie ist. Aber dürfen wir Ihnen trotzdem ein paar Fragen stellen?«

Die hochgewachsene blonde Frau, die Andrea auf Anfang vierzig schätzte, nickte. Ihre Augen waren rot gerändert, aber trocken. Man sah ihrem verhärmten Gesicht an, dass sie schon viel im Leben durchgemacht hatte, aber dafür, dass ihr Mann vor wenigen Minuten Selbstmord begangen hatte, schien sie relativ gefasst zu sein.

»Wir gehen dann mal nach unten und helfen unseren Kollegen«, bot einer der Berner Beamten von sich aus an. »Bitte rufen Sie uns, wenn Sie fertig sind.«

Andrea nickte. Wenn sie nur wüsste, wie sie das Gespräch beginnen sollte. Fieberhaft suchte sie nach dem richtigen Aufhänger …

»Also zunächst einmal würde ich Ihnen gern mein herzlichstes Beilei–«, sagte sie, als Marc sie am Ärmel zupfte. Erschrocken hielt sie inne. Auch ihr war gerade bewusst geworden, dass Frau Nekrassov vielleicht noch gar nicht wusste, dass ihr Mann nicht mehr zu retten war.

Doch die Witwe winkte ab. »Ich weiß, dass Viktor tot ist. Ich bin selbst Ärztin am Inselspital. Natürlich bin ich sofort zu ihm runter … doch er hat den Aufprall nicht überlebt. Sein Rückgrat ist gebrochen.«

»Das tut mir sehr leid«, sagte Andrea leise. »Besonders in Anbetracht des Schicksalsschlags, den Sie schon letztes Jahr erleben mussten.«

»Sie sprechen von Igor.« Es war eine Feststellung und keine Frage.

»Ja.«

Frau Nekrassov zupfte sich eine nicht vorhandene Fussel vom dunkelblauen Rock. »Igor war Viktors Augenstern. Er ist einfach nicht über seinen Tod hinweggekommen. Ich habe schon seit geraumer Zeit gewusst, dass es so enden wird, wie wir es heute erleben mussten. Dabei waren wir vor diesem Unfall eine so glückliche Familie. Wir hatten uns gut in der Schweiz eingelebt. Igor ist gern in die Schule gegangen. Viktor hat einige seiner besten Arbeiten hier fertiggestellt.« Eine einzelne Träne lief über ihre Wange. Sie wischte sie energisch mit einem Taschentuch weg, das sie haltsuchend mit ihrer schmalen Hand umklammerte.

»Was hat Ihr Mann beruflich gemacht?«

»Er war Künstler. Ein sehr talentierter Maler, der sogar schon in großen Galerien in New York ausgestellt hatte. Aber durch den ... *Unfall* war seine Kreativität wie ausgelöscht. Er hat zwar immer wieder versucht zu malen – der Psychologe, der ihn betreut hat, hat ihm dazu geraten –, aber die Bilder waren schlecht, nicht wert, ausgestellt zu werden. Sie zeigten immer wieder Schneelandschaften, die mit Blut besudelt waren. Und das ist jetzt mein Erbe, alles, was mir von ihm bleibt.«

»Sie haben gerade das Wort ›Unfall‹ so speziell betont«, warf Andrea vorsichtig ein. »Glauben Sie denn nicht daran, dass Igor bei einem unglückseligen Unfall ums Leben gekommen ist?«

Frau Nekrassov blickte auf ihre Finger, die leicht zitterten. »Ich sag Ihnen alles, was ich über diesen fürchterlichen Tag weiß. Allerdings war ich selbst nicht dabei, ich hatte Dienst im Krankenhaus. Viktor hat mir später alle Details erzählt, also, soweit er sich erinnern konnte ...«

»Soweit er sich erinnern konnte?«, hakte Andrea nach.

»Ja, am Anfang hatte er durch den Schock Gedächtnislücken, die sich erst nach und nach geschlossen haben. Das war, unter anderem, das Problem, das die Polizei mit ihm gehabt hat. Aber ich erzähle besser von Anfang an. Es ist an einem Sonntag Anfang Mai passiert. Igor liebte es, Ski zu fahren. Doch die meisten Skigebiete in der Umgebung waren schon geschlossen. Deshalb hat mein Mann ihn an diesem Sonntag extra zum Glacier 3000 gebracht.«

Sie holte angestrengt Luft, das Gespräch schien ihr schwerzufallen. Aber Andrea konnte ihr diese Tortur leider nicht ersparen. »Ja?«

»Sie hatten dort einen sehr schönen Tag. Igor und Viktor sind, wie geplant, Ski gefahren und kehrten mittags in ein

Restaurant ein. Nachmittags haben sie Peter Winkler entdeckt und ihm eine Viertelstunde lang beim Training zugeschaut. Igor hat gestaunt, wie schnell er war, und hat Viktor versprochen, viel zu trainieren, damit er auch eines Tages so rasant abfahren könnte. Schließlich haben sie die Luftseilbahn nach unten genommen, und –«

Frau Nekrassov weinte leise.

»Wollen Sie eine kleine Pause machen?«, fragte Andrea mitfühlend.

»Nein, nein. Es geht schon. Es ist nur … wenn sie bloß eine Gondel später genommen hätten, wären Igor und Viktor sicherlich noch am Leben.« Sie tupfte sich die Augen. »Am Wagen angekommen, schnallte mein Mann die Skier aufs Dach und wies Igor an, ins Auto zu steigen … doch in dem Moment hat Igor den Hund einer Touristin gesehen. Tierlieb, wie er war, wollte er ihn streicheln und ist – ohne zu schauen – über die Straße gelaufen.«

»Also war es doch eindeutig ein tragischer Unfall«, fasste Andrea zusammen und blickte kurz zu Marc, der mit versteinertem Gesichtsausdruck an der Wand lehnte.

»Ja … und nein.«

»Wie meinen Sie das?«, erkundigte sich Andrea.

»Sie müssen wissen, dass mein Mann durch den Schock nach Igors Tod einen Nervenzusammenbruch erlitten hat. Er war tagelang nicht ansprechbar. Ich kann also nicht genau sagen, ob es stimmt, was er bis zuletzt behauptet hatte. Für ihn sind die Grenzen zwischen Einbildung und Realität nach dem Unfall nicht immer ganz klar verlaufen. Und seine Erinnerungen an den Tag sind, wie gesagt, auch erst ganz langsam wiedergekommen. Die Berner Kantonspolizei hat seinen Anschuldigungen jedenfalls keinen Glauben geschenkt.«

»Was hat er denn behauptet?«

»Er meinte, dass in Wirklichkeit Peter Winkler das Auto gefahren hätte, nicht sein Vater. Und zwar viel zu schnell und wahrscheinlich unter Alkoholeinfluss. Viktor glaubte, dass Winklers Vater erst später, nach dem Unfall, auf die Fahrerseite gewechselt hätte.«

»Wie bitte?«, riefen sie und Marc wie aus einem Mund.

Dann fügte Andrea hinzu: »Aber es gab doch einen unabhängigen Augenzeugen, der den Unfall gesehen hatte. Was hat der denn dazu gesagt?«

»Der hat die Aussage der Winklers in allen Punkten bestätigt. Doch Viktor glaubte, dass er mit der Familie unter einer Decke steckte.«

»Gab es für diese Anschuldigung irgendeinen Hinweis?«, fragte Marc.

Frau Nekrassov zuckte mit den zarten Schultern. »Ich glaube nicht, nein. Vielleicht haben die Winklers dem Zeugen Geld geboten? Sie kannten ihn jedenfalls, denn dieser Zeuge hatte auch irgendwie mit dem Ski-Rennsport zu tun.«

»Inwiefern?«

»Er ist der Bruder eines anderen Rennläufers. Von dem, der gestern erschossen worden ist.«

Plötzlich herrschte Totenstille in der Küche.

Dann fasste Andrea sich ein Herz. »Jürgen Koffert war der Augenzeuge beim Unfall Ihres Sohns?«

Frau Nekrassov nickte. »Ja, genau so hieß der Mann. Viktor hat ihn aber nur den ›Teufel‹ genannt.«

Offenbar war ihr gar nicht bewusst, dass sie ihrem Mann mit dieser Aussage ein eindrucksvolles, sehr überzeugendes Motiv verschaffte. Hieß es nicht schon in der Bibel »Auge um Auge, Zahn um Zahn«? Wahrscheinlich hatte sich Nekrassov auf diese Weise an Jürgen Koffert rächen wollen: indem er seinen Bruder erschoss. Sohn gegen Bruder. Obwohl …

»Warum hat er denn ausgerechnet Jürgen Koffert verteufelt? Peter Winkler hat doch seiner Ansicht nach den Wagen gefahren, der Ihren … der den Unfall ausgelöst hat?«

»Das stimmt. Aber Viktor meinte, dass Winkler seiner ge-

211

rechten Strafe nur entgehen konnte, weil der ›Teufel‹ für ihn gelogen hat.«

»Aha.« Andrea überlegte kurz. Wie viel durfte sie Nekrassovs Witwe noch zumuten? Aber irgendwann musste die Wahrheit ja mal ans Licht.

»Sie glauben also auch, dass Ihr Mann Franz Koffert gestern Nachmittag aus Rache erschossen hat?«

Zum ersten Mal trat der Anflug eines Lächelns in das Gesicht der Witwe. »Mein Mann? Niemals. Mein Mann war ein sensibler Schöngeist. Der Tod unseres Sohns hat ihn halb wahnsinnig gemacht, doch er hätte trotzdem nicht einmal einer Fliege etwas zuleide tun können. So war er nicht.«

Andrea biss sich auf die Unterlippe. »Aber Sie können nicht abstreiten, dass er gestern in Crans-Montana gewesen ist. Und dass er ein sehr starkes Motiv gehabt hat.«

»Nein, das will ich auch gar nicht abstreiten. Aber er hätte niemals jemanden umbringen können ... niemanden außer sich selbst.«

»Was wollte er dann in Crans?«, fragte Marc plötzlich.

»Es war eine Art Besessenheit. Er wollte zu jedem einzelnen Rennen fahren. Der Psychologe meinte, dass der Skisport so eine Faszination auf ihn ausübte, weil das die letzte Verbindung zu seinem geliebten Sohn gewesen wäre. Aber ich glaube eigentlich, dass er gehofft hat, den ›Teufel‹ dort zu treffen, um ihm zu zeigen, dass er seine Lüge nicht vergessen hat.«

»Hat Ihr Mann jemals den Namen Marc Gassmann erwähnt? War er auch auf ihn wütend?«

Frau Nekrassov schüttelte den Kopf. »Nein, warum sollte er?«

»Besaß Ihr Mann eine Waffe?«

»Natürlich nicht«, sagte sie mit Nachdruck. »Wir hatten schließlich ein Kind im Haus.«

»Hätten Sie etwas dagegen, wenn Marc und ich uns in der Wohnung einmal umsehen würden?«

»Nein. Ich werde sowieso nicht hierbleiben. Hier könnte ich nie wieder glücklich sein. Ich hatte schon nach Igors Tod vor, mit Viktor nach Russland zurückzugehen.«

Zwei Stunden später hatten sie die Wohnung zu viert – die beiden Berner Beamten hatten ihnen nach dem Abtransport der Leiche geholfen – auf den Kopf gestellt. Trotzdem hatten sie keine Waffe und auch keine anderen Beweismittel, die für Nekrassov als Mörder sprachen, entdeckt. Nachdem Andrea der Witwe für den Fall, dass ihr noch etwas Relevantes einfallen sollte, eine Karte mit ihrer Handynummer in die Hand gedrückt hatte, hatten sich Andrea und Marc auf den Heimweg gemacht.

»Glaubst du, dass es Nekrassov gewesen ist?«, fragte Marc und stellte die Heizung auf seiner Seite des Wagens ab.

»Ich weiß es nicht. Irgendwie passt das alles nicht zusammen. Die Morddrohung war doch gegen dich gerichtet! Und der Anrufer war über alle Details der Briefe, des Drohnenabsturzes und so weiter im Bilde. Das bedeutet doch im Umkehrschluss, dass er auch hinter all diesen anderen Anschlägen stecken muss. Und warum sollte Nekrassov so einen Aufstand machen, wenn er doch eigentlich Franz Koffert erschießen will?«

»Hm. Meinst du, er wollte dadurch seine Tat vertuschen? Uns auf die falsche Fährte locken?«

Andrea senkte den Kopf. »Ich kann mir das beim besten Willen nicht vorstellen. So wie ihn seine Frau beschreibt, scheint er doch kaum noch richtig im Alltag funktioniert zu haben. Sie hat ihn vorhin als lebenden Zombie bezeichnet. Für solch komplizierte Täuschungsmanöver müsste man doch geistig und körperlich topfit sein. Außerdem: Wie um alles in der Welt soll er an den Sprengstoff gekommen sein?«

Marc nickte. »Und nun?«

»Nun müssen wir weitersuchen. Es scheint eine reine Fleißarbeit zu werden. Ebert wird wahrscheinlich ausflippen. Er ist bestimmt stinksauer, dass wir der Presse noch keinen gefassten Mörder präsentieren können.«

Eine Stunde später lieferte sie Marc an seiner neuen Bleibe ab. Die Kollegen in Zivil, die nach wie vor den Eingang bewachten, grüßten verschämt aus ihrem Observationswagen. »Kommst du noch für einen Moment mit nach oben?«, fragte Marc beim Aussteigen.

»Besser nicht.«

»Warum?«

Sie seufzte. »Marc, dafür gibt es so viele Gründe, dass ich gar nicht weiß, wo ich anfangen soll. Außerdem ... wir haben immer noch nicht den Mörder geschnappt.«

Er schien ihren Standpunkt zu verstehen, auch wenn sich Enttäuschung in seinem Blick widerspiegelte. »Okay, dann bis demnächst. Ich fahre morgen nach Bormio.«

Andreas Augen weiteten sich vor Schreck. »Sag, dass das ein Scherz ist!«

»Nein, natürlich nicht. Das letzte Skirennen der Saison findet dort statt, und ich habe noch immer eine Chance auf den Weltcup-Sieg, da das Rennen in Crans nicht gewertet wird.«

»Sag mal, spinnst du jetzt total?«, schrie sie ihn an. »Da ist ein verdammter Mörder auf deinen Fußspuren unterwegs! Und er hat es von Anfang an auf dich und nicht auf Koffert abgesehen. Kofferts Tod war ein Versehen oder ein Racheakt und ändert an der Tatsache rein gar nichts.«

»Aber wie stellst du dir das vor? Ich kann mich doch nicht mein ganzes restliches Leben lang verstecken.«

»Nein, aber zumindest so lange, bis wir den Dreckskerl haben!«

»Das kann doch noch Wochen und Monate dauern!«

»Dann sind es eben Wochen und Monate! Hauptsache, du bist in Sicherheit ... und am Leben.«

Andrea hieb vor lauter Frustration aufs Lenkrad ein und betätigte dabei ungewollt die Hupe. Sofort sprangen ihre Kollegen einsatzbereit aus dem Wagen, und sie hatte ihre liebe Mühe, sie durch Handzeichen zu überzeugen, dass alles okay war.

»Du hast dich nicht geändert, Marc«, sagte sie dann enttäuscht. »Der Sport steht bei dir immer noch an erster Stelle. Alles andere ist dir egal. Auch ich.«

Bestürzt schlang er seinen Arm um ihre Schultern. »Das stimmt doch nicht.«

Sie schüttelte ihn ab und lehnte sich gegen das Fenster der Fahrertür. »Doch. Doch, das stimmt. Sonst würdest du nicht morgen nach Italien fahren und mich mit dem ganzen Schlamassel und meiner Angst um dich allein lassen.«

»Andrea … Das ist mein Job, damit verdiene ich unter anderem meinen Lebensunterhalt.«

»Ja.« Sie atmete tief durch. »Und mein Job ist, deinen Mörder zu finden, bevor er dich erwischt. Also steig jetzt besser aus.«

Tieftraurig sah sie ihn im Hauseingang verschwinden und fuhr dann in ihre Wohnung, um ein paar Stunden Schlaf zu tanken. Morgen warteten bestimmt Hunderte neuer Videos auf sie. Aber sie würde diesen Mörder zu fassen kriegen, koste es, was es wolle. Sie hatte keine andere Wahl.

Zwei arbeitsreiche Tage später geschah etwas, das Andrea in den Grundfesten ihrer rechtsstaatlichen Überzeugungen erschütterte: Hauptmann Ebert legte Marcs Fall zu den Akten.

»Aber warum, um Himmels willen? Nekrassov ist doch nie im Leben Kofferts Mörder gewesen. Es gibt so viele Ungereimtheiten in diesem Fall«, sagte sie, fast gelähmt vor Entsetzen.

»Das braucht Sie nicht mehr zu kümmern. Ich habe am Montag nach Ihrer Berichterstattung den Fall an die Kripo abgegeben. Das hätte ich, ehrlich gesagt, schon viel früher tun sollen. Dann hätte ich mir jede Menge Ärger erspart. Jedenfalls ist die Kripo nach Studium der Aktenlage zu dem Schluss gekommen, dass der Mörder eindeutig Nekrassov war. Und der hat sich selbst gerichtet. Damit hat sich der Fall für uns erledigt.«

»Und was ist mit dem Sprengstoffattentat auf Marc Gassmann? Den Morddrohungen? Kehren Sie das alles einfach unter den Teppich?«

Ebert blickte sie streng an. »Sie sollten eine Woche Urlaub nehmen. Es ist offensichtlich, dass Sie viel zu sehr in diesen Fall involviert sind. Privat und beruflich. Vor lauter Bäumen sehen Sie den Wald nicht mehr!«

»Aber was sagen Sie zu dem Sprengstoffattentat? Nekrassov kann doch niemals an das Tovex aus den Beständen des Zermatter Pistendiensts gekommen sein«, wiederholte sie leidenschaftlich.

Ebert hob beruhigend die Hand. »Frau Brunner, wirklich, spannen Sie mal aus. Die Kripo hat da viel mehr Erfahrung als Sie. Dort hält man das ganze Geplänkel um Herrn Gassmann für ein Ablenkungsmanöver. Ihm ist ja nie etwas Ernsthaftes passiert. Der Täter wollte den Verdacht durch diese Mini-Vergehen lediglich auf jemand anderen lenken.«

»Ihr ›Täter‹ wäre dazu gar nicht in der Lage gewesen!«

Eberts Gesicht verdüsterte sich. »Jetzt reicht es mir aber, machen Sie mal halblang. Sie agieren viel zu emotional, viel zu aufgewühlt. Mit Ihrem Privatleben scheint es ebenfalls nicht zum Besten zu stehen. Einige Kollegen haben Ihren Mann gestern Abend in inniger Umarmung mit einer anderen Frau gesehen. Vielleicht sollten Sie dieses Problem erst einmal ins Reine bringen, dann gehen Sie auch Ihre Arbeit wieder rationaler an.«

Seine Worte taten weh. Und das sollten sie vermutlich auch. Trotzdem versuchte sie, so ruhig wie möglich zu bleiben.

»Mein Privatleben hat mit meiner fachlichen Kompetenz nichts zu tun. Sie machen einen schwerwiegenden Fehler.«

»Ich glaube kaum, dass mir jemand wie Sie meinen Job erklären muss.«

Andrea ignorierte seine Worte. »Haben Sie wirklich Gassmanns Personenschutz aufgehoben? Und was, wenn ihm nun in Bormio etwas zustößt? Dann stehen Sie da wie ein Depp.«

Eberts Gesicht lief rot an. »Sie sollten besser Ihre Wortwahl überdenken. Hüten Sie Ihre Zunge. Sonst können Sie sich gleich einen neuen Job suchen.«

»Ich glaube, das wäre sowieso das Beste.« Andrea stand auf. »Es tut mir leid, aber Sie müssen sich wohl oder übel eine neue Alibi-Frau für Ihre Abteilung suchen.«

»Sie kündigen?«, fragte Ebert ungläubig.

»Allerdings. Irgendjemand muss Gassmann ja schützen, wenn die Kapo Zürich ihren Job nicht macht.«

Hocherhobenen Hauptes ging Andrea zur Tür. Es erfüllte sie mit Stolz, dass sie sich beherrschte und nicht der Versuchung erlag, die Tür hinter sich zuzuknallen. Diese letzte Genugtuung hätte sie Ebert nicht gegönnt.

VIERZEHN

»Hey! Was machst du denn hier?«, hatte Marc überrascht aus-
gerufen, als Andrea plötzlich am Mittwochabend vor seiner
Tür stand. Dann hätte er sich am liebsten sofort selbst eins
übergebraten. Schließlich freute er sich wahnsinnig, sie hier
zu sehen.

»Ist dir schon aufgefallen, dass du keinen Personenschutz
mehr hast?« Ihre Stimme klang ironisch.

»Ja, aber die Kripo hat gesagt, dass sie nun eindeutige Beweise hätten, dass Nekrassov hinter allem gesteckt hat.«

»Das wäre wohl allen Beteiligten am liebsten.«

»Du bist also nicht dieser Meinung?«

»Nein.«

Danach erzählte sie ihm, dass sie ihren Job wegen dieser
Meinungsverschiedenheit geschmissen habe, worüber er zunächst ziemlich erschrocken war.

Doch inzwischen hatte er über alles gründlich nachgedacht
und fand eigentlich, dass ihr ein bisschen Ruhe wohl guttun
würde. Anscheinend war ihre Ehe mit Dani endgültig den
Bach runtergegangen, und in diesem Zusammenhang musste
sie wahrscheinlich überlegen, wie es von nun an beruflich
und privat weitergehen sollte. Er wollte über die endgültige
Trennung nicht allzu euphorisch sein, denn noch wusste er
nicht, wie Andrea dazu stand.

Marc genoss es jedenfalls in vollen Zügen, dass Andrea ihn
wieder auf Schritt und Tritt begleitete. Gerade auch, weil er
sich nicht wirklich bedroht fühlte. Seit dem Mord an Koffert
waren weder anonyme Briefe noch Morddrohungen gegen ihn
eingegangen. Im Geheimen musste er der Kripo recht geben,
die Anschläge auf ihn waren höchstwahrscheinlich nur ein
Versuch Nekrassovs gewesen, sein wahres Motiv für den Mord

an Franz zu vertuschen. Wahrscheinlich hatte seine Ehefrau seinen nervlichen Zustand falsch eingeschätzt. Nekrassov hatte bestimmt fragiler auf sie gewirkt, als er im Grunde genommen war. Und er musste auch wesentlich rachsüchtiger gewesen sein, als sie vermutet hatte.

Obwohl Marc die Heimtücke des toten Russen verabscheute, konnte er dessen Motiv irgendwie sogar nachvollziehen. Er selbst hatte zwar keine Kinder – noch nicht. Aber falls jemand in der Zukunft seiner Tochter oder seinem Sohn auch nur ein Haar krümmen würde, konnte er sich ebenfalls auf eine angemessene Rache gefasst machen. Nur dass er es eben nicht hinterrücks tun würde, sondern so, dass jeder seine Tat mitbekam.

Das Hotel hatte glücklicherweise noch ein freies Zimmer, und sein Team freute sich ebenfalls, dass Andrea wieder aufgekreuzt war. Sie plauderten wie alte Freunde. So blieb seine einzige Sorge vor dem letzten Rennen das unstabile Wetter in Bormio. Bislang hatte kein einziges der offiziellen Trainings stattfinden können, da es schlichtweg zu neblig war, um die Pista Stelvio freizugeben. Auch diesen Nachmittag hatte er lediglich ein wenig Slalom üben können, um fit zu bleiben. Nach einer Dusche und einem Stück Kuchen saßen sie nun gemütlich vor dem brennenden Kamin in der Lounge.

»Was passiert eigentlich, wenn das Wetter auch am Samstag so bleibt? Fällt das Rennen dann aus?«, fragte Andrea, während sie ein Stückchen Zucker in ihren Tee rührte.

»Die FIS-Regeln besagen, dass es mindestens ein offizielles Training geben muss, bevor das Rennen gestartet werden darf«, erklärte Hans. »Zur Not kann es auch am Morgen vor dem Rennen stattfinden. Um deine Frage zu beantworten: Falls das Wetter auch am Samstag schlecht sein sollte, kann das Rennen immer noch auf den Sonntag verschoben werden. Wenn es dann nicht klappt, fällt das Rennen tatsächlich aus. Und das würde bedeuten ...«

»… dass Peter Winkler mit nur einem Punkt Vorsprung Weltcup-Sieger werden würde.« Marc verzog missmutig den Mund. »Und das würde ich ihm echt nicht gönnen.«

»Ich auch nicht«, sagte Andrea im Brustton der Überzeugung.

Hans grinste. »Na, dann sind wir schon zu dritt.«

»Hast du eigentlich auch die Einladung zu Franz' Totenfeier bekommen?«, fragte Marc, der gerade seine E-Mails auf dem Handy checkte.

»Ja.« Hans' Lächeln fiel in sich zusammen. »Ich kann immer noch nicht glauben, dass er nicht mehr unter uns ist.«

»Wenn das Rennen auf Sonntag verschoben wird, würde ich sehr gern mit euch und dem restlichen Schweizer Team hinfahren und ihm die letzte Ehre erweisen. Es ist gar nicht weit von hier. Gerade mal zwei Stunden mit dem Auto, da sind wir bis zum Samstagabend spielend wieder zurück.«

»Wo findet diese Feier denn statt?«, erkundigte sich Andrea.

»In der Nähe von Sankt Moritz.«

»Im Engadin? Aber er kommt doch aus dem Wallis?«

»Seine Verlobte ist daher. Eigentlich hätten Franz und seine Annika in zwei Wochen geheiratet. Stattdessen trägt sie ihn nun zu Grabe. Es war ihr Wunsch, Franz in ihrer Nähe zu wissen, und seine Familie hat das wohl akzeptiert, daher wird die Urne mit seiner Asche dort begraben. Die Beerdigung wird dabei unter Ausschluss der Öffentlichkeit, ganz privat, vonstattengehen. Aber der Gottesdienst davor und das Leichenmahl danach werden mit geladenen Gästen stattfinden. Für die Feier haben Franz' Eltern das Romantikhotel Muottas Muragl und die gleichnamige Rodelbahn gemietet.«

»Eine Schlittelbahn? Ist das nicht eher ungewöhnlich?«

»Eigentlich ist es gar nicht erlaubt, dort mit Ski abzufahren, aber für Franz machen sie eine Ausnahme: Nach dem Essen, wenn es dunkel ist, soll dort ein Fackellauf ihm zu Ehren stattfinden.«

Andrea nickte. »Das ist eine schöne Idee. Woher weißt du das alles?«

Marc machte ein Gesicht, als ob er auf eine Zitrone gebissen hätte. »Die Antwort auf diese Frage wird dir nicht gefallen.«

»Wieso?«

»Beat hat mich angerufen. Er ist natürlich völlig außer sich, dass ihm der lukrative Sportwetten-Deal nun aufgrund von Franz' Tod durch die Lappen geht. Deshalb hat er versucht, bei mir einen auf Schönwetter zu machen.«

Eine steile Falte erschien auf Andreas Stirn. »Wie pietätlos! Der Typ denkt nur an sich selbst und die viele Kohle! Sag nicht, dass er dir diesen Deal jetzt angeboten hat.«

Marc lächelte mit zusammengepressten Zähnen. »Er hat. Und ich habe ihm gesagt, dass er sich zum Teufel scheren soll. Dass ich nie wieder auch nur einen Franken mit ihm zusammen machen würde.«

»Und wie hat er diese Neuigkeiten aufgenommen?«, fragte Andrea vergnügt.

»Sagen wir mal so … selbst die hartgesottene Queen wäre bei seinen Worten errötet.«

Die Wettervorhersage für Samstag blieb schlecht, und so wurde das Rennen, wie von Hans vorhergesagt, tatsächlich auf den Sonntag verschoben. Damit stand Marcs Plan fest: Am Samstag um kurz nach sieben Uhr machten sie sich in Trauerkleidung, die sie noch auf die Schnelle in Bormio gekauft hatten, und mit eingepackten Skisachen auf den Weg ins Engadin, um der Beerdigung von Franz Koffert in Sankt Moritz beizuwohnen.

Der Gottesdienst, der die Feierlichkeiten eröffnete, fand in der katholischen Kirche Sankt Karl in unmittelbarer Nähe des pittoresk zugefrorenen Sankt Moritzersees statt. Das baulich eher schlichte Gotteshaus, das allerdings über wunderschöne bunte Glasfenster verfügte, platzte fast aus den Nähten, so viele

Schweizer und High-Society-Touristen wollten dem jungen ermordeten Skistar einen letzten Gruß mitgeben. Nur mit Müh und Not fanden Marc und Andrea noch einen Stehplatz im hinteren Teil der Kirche. Das Team und viele andere Trauergäste mussten draußen warten. Franz' Familie saß gramgebeugt in der ersten Reihe. Marc hatte sie reinkommen sehen und war regelrecht erschrocken, wie mitgenommen vor allem Franz' Braut Annika aussah. Sie musste von Jürgen und ihrem Vater beim Gehen gestützt werden, so zerbrechlich und krank wirkte sie. Aber auch Franz' Eltern schienen komplett unter Schock zu stehen. Seine eher robust gebaute Mutter hatte knallrot geweinte Augen, und das Gesicht von Koffert senior schien wie aus Stein gemeißelt zu sein. Sorgenvoll und um Jahre gealtert. Marc, der Franz' Familie noch gut von den Anfängen seiner eigenen Skikarriere in Erinnerung hatte, als sie Jürgen zu seinen damaligen Rennen begleitet hatten, erkannte sie kaum wieder.

Der Priester, ein persönlicher Freund der Familie, der Franz und Annika in zwei Wochen hätte trauen sollen, hielt eine sehr bewegende Totenmesse und sprach über das Glück, überhaupt geboren worden zu sein, über Franz' kurzes, aber erfülltes irdisches Dasein und das ewige Leben danach. Er lobpries den Herrn und sagte, dass auch Annika in ihrer Trauer Trost bei Gott und der christlichen Gemeinschaft finden werde. Franz' Braut schluchzte bei diesen Worten herzzerreißend, und selbst Marc kämpfte mit den Tränen.

Was für ein sinnloser Tod! Wortlos ergriff Andrea seine Hand und drückte sie. Auch ihr schien das Ganze sehr nahezugehen.

Während sie zu den Klängen eines klassischen Requiems die Kirche verließen, fragte Marc sich erneut, wer Franz wohl auf dem Gewissen hatte. War es wirklich Nekrassov gewesen, oder lief der Kerl immer noch frei herum? In diesem Moment hätte er alles dafür gegeben, um es demjenigen, der dieser Familie mutwillig so viel Unglück zugefügt hatte, mit gleicher Münze heimzuzahlen.

»Ich frage mich, was Ebert der Familie erzählt hat«, sagte Andrea leise. Ihre Gedanken schienen in eine ganz ähnliche Richtung zu gehen wie seine.

Marc zuckte mit den Schultern. »Wahrscheinlich das Gleiche wie uns: dass Nekrassov der Mörder war.«

»Ob die Polizei Franz' Familie auch mit Nekrassovs Vermutung konfrontiert hat, was die gefälschte Zeugenaussage ihres Sohns in Bezug auf den Winkler-Unfall betrifft?«

»Ich denke, ja. Sie müssen ihnen ja ein Motiv genannt haben.«

»Hm. Ich würde zu gern einmal mit Jürgen Koffert über diesen Unfall sprechen. Hast du gesehen? Peter Winkler ist auch hier.«

»Ja, wir haben uns aus der Entfernung zugenickt. Aber du kannst unmöglich heute mit Jürgen darüber reden.«

»Für wen hältst du mich?«, entrüstete sich Andrea. »Natürlich nicht heute.«

»Auch später nicht. Du arbeitest doch gar nicht mehr für die Kapo, schon vergessen?«

»Trotzdem, ich will die Wahrheit erfahren. Du etwa nicht?«

»Schon, aber ... Komm, die anderen warten auf uns. Wir fahren jetzt zum Muottas Muragl. In zwei Stunden beginnt dort oben der Leichenschmaus.«

Gerade als sie wieder in den Minibus stiegen, klingelte Andreas Handy, und Marc hielt unwillkürlich den Atem an. War das Daniel? Er hatte sich immer noch nicht getraut, mit ihr über dieses heikle Thema zu sprechen. Er scheute sich davor, Andrea zu fragen, ob sie immer noch an ihrem abtrünnigen Ehemann hing.

Aber es war offensichtlich falscher Alarm, denn anstatt Daniel am anderen Ende der Leitung zu grüßen, sagte Andrea überrascht: »Frau Nekrassov?«

Gespannt beobachtete Marc, wie Andrea mit einem verdutzten Gesicht den Worten der Witwe lauschte.

»Oh«, antwortete sie dann. »Eigentlich arbeite ich gar nicht mehr bei der ... hm ... aber wissen Sie was? Machen Sie bitte ein Foto davon, und schicken Sie es mir per SMS auf mein Handy. Ich schaue mir die Sache gern an und melde mich dann bei Ihnen. Ja?«

Offenbar war Frau Nekrassov mit dieser Vorgehensweise einverstanden, denn im nächsten Moment legte Andrea mit einem »Bis später!« auf.

»Was ist denn jetzt los? Warum hat Frau Nek—«, erkundigte sich Marc, doch Andrea ließ ihn nicht aussprechen.

»Wartet ihr bitte eine Minute auf uns?«, meinte sie an das bereits im Wagen sitzende Team gewandt und zog ihn mit sich aus dem Minibus bis zu einer ruhigen Stelle hinter der Kirche.

Atemlos blickte sie sich um. »Frau Nekrassov hat mich angerufen, weil sie entsetzt darüber ist, dass die Polizei ihren Mann nun zum Mörder abstempelt. Deshalb hat sie noch einmal alle seine Sachen auf Hinweise für seine Unschuld abgesucht. Und sie ist ausgerechnet in der Reisetasche, mit der er nach Crans-Montana gefahren ist, fündig geworden!«

»Aber die hatten wir uns doch auch schon angeschaut. Da war doch nichts drin. Nichts außer seinem Skizzenbuch, Bleistiften und seinen Klamotten. Keine Knarre. Kein Brief. Kein gar nichts.«

»Hattest du dir das Skizzenbuch von vorn bis hinten angesehen?«

Er schüttelte den Kopf. »Nein, nur die letzten Seiten, und darauf waren diese Schneelandschaften zu sehen, die er auch sonst nur noch malte. Warum?«

»Weil Frau Nekrassov gründlicher war. Sie hat sich das gesamte Skizzenbuch vorgenommen, weil sie wusste, dass ihr Mann für gewöhnlich auf der Seite zu zeichnen pflegte, die er zufällig aufschlug, dass er also die Seiten nicht chronologisch füllte.«

»Und?«

»Sie hat offenbar eine Zeichnung gefunden, die den Mord von Franz Koffert darstellt.«

»Was?«

»Ich habe auch keine Ahnung, wie das gehen soll. Es ist absolut unwahrscheinlich, dass ausgerechnet Nekrassov den Mord an Koffert beobachtet haben soll, aber ich habe sie gebeten, mir das betreffende Bild zu schicken und –«

In diesem Moment zeigte ein leises »Pling« an, dass Andrea eine SMS erhalten hatte. Nervös klickte sie auf die angehängte Datei.

»Das ist ja wohl ein schlechter Scherz!« Empört beugte Marc sich über das geöffnete Foto. Neben sich hörte er, wie Andrea entsetzt nach Luft schnappte.

Nekrassovs Zeichnung zeigte im Hintergrund einen stilisierten Abfahrtsläufer in der Rennhocke. Im Vordergrund zielte ein Mann mit einer Handwaffe auf ihn. Doch im Gegensatz zum verschwommen wirkenden Hintergrund waren die Gesichtszüge des Mannes gestochen scharf. Überaus realistisch und mit viel Liebe zum Detail skizziert. Man erkannte den vermeintlichen Täter sofort.

»Das kann einfach nicht sein. Die Landschaft stimmt nicht. Der Pathologe hat doch gesagt, dass der Mord in dem Waldstück passiert sein muss. Auf dem Bild sieht es aber so aus, als ob Franz im Zieleinlauf erschossen worden wäre. Da sind sogar Zuschauer, schau doch!« Marc deutete auf die winzigen Striche am Rande der schematisierten Piste.

Andrea sagte für eine ganze Weile gar nichts, sondern starrte nur mit leicht zusammengekniffenen Augen angestrengt auf ihr Handy. Sie schien nachzudenken.

»Und was, wenn Nekrassov recht hätte?«, fragte sie dann zögerlich. »Wenn die Zuschauer und der Zieleinlauf nur so eine Art künstlerische Freiheit wären? Vielleicht hat er den Mord ja auch gar nicht selbst beobachtet, sondern den Mörder lediglich nach der Tat gesehen und sich den Rest später zusammengereimt.«

»Eventuell ist das aber alles auch nur ein Hirngespinst! Der Mann war doch offenbar nicht ganz dicht im Oberstübchen!«

»Wir müssen diesem Verdacht trotzdem nachgehen«, antwortete Andrea leise.

Marc konnte am Klang ihrer Stimme erkennen, dass sie das hundertprozentig ernst meinte. Er griff nach ihrem Arm und umklammerte ihn wie ein Schraubstock. »Nein, Andrea. Das ist allein Sache der Polizei. Du arbeitest nicht mehr für diesen Haufen, und deshalb wirst du jetzt diese SMS umgehend an Ebert weiterleiten und fertig. Alles andere ist viel zu gefährlich.«

»Du weißt genau, was Ebert mit diesem Bild machen würde! Er würde es ungesehen löschen. Für ihn ist der Fall durch. Außerdem: Der Kerl ist hier! Hier in Sankt Moritz! Und wenn er wirklich der Mörder ist, dann muss er für seine Tat büßen! Auch für das, was er dir angetan hat.«

»Du meinst ...«, stammelte Marc zweifelnd.

»Ja, klar. Wenn er der Mörder ist, hat er ganz sicher auch die anderen Taten begangen, um uns auf eine falsche Fährte zu locken. Genau so, wie wir ursprünglich vermutet hatten!«

»Aber was für ein Motiv sollte er haben? Das macht doch alles keinen Sinn!«

»Keine Ahnung. Vielleicht sollten wir ihn einfach mal fragen«, schlug sie vor.

»Andrea, das geht doch nicht! Wir können uns doch nicht hinstellen und ihn fragen, ob er ... ob er Franz umgebracht hat!«

»Nein«, gab sie ihm recht. »Da müssen wir schon etwas subtiler vorgehen. Am besten fahren wir jetzt zu diesem Romantikrestaurant und überlegen auf dem Weg dorthin, wie wir ihm möglichst unauffällig auf den Zahn fühlen können. Also?«

Mit ihren tiefblauen Augen sah sie ihm direkt ins Gesicht.
»Was, also?«, fragte er, ohne seinen Blick von ihrem zu lösen.
»Bist du drinnen oder draußen?«

»Du meinst, bei deinem abstrusen und saugefährlichen Plan?«

Andrea nickte.

»Was glaubst du denn?«, sagte er mit einem tiefen Seufzer.

»Natürlich bin ich mit von der Partie! Als ob ich dich bei so einem Himmelfahrtskommando alleinlassen könnte!«

FÜNFZEHN

Peter Winkler kam mit schweren Schritten und geschultertem Gepäck durch die Masse der wartenden Trauergäste genau auf sie zu, und Andrea hoffte, dass der sorgsam geschmiedete Plan aufgehen würde. Nachdem sie die Örtlichkeiten der Talstation ausgekundschaftet hatten, hatte sie sich mit Marc darauf geeinigt, dass sie versuchen würden, den Österreicher von seinem Vater loszueisen, um ihn allein in eins der kleinen Abteile der Schrägbahn zu bugsieren. Dazu hatten sie sich auch die Mithilfe von Hans organisiert, der gerade – wie geplant – Winkler senior anrempelte, sich entschuldigte und ihn in ein Gespräch verwickelte.

»Hey, Peter, warum kommst du nicht mit uns? Wir stehen schon weiter vorn in der Warteschlange«, sagte Marc in diesem Moment. »Ich glaube, Andrea hast du auch schon mal getroffen. Oder?«

Winklers Blick streifte sie kurz. Dann breitete sich ein schmieriges Lächeln auf seinem Gesicht aus. »Aber sicher. Das ist doch die verheiratete Schnecke von der Weißwurstparty, die für dich arbeitet. Klar, wir kennen uns. Nicht so gut, wie ich es gern hätte, aber egal.«

Für einen Moment trat ein geradezu mörderischer Ausdruck in Marcs Augen. Andrea stieß ihn leicht von der Seite an und bemerkte mit Erleichterung, dass er offenbar versuchte, sich zusammenzureißen.

In diesem Moment fuhr die rote Schrägbahn in die Talstation ein. Gesittet zeigten sie ihre Fahrkarten vor, gingen durch die Schranke und einige Treppenstufen hoch zum nächstgelegenen Abteil. Es war offensichtlich, dass nicht alle Leute am Fackellauf teilnehmen würden, denn außer Marc, Peter und Andrea hatten nur rund zwanzig andere Personen ihre Ausrüstung dabei. Das kam ihnen nun zugute: Als noch jemand sich zu ihnen ins Abteil setzen wollte, zeigte Marc auf das sperrige Gepäck und schüttelte bedauernd den Kopf. »Sorry, aber das wird sonst echt zu voll.«

Dann schlossen sich die Türen. Die Muottas-Muragl-Bahn fuhr los. Auf Schienen ging es schnurgerade aus der Talstation heraus und mitten in den tief verschneiten Tannen- und Lärchenwald hinein. Bis zur Ankunft war Peter Winkler ihnen auf Gedeih und Verderb ausgeliefert.

Marc wartete noch, bis die letzten, vereinzelt an den Wald angrenzenden Chalets vorbeigezogen waren, dann fiel er direkt mit der Tür ins Haus.

»Und? Wie schwer war es, Jürgen zu einer Falschaussage zu überreden? Wie viel habt du und dein Vater ihm dafür gezahlt?«

Für einen kurzen Moment meinte Andrea, pure Panik in Winklers Augen zu erkennen, aber dann hatte der Rennläufer sein Pokerface wieder aufgesetzt.

»Hä? Was soll das denn heißen?«, murmelte er gespielt überrascht.

Andrea hielt unwillkürlich die Luft an. Sie hatten ausgemacht, dass Marc Winkler eine volle verbale Breitseite verpassen würde, um ihn zum Reden zu verleiten.

Marcs Stimme war eiskalt, als er antwortete: »Du weißt sehr wohl, wovon ich spreche, aber ich kann es dir auch gern noch ausführlicher erklären: Am 5. Mai letzten Jahres hast du mit deinem Vater am Glacier 3000 trainiert und auf dem Parkplatz einen sechsjährigen Jungen namens Igor Nekrassov überfahren.«

»Das … das war nicht ich. Das war mein Vater«, stammelte Winkler.

»Oh nein. Das warst schon du höchstpersönlich. Und obendrein warst du alkoholisiert und viel zu schnell unterwegs!« Marc wurde mit jedem Satz lauter. »Und dein Verhalten hat ein kleines, unschuldiges Kind das Leben gekostet! Also spuck's schon aus: Wie viel habt ihr Jürgen Koffert dafür gezahlt, dass er der Polizei eure Version bestätigt hat?«

Winklers Lippen zitterten. »So war es nicht.«

»Wie war es dann?« Marc war aufgesprungen und hatte sich drohend vor Peter Winkler aufgebaut. Der sonst so selbstsichere Österreicher hockte wie ein Stückchen Elend vor ihnen. Irgendwie erinnerte er sie an einen Ballon, aus dem sämtliche Luft entwichen war. Leer, schlapp und jeden Widerstands beraubt.

»Es war seine Idee«, sagte Winkler tonlos und mit eingezogenen Schultern, so als ob er jeden Moment mit Marcs aggressivem Widerspruch rechnen würde.

Doch der kam nicht. Stattdessen sagte Andrea mitfühlend: »Sprechen Sie weiter. Wie ist dieser Unfall wirklich abgelaufen?«

Winkler wischte sich mit seiner kräftigen Hand einmal über die Augen. »Ach, es wird sowieso jeden Tag schlimmer … warum also nicht … reinen Tisch machen«, sagte er mehr zu sich selbst als zu ihnen.

»Fang ganz am Anfang an«, riet ihm Marc, der nun wesentlich ruhiger wirkte.

Winkler atmete tief durch. Dann legte er mit zittriger Stimme los: »Es war genau so, wie ihr gesagt habt. Aber ich war nicht etwa betrunken« oder so, ich hatte lediglich ein Bier zu viel gehabt, um mich noch sicher unter der Schweizer Promillegrenze zu wähnen. Und vielleicht war ich auch einen Tacken zu schnell. Ich erinnere mich nicht mehr … Aber das Kind kam wirklich aus dem Nichts. Das müsst ihr mir glauben. Eben noch war die Straße vor mir vollkommen frei, und puff … war der Kleine mitten auf der Fahrbahn.« Er barg sein Gesicht in den Händen. »Es war fürchterlich. Ich habe beim Bremsen noch sein erschrockenes Gesicht gesehen … und dann dieses grauenhafte Geräusch, als … als der Wagen …!«

Andrea legte ihm tröstend die Hand auf die Schulter. »Vor lauter Schock konnte ich mich gar nicht bewegen. Der Vater des Kindes kam angerannt. Das Ganze war wie in einem Horrorfilm. Und dann ging plötzlich meine Tür auf und …«

»Und dann hatte dein Vater die glorreiche Idee, die Sitze zu tauschen, weil er nicht getrunken hatte?«, fragte Marc.

Peter Winkler schüttelte den Kopf. »Das war doch nicht die Idee meines Vaters.«

»Sondern?«

»Die von Jürgen.«

Andrea und Marc tauschten einen ernsten Blick.

»Warum war Jürgen Koffert denn überhaupt auf diesem Parkplatz? Was hatte er da zu suchen?«, fragte Andrea.

Winkler zuckte mit den Schultern. »Er hatte uns zum Training begleitet, weil er einen Job wollte. Angeblich kotzte ihn die Arbeit auf dem Bauernhof ziemlich an. Außerdem hätte er andauernd Stunk mit seinem alten Herrn. Und er wollte diesem Elend entfliehen, indem er in meinem Team anfing. Aber den Zahn hat ihm mein Vater bei einem Bier nach dem Training schnell gezogen. Ich brauche schließlich keinen zweiten Ski-Servicemann.«

»Und dann hat Jürgen dich nach dem Unfall aus dem Wagen gezogen und auf den Beifahrersitz gesetzt?«

»Mein Vater und ich waren nach dem Unfall wie vor den Kopf geschlagen, wir wollten zunächst nicht, aber dann hat uns Jürgen solche Angst gemacht. Er sagte, dass ich Startverbot bekommen könnte oder sogar ins Gefängnis müsste, wenn jemals rauskäme, dass ich vor dem Unfall getrunken hätte. Schließlich wäre das Mord, denn der Junge sei eindeutig tot. Außerdem käme jeden Moment jemand, der nicht so weggetreten wäre wie der Vater des Kleinen … Und da haben wir uns zu diesem Betrug breitschlagen lassen.« Er seufzte. »Das war der größte Fehler meines Lebens.«

»Wieso? Die Polizei hat das Ganze doch ziemlich kulant abgewickelt. Sie hat dem Vater des Jungen, als er sein Gedächtnis wiedererlangte, einfach nicht geglaubt.«

»Es war ein Fehler, weil Jürgen uns seitdem erpresst hat.«

»Wie bitte?«, fragte Marc.

Aber Andrea nickte. »Ja, das habe ich mir schon gedacht. Das Treffen auf der Party in Kitzbühel fühlte sich ein wenig forciert an. Das war Jürgens Art und Weise, euch an eure Zahlungen zu erinnern. Richtig?«

»Ja.« Bei Winkler schien ein Damm gebrochen zu sein, denn nun sprach er von ganz allein weiter. »Es fing ungefähr zwei Wochen nach dem Unfall an. Jürgen kam bei uns vorbei und meinte, dass er gerade einen finanziellen Engpass hätte und ob wir ihm nicht mit tausend Franken aushelfen könnten …«

»Was ihr dank eures schlechten Gewissens natürlich sofort gemacht habt«, ergänzte Marc.

Winkler nickte. »Was blieb uns schon anderes übrig? Sonst wäre er zur Polizei gedackelt und hätte seine Aussage widerrufen. Das hätte dann erst recht ziemlich übel ausgesehen, und so …«

»… habt ihr fleißig weitergeblecht«, schlussfolgerte Marc.

»Wie viel Geld hat er insgesamt von euch erpresst?«, wollte Andrea wissen.

»Fast zweihunderttausend Franken, und er wird immer gieriger. Er hat uns gesagt, dass er enorme Spielschulden hätte. Aber ich weiß nicht, ob das stimmt.«

»Das werden wir alles überprüfen, aber …«, setzte Andrea an, doch dann unterbrach sie sich selbst und drehte sich um. Die Fahrt war so gut wie zu Ende. In der Entfernung konnte sie schon das Romantikhotel sehen. »… aber bis dahin werden Sie unser Gespräch mit keinem Wort erwähnen. Noch nicht einmal Ihr Vater darf darüber Bescheid wissen, verstehen Sie? Gehen Sie Jürgen Koffert am besten aus dem Weg. Das sollte am heutigen Tag nicht allzu schwer sein.«

Winkler nickte erneut. Dann zog er eine Grimasse, in der

sich zu gleichen Teilen Erleichterung und Angst widerspiegelten. »Und was passiert jetzt mit mir? Werde ich wirklich ein Startverbot bekommen? Bist du deshalb hier, Marc? Weil du hoffst, auf diese Weise an deinen fünften Weltcup-Sieg zu kommen – indem du mich wegen des Unfalls disqualifizieren lässt?« Marc stierte ihn durch wütend zusammengezogene Augen an. »Du Idiot hast echt Glück, dass gerade eine Dame anwesend ist, sonst hättest du eine Abreibung kassiert. Als ob ich das nötig hätte! Wenn man bei dir die Anabolika weglässt, bleibt doch sowieso nur noch eine Lachnummer übrig.« Andrea hob besänftigend die Arme. »Kommt, den Rest könnt ihr morgen auf der Piste austragen. Wir sind jetzt gleich da, und es ist wirklich wichtig, dass keiner etwas zu Jürgen Koffert sagt. Haben Sie das verstanden, Herr Winkler?« »Ja.«

»Gut. Ich kann momentan auch nicht einschätzen, wie der Staatsanwalt Ihr Verhalten bewerten wird, aber ich kann Ihnen versprechen, dass ich mich dafür einsetzen werde, dass Ihr Geständnis und Ihre heutige Zusammenarbeit positiv berücksichtigt werden.«

Winkler sah sie nicht an, sondern murmelte nur still und leise: »Danke.«

Als die Schrägbahn wenige Minuten später in der Bergstation einlief, nahm er seine Ausrüstung und stieg ohne ein weiteres Wort aus. Andrea und Marc taten es ihm gleich.

Die Aussicht des gemütlich-schicken Panoramarestaurants, das auf über zweitausendvierhundert Meter Höhe lag, war atemberaubend schön. Auf der einen Seite konnte man fast das gesamte Hochplateau des Ober-Engadins samt zugefrorenen Seen und kleineren und größeren Ortschaften bewundern. Von der anderen Seite aus blickte man direkt auf die Bergspitzen und Gletscher der umliegenden Alpen. Andrea und Marc hatten ihre Skiklamotten vor dem Restaurant gelassen und ihre

233

Mäntel an der Garderobe abgegeben. Jetzt standen sie vor dem Ausgang zur Sonnenterrasse, die am heutigen Tag aufgrund des kalten Wetters allerdings nur spärlich besetzt war.

»Ich verstehe nur immer noch nicht, *weshalb* er seinen Bruder umgebracht haben soll«, sagte Marc gerade leise. »Was soll das Motiv sein? Wenn es ihm nur ums Geld gegangen wäre, hätte er doch eigentlich noch etwas warten müssen. Franz hat erst in Kitzbühel den Millionen-Deal mit dem Sportwetten-Anbieter unterschrieben. Da kann noch nicht viel Kohle geflossen sein.«

Andrea nickte. »Bloß weil Nekrassov ihn als Mörder gezeichnet hat, bedeutet das noch lange nicht, dass Jürgen Koffert tatsächlich seinen Bruder erschossen hat. Wie gesagt, da kann auch der Wunsch der Vater des Gedankens gewesen sein. Nekrassov hat vielleicht von Kofferts Tod gehört und es automatisch dem von ihm ernannten Teufel in die Schuhe geschoben. Aber nicht jeder findige Erpresser ist auch automatisch ein Killer. Wir dürfen da keine voreiligen Schlüsse ziehen.«

In diesem Moment betrat Franz Kofferts Familie das Restaurant, und Andreas Blick ruhte wie magnetisch angezogen auf dem gut aussehenden, großen Jürgen, der galant und fürsorglich am rechten Arm seine Mutter führte und am linken seine Fast-Schwägerin stützte. Konnte ein so liebenswürdig wirkender Mann wirklich ein eiskalter Mörder sein? Irgendwie wollte ihr das nicht in den Kopf.

Bis zum Dessert gab es keine Möglichkeit, mit Koffert unter vier beziehungsweise unter sechs Augen zu sprechen. Stattdessen lauschten sie, während sie das vorzügliche Essen genossen, den verschiedenen Reden, in denen Franz Kofferts ehrenwerter Charakter, seine sportlichen Leistungen und die Liebe zu seiner Braut Annika zur Sprache kamen. Auch Jürgen Koffert hielt eine Ansprache auf »seinen besten Freund, der gleichzeitig sein Bruder war«, und stellte die Gründung einer Franz-Koffert-Stiftung in Aussicht, die sich um sozial schwächere, aber sportlich talentierte Jugendliche und Kinder kümmern würde.

»Womit will er die Stiftung denn gründen?«, raunte Marc ihr zu. »Mit dem Geld, das er von Winkler erpresst hat? Dann wäre er ja fast so eine Art Robin Hood.«

In Andreas Kopf arbeitete es, Gedankenfetzen flogen wild durcheinander, und sie versuchte verzweifelt, diese in eine logische Reihenfolge zu bringen: Wenn Koffert wirklich der Mörder war, konnte er dann die anonymen Briefe an Marc geschickt haben? Ohne jeden Zweifel. Und auch das »Warum« war dann ganz offensichtlich: um es später so aussehen zu lassen, als wäre der Mord an seinem Bruder nichts weiter als ein Versehen! Ein Missverständnis. Als hätte in Wirklichkeit Marc erschossen werden sollen.

In Crans hatte dann das erste Mal die für seinen Plan notwendige Startfolge gestimmt: Marc sollte gemäß Losentscheid genau vor Franz Koffert ins Rennen gehen. So hatte das angebliche »Versehen« problemlos inszeniert werden können. Deshalb hatte Koffert die Morddrohung auch erst so kurz vor dem Rennen in Crans durchgegeben. Er musste gewusst haben, dass Marc unter diesen Umständen nicht antreten würde und dass die Polizei, zumindest zunächst, davon ausgehen musste, dass der Mörder Franz aus Unwissenheit oder Wut über Marcs Abwesenheit erschossen haben konnte.

Und wenn Franz tatsächlich von Anfang an das geplante Opfer gewesen wäre, dann würden auch die in ihrem Gewaltpotenzial eskalierenden Anschläge auf Marc Sinn machen, die seit Franz' Ableben komplett aufgehört hatten. Was ja auch nur logisch war, wenn man bedachte, dass die Polizei Jürgen Koffert mitgeteilt hatte, dass man Nekrassov für den Mörder seines Bruders hielt. Da wäre es ja aus seiner Sicht geradezu kontraproduktiv, weiterhin Anschläge auf Marc zu verüben, wenn Nekrassov, der vermeintliche Killer, inzwischen verstorben war.

Jedenfalls hätte der frühere Profi-Skiläufer und geborene Walliser Jürgen Koffert bestimmt keine Probleme gehabt, an den Sprengstoff aus Zermatt zu kommen. Wahrscheinlich war er mit dem Pistenchef von dort bestens befreundet. Und Koffert war auch smart genug, um den Diebstahl nicht sofort auffliegen zu lassen. Die Drohne hätte er ohne Probleme übers Internet bestellen können. Nein, so weit passte noch alles ins Bild.

Hm. Aber was hätte Koffert gemacht, wenn die Startplatzverlosung in Crans nicht so günstig für seine Pläne ausgefallen wäre und Marc doch *nach* seinem Bruder hätte starten sollen? Plötzlich fiel ihr wieder der andere Unfall ein – der, von dem Jürgen Koffert selbst erzählt hatte –, bei dem er seinen jüngeren Bruder um Haaresbreite mit dem Mähdrescher überfahren hatte. Ob das ein erster Mordversuch gewesen war? Falls ja, wäre Koffert bestimmt noch auf eine andere Idee gekommen. Vielleicht hätte er seinen Bruder bei der Siegerehrung erschossen, wenn er neben Marc gestanden hätte. Oder er hätte anonym ein privates Treffen zwischen den beiden arrangiert ...

Nur ein passendes Motiv wollte ihr partout nicht einfallen. Marc hatte schon recht: Wenn es ihm nur um das Geld gegangen wäre, hätte er doch gewartet, bis der Sportwetten-Anbieter das Füllhorn über seinem Bruder ausschüttete.

Nach dem Dessert war es noch zu hell, um den Staffellauf zu starten, und viele Gäste vertraten sich auf der Terrasse des Panoramarestaurants die Füße oder rauchten eine dringend benötigte Zigarette. Jürgen Koffert war einer von ihnen. Mit Marc im Schlepptau schlich sich Andrea so nonchalant und unauffällig wie möglich immer näher an ihn heran und versuchte, seiner Konversation mit den anderen Gästen zu lauschen. Sie verstanden nicht jedes Wort, aber auch hier ging es wohl in erster Linie um diese ominöse Stiftung, die er zu gründen beabsichtigte, und darum, dass sich Koffert um die arme Annika kümmern wollte.

Dann war es so weit: Endlich wurde es dunkel. Die Gäste, die sich den Staffellauf von unten ansehen wollten, machten sich auf den Weg zur Schrägbahn. Dazu gehörte auch Marcs restliches Team. Diejenigen, die die Fackeln tragen würden, zogen sich dagegen um und bereiteten sich auf die Abfahrt vor. Auch Marc und Andrea warteten wenig später in Skiklamotten neben ihren Ski am Anfang der Schlittelpiste. Ein Freund von Franz hatte die Organisation übernommen und entzündete gerade die rund fünfundzwanzig Fackeln, die er dazu in den lockeren Schnee am Pistenrand gesteckt hatte.

»Siehst du Jürgen irgendwo?«, fragte Marc leise. So unauffällig wie möglich blickte er sich um.

Andrea schüttelte den Kopf. »Nein, aber er muss hier sein, denn ich habe ihn vor zehn Minuten in einem Skianzug gesehen.«

In diesem Moment gab der Organisator das Zeichen, dass es losging. Er nahm sich eine der brennenden Fackeln und glitt langsam als Erster auf die Piste. Die anderen folgten ihm nach. Bald hatte sich ein langes, leuchtendes Band aus Fackelträgern gebildet, die in gemäßigtem Tempo hinter der ersten tiefen Kurve verschwanden.

Und dann standen auf einmal nur noch Andrea und Marc vor drei im Wind flackernden Fackeln.

»Er ist definitiv noch nicht runtergefahren. Ob er etwas im Restaurant vergessen hat?« Marc blickte sich um und nahm das hell erleuchtete Romantikhotel in Augenschein. Leider lag der Weg dorthin inzwischen in vollkommener Dunkelheit. »Ich gehe noch mal hoch und schaue, ob ich ihn da finde. Bist du okay hier?«

Im Schein der Fackeln rollte sie mit den Augen. »Ich bin eine ausgebildete Personenschützerin. Da sollte mir nicht allzu viel passieren. Pass du mal besser auf dich selbst auf.«

»Geht klar«, sagte Marc mit einem Grinsen und machte sich auf den Weg.

Sie starrte ihm hinterher, bis ihre Augen seine Silhouette nicht mehr ausmachen konnten. Hoffentlich würde er sich beeilen. Allmählich wurde ihr kalt. Sie war klamottentechnisch nicht auf eine längere Wartezeit bei Minustemperaturen eingerichtet.

Minuten später hörte sie Schritte. Kam Marc schon wieder zurück?

Aber es war nicht Marc, der ihr dort mit geschulterten Skiern entgegenkam. Dazu war die Gestalt zu groß. Und auch der Gang stimmte nicht.

»Hallo! Warten Sie extra auf mich? Das ist aber nett!«, sagte Jürgen Koffert, als er geschickt seine Ski neben ihr ablud. »Ich musste noch die Restaurantrechnung bezahlen und finde es ehrlich gesagt ziemlich herzlos, dass die anderen schon ohne mich losgefahren sind. Ist Marc auch noch da?«

Andreas Kopfhaut prickelte. In Kitzbühel hatte sie mit diesem attraktiven Mann die Nacht durchgetanzt, hatte sogar ein wenig mit ihm geflirtet. Sein Benehmen hatte sich ihr gegenüber nicht verändert. Er war charmant wie eh und je und sah sie freundlich mit seinen von sympathischen Lachfältchen umrankten dunklen Augen an. Da war es doch verrückt, jetzt vor ihm Angst zu haben. Oder?

Intuitiv trat sie einen Schritt zurück.

Was ihm offenbar nicht entging.

»Verzeihung, bin ich Ihnen zu nahe gekommen?«, sagte Koffert mit dem gleichen Lächeln, das sie so anziehend gefunden hatte. »Dann stimmt es also, was die Zeitungen verkünden? Sie sind wieder fest mit Marc zusammen?«

War da ein neuer Unterton in seiner Stimme? Klangen diese Worte nicht wesentlich sarkastischer als sonst? Oder bildete sie sich das nur ein?

»Man darf nicht alles glauben, was in der Zeitung steht«,

sagte Andrea kühl und machte noch einen Schritt zurück, da
Koffert die Distanz zwischen ihnen wieder verringert hatte.
Er lächelte noch ein wenig breiter. »Hm, das kommt drauf
an.«

»Worauf kommt es denn an?«, fragte Andrea und behielt ihn
dabei fest im Auge. Wo blieb Marc nur so lange?

»Ob man es dem Journalisten selbst gesteckt hat oder nicht.«
Plötzlich schlug ihr Herz schneller. »Sie haben es Weingärtner erzählt?«

Kofferts Lächeln erlosch. Plötzlich trat ein berechnender
Ausdruck in seine Augen.

»Natürlich habe ich es ihm erzählt. Es hat mich geärgert,
dass du dich nicht mehr daran erinnert hast, dass wir uns schon
einmal getroffen haben. Früher, in Wengen. Aber offenbar
hattest du damals nur Augen für angehende Skistars, und das
war ich zu dem Zeitpunkt schon nicht mehr. Ich bin nur noch
hinter den anderen hergefahren, und dein Marc war plötzlich
der große Zampano!« Erneut machte er einen Schritt auf sie
zu. »Außerdem hat dich diese Zeitungsgeschichte ein wenig
von den anderen Sachen abgelenkt.«

»Welche anderen Sachen?« Unwillkürlich spannte Andrea
ihre Muskeln an. Diese Unterhaltung ging in eine gefährliche
Richtung.

»Ach, tu doch nicht so! Den ganzen Nachmittag über habe
ich eure verdammten Blicke bemerkt. Ihr wisst es, nicht wahr?«

»Dass Sie Ihren Bruder umgebracht haben? Ja, das wissen
wir.« Andrea versuchte, ihrer Stimme einen festen Klang zu
geben, aber sie scheiterte kläglich. Das sah sie an dem amüsier-
ten Glitzern in Kofferts Augen. Er spielte mit ihr.

Plötzlich hörte sie Schritte. Marc kam zurück!

Bevor Andrea ihn warnen konnte, hatte Koffert sie auch
schon gepackt und ihr seine behandschuhte Hand – unerbittlich fest – auf den Mund gedrückt. In seiner anderen Hand
schimmerte plötzlich eine Pistole.

Verdammt, sie hatte sich wie eine blutige Anfängerin austricksen lassen!

Für den Bruchteil einer Sekunde dachte sie darüber nach, Koffert von hinten zwischen die Beine zu treten. Dann verwarf sie diesen Plan wieder. Mit einer Feuerwaffe im Spiel war der Ausgang eines solchen Manövers einfach zu riskant.

»Hallo, mein Lieber«, begrüßte Koffert seinen alten Bekannten. »Wir haben hier schon sehnsüchtig auf dich gewartet.«

»Lass sie sofort los«, knurrte Marc. Seine Stimme klang eisig.

»Ich glaube eher nicht.« Koffert wusste, dass er in dieser Situation der Stärkere war. Die Waffe in seiner Hand gab ihm Selbstvertrauen. »Und du bleibst besser stehen und rührst dich nicht vom Fleck, sonst muss ich leider den Abzug betätigen, und das wäre doch zu schade.«

Durch ihre Wollmütze hindurch spürte Andrea, wie er die Mündung der entsicherten Waffe an ihren Hinterkopf presste.

Koffert nahm die Hand von ihrem Mund. »In dieser gemütlichen Runde können wir uns jetzt noch ein wenig unterhalten, bevor wir uns dann endgültig voneinander verabschieden müssen. Ihr habt doch bestimmt noch ein paar brennende Fragen, oder etwa nicht?«

»Nur eine einzige«, flüsterte Andrea und versuchte, ihren Kopf so ruhig wie möglich zu halten. »*Warum* haben Sie Ihren Bruder getötet?«

Einen Moment lang sagte Koffert nichts, und Andrea hörte ihn nur – für die Umstände erstaunlich ruhig – atmen.

»Warst du neidisch auf seinen Erfolg?«, fragte Marc.

»Ich? Neidisch auf die Skikünste meines Bruders?«, antwortete Koffert mit Hohn in der Stimme. »Ganz bestimmt nicht. Ich habe ihm ja damals als kleinem Hosenscheißer das Skifahren selbst beigebracht. Alles, was er konnte – jeden einzelnen Kniff –, hatte er von mir.«

»Was war es dann? Das viele Geld, das er verdiente? Die

Tatsache, dass du nach deinem Karriereaus auf dem Bauernhof schaffen musstest?« Sachte versuchte Marc, einen Schritt näher zu kommen.

»Bleib sofort stehen, sonst mach ich Ernst«, schrie Koffert, zum ersten Mal aus der Ruhe gebracht. Mit Panik registrierte Andrea, dass seine Finger, mit denen er die Waffe hielt, leicht zitterten.

Marc hob sofort die Hände und trat einen Schritt zurück. »Alles gut«, murmelte er. »Beruhige dich.«

Koffert presste die Pistolenmündung fester gegen ihren Schädel, und das Zittern hörte auf.

Nach einer ganzen Weile sprach er weiter. »Hast du eigentlich eine Ahnung, in was für ein Loch man fällt, wenn man plötzlich nicht mehr der große Skiheld ist? Wenn man von einem auf den anderen Tag ein Nobody ist? Ich habe vor meinem Unfall nicht genug gewonnen, um auf ewig in die Annalen des Rennsports einzugehen. Man hat mich einfach fallen lassen. Sich sogar noch über mich lustig gemacht! Jeder hat behauptet, dass ich mir den Schneid hätte abkaufen lassen, dass ich ein Angsthase wäre! Aber keiner von diesen Arschlöchern ist schon mal mit hundertdreißig Kilometern pro Stunde ins Netz gerast und hat sich dabei alles gebrochen, was man sich nur brechen kann. Danach wird man unweigerlich langsamer, das ist einfach so!«

Andrea wusste, dass Marc ganz ähnliche, wenn nicht sogar schlimmere Unfälle erlebt und danach problemlos an seine früheren Erfolge angeknüpft hatte, aber sie hütete sich davor, den nun weinerlich klingenden Koffert zu unterbrechen.

»Außerdem habe ich ein kleines Problem … In der Zeit, in der ich noch Geld wie Heu verdient habe, habe ich viel gewettet, war in Casinos unterwegs. Es ist keine Sucht, aber ich habe trotzdem viel Geld verloren und es mir von den falschen Leuten geliehen.«

»Und diese Leute wollen ihr Geld nun wiederhaben?«, flüsterte Andrea.

»Genau. Du hast es erfasst, Schätzchen. Es konnte nur einen geben, mich oder Franz. Und da habe ich mich halt für mein eigenes Leben entschieden. *Big deal.*«

»Aber warum hast du nicht gewartet, bis das Geld aus dem Sportwetten-Geschäft geflossen ist? Das wäre doch genug Kohle für euch beide gewesen«, erkundigte sich Marc vorsichtig.

»Ha! Das wollte ich ja eigentlich auch. Doch mein idiotischer Bruder musste ja unbedingt heiraten! Und da wäre dann unser altes Testament, in dem wir uns gegenseitig alle Besitztümer vermachten, null und nichtig gewesen. Stattdessen wäre die ganze Kohle im Falle seines Ablebens, selbst das Geld aus seiner Lebensversicherung, an Annika gegangen. Und das konnte ich natürlich nicht zulassen! Das müsst doch selbst ihr zwei Holzköpfe verstehen, oder etwa nicht?«

Es war ein Brudermord aus den niedrigsten Beweggründen. Wenn Franz nicht hätte heiraten wollen, hätte Koffert mit seinem miesen Plan sogar noch gewartet, um noch mehr Geld herauszuschlagen. Für einige Sekunden konnten weder Marc noch sie selbst etwas darauf erwidern. Sie waren beide zu schockiert.

»Ich habe ja versucht, auf legalem Wege Geld zu verdienen!«, rechtfertigte sich Koffert. »Aber Rominger hat alle Geschäfte, die ich für Franz an Land gezogen habe, abgeschmettert und mich vor meinen Partnern erniedrigt, und da …«

»… da hast du dann zu den illegalen Praktiken gewechselt und Peter mit dem Unfall erpresst!« Marc hatte seine Fassung offenbar zurückerobert.

»Das wisst ihr Schlauberger also auch schon.«

»Sie sollten aufgeben. Wir haben Winkler alles erzählt, und wenn wir heute Abend nicht wieder in Bormio eintreffen, wird er die Polizei verständigen – umgehend«, pokerte sie, da ihr die Lage allmählich zu brenzlig wurde.

Koffert lachte hämisch. »Guter Witz. Das habt ihr niemals

getan. Ihr wolltet das hundertpro allein über die Bühne bringen. So ganz als trautes Paar.«

»Gib auf, Jürgen. Komm, wir können das alles friedlich lösen«, versuchte nun auch Marc, ihn zu beeinflussen.

»Aufgeben? Niemals. Aber keine Angst, ich knall euch schon nicht ab oder jedenfalls nicht so richtig. Ich brauche lediglich einen kleinen Vorsprung, und deshalb …«

In einer einzigen geschmeidigen Bewegung trat er zur Seite und zielte auf Marc.

»Hm, soll ich mir das rechte, unverletzte aussuchen oder doch besser das linke, das schon mal geflickt worden ist?«, meinte er gehässig, während er den Lauf auf Marcs Beine richtete.

Selbst im schummerigen Licht der Fackeln konnte Andrea erkennen, wie Marc erblasste.

Sie nahm all ihren Mut zusammen und handelte – sofort.

Mit voller Wucht sprang sie seitlich gegen Kofferts Oberkörper und schlug ihm die Waffe aus der Hand. Doch plötzlich peitschte ein Schuss durch die Nacht.

Marc schrie auf. Und im nächsten Moment blieb ihr das Herz stehen.

SECHZEHN

Marc wand sich vor Schmerzen und hielt sich den rechten Arm, der in Flammen zu stehen schien. Doch selbst in diesem Moment höchster Qual war ihm klar, dass Andrea seine beiden Knie gerettet hatte.

»Marc!«, brüllte sie aufgelöst und ließ sich neben ihn in den Schnee fallen. Panisch tastete sie seinen Arm ab. Es brannte wie die Hölle. Er konnte kaum atmen, so weh taten ihre Berührungen.

Wie durch einen fernen roten Nebel hörte er Jürgens Stimme.

»Na gut. Eigentlich wollte ich dich ja für länger außer Gefecht setzen, aber ich werde jetzt nicht im Tiefschnee nach der Knarre buddeln. Zur Not tut's das hier bestimmt auch. Also dann, ihr Lieben ... Ciao!«

Marc zwang sich, seine vor Schmerz zusammengepressten Augen zu öffnen, und registrierte, wie Koffert in seine Skibindungen stieg. Es machte zweimal »klick«. Dann stob der Mörder in die Dunkelheit davon.

»Ich glaube, du hast Glück gehabt«, flüsterte Andrea in diesem Moment. »Es ist nur ein Streifschuss.«

»Dafür tut es aber trotzdem verdammt weh«, knurrte Marc und versuchte, sich aufzusetzen.

Doch Andrea drückte seine Schulter sanft zu Boden. »Hey, was machst du? Bleib gefälligst liegen, bis der Notarzt da ist!«, sagte sie und zog mit zitternden Fingern ihr Handy aus der Tasche.

»Nein! Dann wird Jürgen entkommen!« Er biss fest die Zähne zusammen und setzte sich keuchend auf. »Ich muss ihm hinterher.«

Mit weit aufgerissenen Augen starrte Andrea ihn an, während sie atemlos die Polizei verständigte.

Als er sich erst hinkniete und schließlich aufstand, glaubte er, gleich ohnmächtig zusammenzubrechen, aber dann stabilisierte sich sein Kreislauf.

»Bitte! Tu das nicht. Wer weiß, ob er nicht noch eine Waffe hat. Die Polizei wird ihn auch so fassen.«

Doch Marc wankte weiter auf seine Ski zu. Er fühlte sich zu schwach, um ihr zu erklären, dass Jürgen das Geld bestimmt schon außer Landes geschafft hatte und in weniger als einer Stunde in Italien oder sonst wo sein könnte. Auf diese Weise würde er niemals für seine Taten bezahlen müssen – und das durfte er nicht zulassen.

»Marc!« Sie rannte los und erreichte ihn, als er gerade in seine Ski stieg. »Lass mich das machen! *Ich* werde ihn verfolgen!«, sagte sie bestimmt.

»Nein«, krächzte er. »Du rufst in der Talstation an, damit sie dort Bescheid wissen. Es ist vielleicht nicht der richtige Moment, um anzugeben ... aber ich bin selbst in diesem desolaten Zustand wirklich schneller als du!«

Mit diesen Worten drückte er sich ab und fuhr los.

Verdammt, tat das weh! Dabei hatte er durch seine unzähligen Verletzungen viel Erfahrung damit, Schmerzen wegzuatmen. Die letzten Jahre war er im Grunde genommen mehr in Rehakliniken als auf der Piste gewesen.

Der Fahrtwind kühlte sein Gesicht, und Marc lehnte sich in die erste scharfe Linkskurve. In seiner peripheren Sicht nahm er unten im Tal die glitzernden Lichter der Dörfer wahr. Doch er konzentrierte sich auf die Aufgabe, die vor ihm lag.

Er kannte die Schlittelpiste und wusste, dass er keine Chance hatte, Jürgen einzuholen, indem er ihm einfach hinterherfuhr. Dazu war der Hang nicht steil genug. Er musste die Kurven abkürzen, indem er von oben auf das untere Teilstück sprang.

Doch als er mit zusammengepressten Zähnen, in der Rennhocke schneller werdend, zwei weitere Steilkehren hinabsauste, merkte er, dass dieser Plan einen Haken hatte: Jede Kurve war mit hohen orangefarbenen Plastiknetzen gesichert. Hier würde es kein Durchkommen geben. Er musste in den Tiefschnee. Durch den Wald. Dort zwischen den eng stehenden Bäumen war das Gefälle am stärksten.

Gesagt, getan. Ohne abzubremsen, belastete er den Außenski und verschwand im unwegsamen Gelände. Unter seinen Ski knirschte es bedenklich. Er sah so gut wie nichts. Im diffusen Licht des Halbmonds hoffte er inbrünstig, dass das gräuliche Weiß Schnee und damit den freien Weg nach unten bedeutete. Sein ganzer Körper schmerzte. Nur sein unbeugsamer Wille trieb ihn weiter, über die Grenzen des Möglichen hinaus. Genau dafür war er im Weltcup bekannt. Und das hier war der ultimative Slalom. Wenn er jetzt, in diesem Tempo, an einem Baumstamm oder an einer hochstehenden Wurzel hängen blieb, die Kontrolle verlor und gegen einen Baum knallte, konnte er sich im besten Fall auf einen längeren Krankenhausaufenthalt einstellen. Wenn es schlecht lief, würde er sich die Radieschen von unten ansehen.

Aber daran durfte er jetzt nicht denken. Sondern nur daran, was er mit Jürgen machen würde, wenn er ihn erwischte.

Marc duckte sich. Um ein Haar hätte ein tief hängender Ast ihn einen Kopf kürzer gemacht. Seine Reflexe funktionierten einwandfrei. Instinktiv. Wie bei einem Tiger, der auf die Jagd ging. Doch als Jäger war er Jürgen gegenüber im Vorteil, da dieser niemals erwarten würde, von ihm eingeholt zu werden. Nicht in der Nacht. Nicht durch so eine halsbrecherische Aktion im dichten Wald.

Während er durch die Tannen ins Tal raste, peitschten immer wieder stachelige Zweige in sein Gesicht. Und er trug noch nicht einmal seinen gottverdammten Helm! Marc spürte, wie ihm bereits das Blut über die Wangen lief. Seine Augen tränten wie verrückt, und er sah den kleinen Gebirgsbach erst in der allerletzten Sekunde, konnte sich gerade noch – irgendwie – hinüberretten.

Auf der anderen Seite setzte er in einer gefährlich instabilen Rückenlage auf. Und er verdankte es nur seiner jahrzehntelangen Erfahrung mit solchen Drahtseilakten, dass er sich trotzdem auf den Beinen hielt.

Weiter rechts tauchte plötzlich die Piste wieder auf. Er kniff die Augen zusammen. War das da vorn Jürgen? Ja, er war es. Und wenn Marc seine Geschwindigkeit richtig einschätzte, brauchte er nur noch über diesen Graben zu springen, und dann ...

Mit schmerzverzerrtem Gesicht hob er ab, flog gefühlte zwanzig Meter und – er hatte offenbar die Entfernung überschätzt – kollidierte bei der Landung brutal mit seinem flüchtenden Widersacher.

Jürgen und er gingen gleichzeitig zu Boden, und er hörte das widerwärtige Geräusch von berstenden Knochen. Dann rauschten sie in einem Knäuel aus Armen, Beinen und Skiern den Berg hinab, bis sie fast hundert Meter weiter unten in eine Begrenzung aus Holzlatten krachten.

Der Überschuss an Adrenalin in seinem Blut ließ die Schmerzen erträglich werden, und Marc öffnete für einen kurzen Moment die Augen. Jürgen schien durch den Aufprall komplett ausgeknockt worden zu sein, jedenfalls lag er bewegungslos unter ihm – was ihn zutiefst beruhigte. Ein Kampf in diesem Zustand wäre schwierig geworden. Für eine Millisekunde schoss ihm noch die Frage durch den Kopf, wie lange es wohl an dieser unzugänglichen Stelle dauerte, bis man sie bergen würde, dann wurde auch sein Hirn von einer dunklen Bewusstlosigkeit eingehüllt.

SIEBZEHN

Jedes Mal, wenn er aufwachte, saß Andrea bei ihm am Krankenbett. Manchmal fand er sie schlafend in dem abgenutzten braunen Lehnstuhl vor, der in seinem Zimmer stand. Aber viel öfter war sie wach, lächelte und bot ihm etwas zu trinken an. Oder sie fragte ihn, ob die Schmerzmittel, die man ihm per Tropf verabreichte, noch wirkten. Was er meistens bejahte, obwohl sich sein Körper immer noch so anfühlte, als ob er mit einem Bulldozer Tango getanzt hätte. Aber schließlich wollte er nicht die ganze Zeit in diesem durch die Schmerzmittel induzierten komaähnlichen Zustand verbringen. Außerdem lag Jürgen, von zwei Polizisten bewacht, nur ein paar Türen weiter, und das war kein besonders gutes Gefühl.

Es hatte eine ganze Woche gedauert, bis er klar genug im Kopf gewesen war, um zu verstehen, was nach dem mörderischen Zusammensturz mit Jürgen alles passiert war. Und eine weitere Woche, bis er sich an die von Andrea erzählten Einzelheiten auch wirklich erinnern konnte. Aber nun wusste er Bescheid.

Andrea war ihnen, nachdem sie die Talstation der Schrägbahn informiert hatte, langsam hinterhergefahren und hatte der Bergwacht verraten, wo man ihre zerschundenen Körper finden und abtransportieren konnte. Sie waren beide mit Schlitten geborgen und dann mit dem Rettungshubschrauber nach Chur ins nächste Kantonsspital gebracht worden. Dort lagen sie immer noch, obgleich er übermorgen nach Zürich verlegt werden sollte.

Ihn selbst hatte es vergleichsweise gnädig erwischt: schwere Gehirnerschütterung, ein gebrochener Arm, ein angeschossener Arm, eine Kapselsprengung im linken Fuß und eine angerissene Sehne im Knie. Das würde alles wieder werden.

Bis zur nächsten Wintersaison war er bestimmt wieder fit. Denn so leicht würde er sich nicht geschlagen geben: Eine gute letzte Saison steckte noch in seinen alten Knochen. Mindestens. Schließlich war er heuer ganz knapp Zweiter geworden. Das Rennen in Bormio war nämlich wegen des anhaltend schlechten Wetters abgesagt worden, und so hatte sich Peter Winkler tatsächlich mit einem mageren Punkt Vorsprung den Weltcup-Sieg geholt. Was ihn ankotzte. Aber so war dieser Sport nun mal, hart und ungerecht.

Für Koffert war die Skifahrt weniger erfreulich ausgegangen: Er hatte sich unter anderem einen komplizierten Wirbelbruch zugezogen und musste nach einer achtstündigen Operation von Kopf bis Fuß eingegipst und in einem Spezialbett darauf warten, dass seine Wirbelsäule wieder belastbar war. Auf der anderen Seite sah seine absehbare Zukunft nach dem Krankenhausaufenthalt auch nicht gerade rosig aus. Seine Familie hatte sich von ihm losgesagt, außerdem würde er sich nach seiner Genesung für den Mord an seinem Bruder und noch ein paar weitere Vergehen vor Gericht verantworten müssen. Er hatte inzwischen alles gestanden, bis auf die Manipulation der Bremsen von Marcs Oldtimer. Diese Anschuldigung hatte er empört von sich gewiesen. Daraufhin hatte Marc den Wagen noch einmal von seiner eigenen Werkstatt gründlich untersuchen lassen. Dabei hatte sich ergeben, dass die Dichtungen des hydraulischen Bremszylinders porös gewesen waren und völlig unbemerkt Bremsflüssigkeit ausgetreten war. Da es sich um einen geschlossenen Metallzylinder handelte, war das weder den Mechanikern noch den Gutachtern aufgefallen. Demzufolge waren die Bremsen seines Wagens durch den gesunkenen Druck der Bremsflüssigkeit von ganz allein ausgefallen, was Marc darüber nachdenken ließ, sich zukünftig wieder mehr in modernen Autos aufzuhalten.

Die Trickserei von Peter Winkler und seinem Vater würde auch noch ein rechtliches Nachspiel haben, wobei Andrea ihr in der Schrägbahn gegebenes Versprechen gehalten und beim zuständigen Staatsanwalt vorgesprochen hatte. Man würde sehen, was dabei herauskam. Da der Tod des russischen Jungen tatsächlich ein bedauernswerter Unfall und kein absichtliches Fehlverhalten war, glaubte eigentlich niemand so recht an eine Gefängnisstrafe, wie sie Jürgen Koffert sicher war. Wahrscheinlich lief es auf eine Geldstrafe und ein paar Monate auf Bewährung hinaus. Es war unwahrscheinlich, dass Winkler zum Wiederholungstäter würde.

Nun hatte Marc noch genau ein Problem, und das war sein Verhältnis zu Andrea. Wenn ihm in diesen letzten Wochen eine Sache klar geworden war, dann, dass er sie liebte. Abgöttisch. Von ganzem Herzen. Aber er wusste auch, dass er ihr Zeit geben musste. Viel Zeit.

Er hatte sich gestern mit einem nur begrenzt schlechten Gewissen schlafend gestellt, als sie mit Daniel telefonierte. Natürlich hatte er dabei bloß ihre geflüsterte Seite der Unterhaltung mitbekommen, trotzdem hatte er aus ihrer rauen Stimme herausgehört, dass ihr die endgültige Trennung von Dani zusetzte, dass Andrea es als eine Art Scheitern ansah. Immer wieder hatte sie »Es tut mir wirklich leid!« gewispert, doch leider nicht weiter ausgeführt, *was* genau sie so bedauerte. Dass es sich dabei um eventuell immer noch vorhandene Gefühle für seine Wenigkeit handeln könnte, wagte Marc kaum zu hoffen.

Offenbar war Daniel inzwischen endgültig aus der gemeinsamen Wohnung ausgezogen, denn sie sprachen am Telefon darüber, selbige zu kündigen. Vermutlich dachte er dabei in erster Linie an Andreas verloren gegangenen Job. Doch in dieser Beziehung konnte sie ihren Ex eines Besseren belehren: Wie Marc schon wusste, hatte sich ihr Chef nach Jürgens Geständnis ziemlich kleinlaut bei ihr gemeldet und sie gebeten, die Kündigung wieder rückgängig zu machen. Nach einem offenen Gespräch und einer Entschuldigung von Ebert hatte man die Kündigung in einen sechsmonatigen unbezahlten Ur-

250

laub umgewandelt. In dieser Zeit wollte Andrea nach Wengen in das von ihrer Großmutter geerbte kleine Chalet ziehen und sich darüber klar werden, was sie mit ihrem Leben anstellen wollte.

Nachdem sie aufgelegt hatte, hatte Andrea ihm – dem vermeintlich Schlafenden – sachte über die Wange gestrichen. Ihre zarte Berührung hatte dabei eine ganz außergewöhnliche Kraft und Energie in ihm freigesetzt. Irgendwie hatte er sich plötzlich wie Superman gefühlt. Unschlagbar. Wie bei einem Siegerlauf. Wenn er erst wieder auf zwei Beinen stehen konnte, würde er sie zurückerobern. Egal, wie lange das dauern würde.

Denn diesen Sieg würde ihm auch keine verdammte Drohne zunichtemachen. Da war sich Marc vollkommen sicher. Ganz am Ende würde er mit Andrea zusammen auf einem Podium stehen. Auf dem einzigen Siegertreppchen, das wirklich zählte.

EPILOG

»Schön hast du es hier, Andrea«, meinte Urs und ließ sich auf dem geblümten Sofa ihrer Großmutter nieder. Er hatte vom Balkon aus das Panorama der malerischen Bergwelt bewundert. Doch die Aussicht auf ein Stück frisch gebackenen Kuchen und eine Tasse Kaffee hatte ihn wieder an den niedrigen Couchtisch gelockt.

»Ja, finde ich auch«, sagte Andrea mit einem Lächeln und reichte ihm die Kaffeetasse, die sie gerade gefüllt hatte. Irgendwie war sie immer noch überrascht, dass Urs – ohne jede Vorwarnung – einfach so bei ihr in Wengen aufgetaucht war.

»Ist dein Bänderriss schon wieder ausgeheilt?«

»Absolut. Das Knie ist so gut wie neu. Besser als vorher. Und was hast du in den letzten vier Monaten so alles gemacht?«, fragte Urs jovial und griff nach einem der Rahmdöschen, die auf einem handbemalten Unterteller gestapelt waren.

»Also, ähm, darf ich?« Sanft, aber entschieden nahm Andrea Urs das Döschen aus der Hand. Wenn sie jetzt etwas nicht gebrauchen konnte, dann eine Milchdusche von Mr. Ungeschickt. Wie oft hatte sie im Büro damit zu kämpfen gehabt. Sie musste lächeln. Gekonnt öffnete sie die Lasche – natürlich ohne einen Tropfen zu vergießen – und reichte ihm die Sahne.

»Danke«, meinte Urs sichtlich befremdet und rührte sich den Rahm in den Kaffee. »Also? Was hast du so alles getrieben?«

Andrea lächelte. Sie konnte sich schon denken, auf welche Art von Information er besonders scharf war. Aber da würde sie ihn noch ein bisschen auf die Folter spannen. »Ich habe Frau Nekrassov in Sankt Petersburg besucht.«

Urs' Augen weiteten sich. Wahrscheinlich überstieg eine

ad hoc geplante Russlandreise seine Vorstellungskraft. »Was? Ehrlich? Wie kam es denn dazu?«, wollte er umgehend wissen.

»Frau Nekrassov hat mich noch einmal angerufen, um sich zu bedanken, und hat dann gefragt, ob ich schon einmal in Sankt Petersburg gewesen wäre. Als ich das verneinte, hat sie mich ganz spontan eingeladen.«

»Soso. Und da bist du tatsächlich hingefahren? Ist das nicht ein bisschen ... ähm ... ungewöhnlich?«

Andrea schüttelte den Kopf. »Keineswegs. Ich musste einfach mal raus, und da kam mir diese Einladung sehr gelegen. So ganz abschließen konnte ich diesen Fall ja doch noch nicht, und die Stadt ist definitiv eine Reise wert. Allein der Winterpalast des Zaren ... unglaublich schön.«

»Und wie geht's der Witwe?«

»Den Umständen entsprechend gut. Sie ist direkt im Anschluss an die Beerdigung ihres Manns – er liegt übrigens im selben Grab wie ihr geliebter Sohn – nach Russland zurückgekehrt und hat dort angefangen, in einem staatlichen Kinderkrankenhaus zu arbeiten. In Sankt Petersburg hat sie eine kleine, aber feine Wohnung gefunden, die voll ist mit Fotos des kleinen Igor und den Gemälden Viktor Nekrassovs. Du würdest nicht glauben, wie herrlich dieser Mann malen konnte. Und wie bunt, kreativ und lebendig seine Werke vor dem schrecklichen Unfall waren.«

»Toll«, sagte Urs, ohne ein Anzeichen von Begeisterung. Er war nicht besonders kulturbeflissen. »Und wie geht es jetzt bei dir weiter? Wann kommst du zurück nach Zürich?«

»Hm. Ich überlege ehrlich gesagt noch, ob ich überhaupt zurückkomme.«

»Was? Wieso das denn? Du kannst doch nicht auf ewig hier in diesem Kuh... Bergdorf bleiben. Du brauchst doch einen Job.«

»Klar brauch ich einen Job. Aber die gibt es ja erfreulicherweise auch in diesem Bergdorf.« Sie lächelte.

»Echt? Was willst du denn hier machen? Bergführerin oder so?«

»Ich habe gestern den Auftrag einer polnischen Familie angenommen, deren Großvater im Zweiten Weltkrieg hier in Wengen als Soldat interniert war und, obwohl postalisch angekündigt, niemals wieder zurückgekehrt ist. Sie wollen, dass ich rausfinde, was mit ihm passiert ist.«

»Klingt jetzt nicht gerade nach einer Lebensaufgabe«, meinte Urs kritisch.

»Vielleicht nicht. Aber dafür muss ich mich auch nicht mit einem grantigen Boss wie Ebert rumschlagen. Bei solchen Fällen bin ich ganz und gar mein eigener Chef.«

Urs wiegte den Kopf. »Und was sagt dein Mann dazu?«

»Daniel? Mein Beinahe-Ex-Mann zieht gerade bei seiner neuen Freundin ein. Ich glaube nicht, dass er sich da für meinen Job interessiert. Zumal ich in meinem Scheidungsantrag freiwillig auf jeglichen Unterhalt verzichtet habe.«

Urs lächelte süffisant.

Andrea wusste, was jetzt kam … und richtig: Urs' Frage ließ nicht lange auf sich warten.

»Und was ist mit Marc?«

»Was soll mit ihm sein?«, spielte sie die Ahnungslose.

»Na, seht ihr euch noch?«

»Natürlich. Er baut sich gerade ein Chalet in Wengen. Hier ganz in der Nähe.«

»Gut, gut. Aber …«, druckste Urs herum. »Seid ihr denn jetzt wieder zusammen? Oder nicht?«

In genau diesem Moment ging die Tür auf, und ein ziemlich verschlafen aussehender Marc trat ins Wohnzimmer. Nach seinem anstrengenden Morgentraining hatte er sich noch eine Runde aufs Ohr gelegt. Verwundert blickte er zwischen ihr und dem über beide Backen strahlenden Urs hin und her. »Oh, Besuch, hallo!«, und an Andrea gewandt: »Was macht denn dein Ex-Kollege hier?«

»Urs ist bloß vorbeigekommen, um zu sehen, wie es mir …
uns geht«, antwortete Andrea grinsend.

Marc legte seinen Arm vertraut um ihre Schultern und
blickte Urs direkt ins Gesicht. »Na, was meinst du? Geht's uns
gut oder nicht?«

Vor lauter Freude, dass sein Idol ihn direkt ansprach, fing
Urs an, verlegen zu stottern. »Ja-jaja. Auf jeden Fall. Supergut.
Wie schön für Sie … also … für euch quasi. So zusammen …
Da könnten wir ja im nächsten Winter glatt mal zusammen
Ski laufen gehen.«

Marc blinzelte Andrea zu und zog sie liebevoll an seine Seite.

»Sicher, Urs. Wir sind zu allen Schandtaten bereit: Wenn du
eine gute Krankenversicherung hast, können wir das gern mal
ins Auge fassen.«

Danksagung

Uns hat die Arbeit an diesem Buch viel Spaß gemacht, und wir wollen uns herzlich bei allen bedanken, die uns dabei unterstützt haben. Ganz besonders für:

– die Möglichkeit, an dem tollen Charity-Golfturnier von Rafael Nadal und José María Olazábal in Pula, Mallorca, teilzunehmen, bei dem wir uns kennenlernen durften und wo die Idee zu diesem Buch geboren wurde;

– das Vertrauen, das der Emons Verlag in uns gesetzt hat, und die wunderbare Zusammenarbeit mit Frau Christel Steinmetz;

– das wirklich vorzügliche Lektorat von Herrn Carlos Westerkamp;

– die professionelle Betreuung durch Frau Conny Heindl und Herrn Gerald Drews von der Medien- und Literaturagentur Drews;

– die Schauplätze des Buches, die uns zu der Handlung inspiriert haben – und die Faszination, die vom Ski-Rennsport ausgeht!

Und last, but certainly not least wollen wir uns bei der einzigartigen Julia Feldbaum bedanken, die uns bestärkt, fachlich beraten und seelisch geerdet hat. Du bist die Beste!